初中物理
课时教学标准

付艳平◎编著

辽宁大学出版社
Liaoning University Press

图书在版编目（CIP）数据

初中物理课时教学标准/付艳平编著. —沈阳：
辽宁大学出版社，2021.10
ISBN 978-7-5698-0376-1

Ⅰ.①初…　Ⅱ.①付…　Ⅲ.①中学物理课－教学研究
－初中　Ⅳ.①G633.72

中国版本图书馆 CIP 数据核字（2021）第 121239 号

初中物理课时教学标准

CHUZHONG WULI KESHI JIAOXUE BIAOZHUN

出　版　者：辽宁大学出版社有限责任公司
　　　　　　（地址：沈阳市皇姑区崇山中路 66 号　　邮政编码：110036）
印　刷　者：北京米乐印刷有限公司
发　行　者：辽宁大学出版社有限责任公司
幅面尺寸：170mm×240mm
印　　　张：24.5
字　　　数：400 千字
出版时间：2022 年 4 月第 1 版
印刷时间：2022 年 4 月第 1 次印刷
责任编辑：李珊珊
封面设计：徐澄玥
责任校对：于盈盈

书　　　号：ISBN 978-7-5698-0376-1
定　　　价：45.00 元

联系电话：024-86864613
邮购热线：024-86830665
网　　　址：http://press.lnu.edu.cn
电子邮件：lnupress@vip.163.com

编委会

序言

义务教育质量事关亿万少年儿童健康成长，事关国家发展，事关民族未来。

2001年伊始，我国基础教育领域的课程改革拉开了序幕。为加快推进教育现代化，建设教育强国，办人民满意的教育，从教育部颁布《义务教育物理课程标准（2011年版）》开始，深圳市基础教育发生了翻天覆地的变化，取得了丰硕的成果。2017年年底，《普通高中物理课程标准（2017年版）》发布，深圳市又掀起了进一步深化课程改革的浪潮，开始了又一轮教育评价和课堂教学的深度改革。2019年6月23日，中共中央、国务院提出了《关于深化教育教学改革全面提高义务教育质量的意见》，这是中共中央、国务院印发的第一个聚焦义务教育阶段教育教学改革的重要文件。实验教学是国家课程方案和课程标准规定的重要教学内容，是培养创新人才的重要途径。为了深化教育教学改革，全面提高义务教育质量，2019年11月20日，教育部发布了《关于加强和改进中小学实验教学的意见》，进一步明确了中小学物理实验教学的方向和目标。

为了全面贯彻党的教育方针，落实立德树人根本任务，发展素质教育，努力构建与德智体美劳全面培养的教育体系相适应、与课程标准要求相统一的教学体系，新一轮基础教育课程改革以促进学生核心素养的充分发展为根本，义务教育各学科正从三维教学目标转向学科核心素养。学科核心素养是学生科学素养在"知识与技能""过程与方法""情感态度与价值观"这三个方面得到全面发展的综合表现，是对"三维目标"的整合。义务教育物理基础教育课程对于科学文化的传承和高素质人才的培养具有不可替代的作用。物理课程旨在帮助学生形成具有物理学科特质的关键能力和必备品格，促进学生物理学科核心素养的形成和发展。物理学科核心素养包括"物理观念""科学思维""科学探究""科学态度与责任"四个方面。

目前，我们正在开展物理学科核心素养和"教、学、评"一体化的研究和探索，并以学科教学标准为抓手，以学科核心素养为指引，研究学业质量标准和教学评价等问题，旨在确定学科核心素养的内容和学业等级标准，为初中物理达成"教、学、评"一体化做出贡献，为基础教育教学注入生机和活力。

多年来，我们以初中物理为试点学科，课题组以提升学生物理学科核心素养为目标，针对现行人教版初中物理教材，组织深圳市一线中学物理教师，紧扣《义务教育初中课程标准（2011年版）》，深入探讨人教版初中物理课本中的课时教学标准。一方面，厘清义务教育初中物理教学涵盖的基本知识、基本技能和基本方法，以便教师在课时教学中落实核心认知；另一方面，确定课时教学的学业质量和评测标准，达成"教、学、评"一体化的新课程目标，提高学生的关键能力。历经几年的行动研究，课题组进行了课时教学标准培训、研讨、研制和审定等工作，把理论与实践相结合，编撰此书，既是成果的梳理，也旨在为一线初中物理学科教师提供课时教学指导。

初中物理课时教学标准是广东省教育科研"十三五"规划2019年度教育科研项目"基于教学评一体化的初中物理教学标准研究"（课题批准号2019YQJK072）的主要成果，也是广东省教育科研"十三五"规划2017年度教育科研项目"基于教学评一体化的初中理科教学标准研究"（课题批准号2017YQJK323）的后续研究。初中物理课时教学标准注重实效，强化学生的实践操作、情境体验、探索求知、亲身感悟和创新创造，着力提升学生的观察能力、动手实践能力、创造性思维能力和团队合作能力，培育学生的兴趣爱好、创新精神、科学素养和意志品质。推行课时教学标准，是落实物理学科核心素养的具体体现，符合社会主义核心价值观下物理学科育人的基本要求。

本书在编写过程中得到了许多专家和教师的支持和帮助，在此，我们表示衷心的感谢！

《初中物理课时教学标准》尚需要在教学实践中进一步完善和落实，我们诚恳地希望广大师生、教学研究人员为这次教育改革提出宝贵的意见。对于书中存在的不足，我们欢迎读者批评、指正。

汤幸初

2020年10月

2

目 录

序 言 ………………………………………………………………… 1

上篇　理 论 篇

第一章　走向"教、学、评"一体化的初中物理教学……………… 2
第二章　初中物理课时教学标准的理论探索………………………… 4
第三章　初中物理课时教学标准的设计思想………………………… 14
第四章　初中物理课时教学标准的栏目解读………………………… 16

下篇　实 践 篇

第一章　机械运动……………………………………………………… 22
　第1课时　课题1：长度和时间的测量（1）……………………… 22
　第2课时　课题1：长度和时间的测量（2）……………………… 25
　第3课时　课题2：运动的描述…………………………………… 28
　第4课时　课题3：运动的快慢…………………………………… 31
　第5课时　课题4：测量平均速度………………………………… 34

第二章　声现象………………………………………………………… 38
　第6课时　课题1：声音的产生与传播…………………………… 38
　第7课时　课题2：声音的特性…………………………………… 41

第8课时　课题3：声的利用 ·· 44

第9课时　课题4：噪声的危害和控制 ······························· 47

第三章　物态变化 ··· **50**

第10课时　课题1：温度 ·· 50

第11课时　课题2：熔化和凝固 ·· 53

第12课时　课题3：汽化和液化 ·· 57

第13课时　课题4：升华和凝华 ·· 61

第四章　光现象 ·· **65**

第14课时　课题1：光的直线传播 ····································· 65

第15课时　课题2：光的反射 ··· 68

第16课时　课题3：平面镜成像（1） ································· 72

第17课时　课题3：平面镜成像（2） ································· 76

第18课时　课题4：光的折射 ··· 79

第19课时　课题5：光的色散 ··· 83

第五章　透镜及其应用 ·· **87**

第20课时　课题1：透镜 ·· 87

第21课时　课题2：生活中的透镜 ····································· 90

第22课时　课题3：凸透镜成像的规律（1） ······················ 93

第23课时　课题3：凸透镜成像的规律（2） ······················ 97

第24课时　课题4：眼睛和眼镜 ·· 100

第25课时　课题5：显微镜和望远镜 ·································· 104

第六章　质量与密度 ·· **107**

第26课时　课题1：质量（1） ·· 107

第27课时　课题1：质量（2） ·· 110

第28课时　课题2：密度 ·· 114

第29课时　课题3：测量物质的密度 ·································· 117

第30课时　课题4：密度与社会生活 ·································· 121

第七章　力　·· **125**

第31课时　课题1：力（1）·························· 125

第32课时　课题1：力（2）·························· 128

第33课时　课题2：弹力·····························　132

第34课时　课题3：重力·····························　135

第八章　运动和力　·································· **139**

第35课时　课题1：牛顿第一定律···················· 139

第36课时　课题2：二力平衡························ 143

第37课时　课题3：摩擦力（1）···················· 146

第38课时　课题3：摩擦力（2）···················· 151

第九章　压　强　···································· **155**

第39课时　课题1：压强····························　155

第40课时　课题2：液体的压强（1）················ 159

第41课时　课题2：液体的压强（2）················ 162

第42课时　课题3：大气压强························ 165

第43课时　课题4：流体压强与流速的关系·········· 168

第十章　浮　力　···································· **172**

第44课时　课题1：浮力····························　172

第45课时　课题2：阿基米德原理···················· 176

第46课时　课题3：物体的浮沉条件及应用············ 179

第十一章　功和机械能　···························· **183**

第47课时　课题1：功······························　183

第48课时　课题2：功率····························　186

第49课时　课题3：动能和势能······················ 189

第50课时　课题4：机械能及其转化·················· 193

第十二章 简单机械……………………………………………… **197**

第51课时 课题1：杠杆（1）…………………………………… 197

第52课时 课题1：杠杆（2）…………………………………… 201

第53课时 课题2：滑轮（1）…………………………………… 204

第54课时 课题2：滑轮（2）…………………………………… 208

第55课时 课题3：机械效率（1）……………………………… 212

第56课时 课题3：机械效率（2）……………………………… 216

第十三章 内 能………………………………………………… **220**

第57课时 课题1：分子热运动 ………………………………… 220

第58课时 课题2：内能 ………………………………………… 224

第59课时 课题3：比热容（1）………………………………… 228

第60课时 课题3：比热容（2）………………………………… 231

第十四章 内能的利用…………………………………………… **235**

第61课时 课题1：热机 ………………………………………… 235

第62课时 课题2：热机的效率 ………………………………… 238

第63课时 课题3：能量的转化和守恒 ………………………… 242

第十五章 电流和电路…………………………………………… **245**

第64课时 课题1：两种电荷 …………………………………… 245

第65课时 课题2：电流和电路（1）…………………………… 249

第66课时 课题2：电流和电路（2）…………………………… 252

第67课时 课题3：串联和并联 ………………………………… 255

第68课时 课题4：电流的测量 ………………………………… 259

第69课时 课题5：串、并联电路中电流的规律 ……………… 262

第十六章 电压 电阻…………………………………………… **267**

第70课时 课题1：电压 ………………………………………… 267

第71课时 课题2：串、并联电路中电压的规律（1）………… 270

第72课时　课题2：串、并联电路中电压的规律（2）······················274

第73课时　课题3：电阻　··277

第74课时　课题4：变阻器　··281

第十七章　欧姆定律···285

第75课时　课题1：电流与电压和电阻的关系（1）······················285

第76课时　课题1：电流与电压和电阻的关系（2）······················288

第77课时　课题2：欧姆定律　···292

第78课时　课题3：电阻的测量　··295

第79课时　课题4：欧姆定律在串、并联电路中的应用　···········299

第十八章　电功率···303

第80课时　课题1：电能　电功　···303

第81课时　课题2：电功率　···306

第82课时　课题3：测量小灯泡的电功率　······································309

第83课时　课题4：焦耳定律　···313

第十九章　生活用电···317

第84课时　课题1：家庭电路　···317

第85课时　课题2：家庭电路中电流过大的原因　···························321

第86课时　课题3：安全用电　···324

第二十章　电与磁···328

第87课时　课题1：磁现象　磁场　···328

第88课时　课题2：电生磁（1）···331

第89课时　课题2：电生磁（2）···334

第90课时　课题3：电磁铁　电磁继电器　······································338

第91课时　课题4：电动机　···342

第92课时　课题5：磁生电（1）···345

第93课时　课题5：磁生电（2）···349

第二十一章　信息的传递·································· **353**

第94课时　课题1：现代顺风耳——电话 ················ 353

第95课时　课题2：电磁波的海洋 ···················· 355

第96课时　课题3：广播、电视和移动通信 ············· 359

第97课时　课题4：越来越宽的信息之路 ··············· 362

第二十二章　能源与可持续发展······················ **366**

第98课时　课题1：能源 ··························· 366

第99课时　课题2：核能 ··························· 369

第100课时　课题3：太阳能 ························· 372

第101课时　课题4：能源与可持续发展 ··············· 375

理论篇

上篇

第一章 走向"教、学、评"一体化的初中物理教学

《普通高中物理课程标准（2017年版）》（下文简称"新课标"）明确指出："学科核心素养是学科育人价值的集中体现，是学生通过学科学习逐步形成的正确价值观念、必备品格和关键能力。"[①] 如何聚焦物理核心素养实施初中物理课程，是初中物理教学亟待解决的重大问题，值得物理教育界深入研究和悉心探索。

新课标同时指出，"依据物理学业质量标准，评价学生在不同学习阶段物理学科核心素养的达成情况，积极倡导'教、学、评'一体化，使每一名学生的物理学科核心素养得到不同的发展"。"教、学、评"一体化作为新的评价理念的要旨，具有极强的现实针对性[②]。

新课标倡导"日常学习评价不能游离于教与学之外，应与教与学活动有机融合在一起。教师应紧紧围绕发展学生学科核心素养这一主旨，注重教学目标与评价目标、学习任务与评价任务、学习方式与评价方式的整体性、一致性设计"。"物理学习评价包括物理日常学习评价和物理学业成就评价（主要有物理学业水平合格考试和物理学业水平等级考试）"[③]，就目前的物理日常评价而言，课堂练习和课后作业成了重要的过程性评价方式，学生

---

① 中华人民共和国教育部. 普通高中物理课程标准（2017年版）［M］. 北京：人民教育出版社，2017.

② 郑长龙. 基于"教、学、评"一体化理念的化学学习评价设计［J］. 中学化学教学参考，2018（6）：3-5.

③ 同①。

倾向于通过大量"刷题"来提升应试能力。当前单一的评价方式很难反馈学生对知识的建构过程，也无法评判学生物理核心素养的发展情况。就物理学业水平评价而言，"教、学、考"三个环节严重割裂，课程标准没能充分发挥对于中考、高考备考的指导作用，教学中对考试说明的依赖远超过课程标准，应试教育愈演愈烈，课程改革举步维艰。鉴于此，教育部在新课标中增加了"评价"的元素，基于"教、学、评"一体化重构中学学科教学，倡导在教学中评价主体多元化、方式多样化、内容全面化、时机全程化。

"教、学、评"一体化理念对开展"素养为本"的课堂教学实践大有裨益。而"披素养包装，行灌输之实"的现象在物理教学中非常普遍，许多教学活动"新瓶装旧酒"，强行"被素养"。怎样才能让物理核心素养在教学过程中真正"落地"？怎样认识、理解和落实新课标，发挥新课标对物理教学实践强有力的指导作用？新课标、新课程引领下的物理教学评价应该怎样实施？"教、学、评"一体化视域下的初中物理教学应该怎样设计？基于对上述问题的思考，深圳市教育科学研究院组织一批专家、学者、骨干教师开展课题研究，编写了《初中物理课时教学标准》（以下简称《课时教学标准》）。

新课标从课程的视角在宏观层面提出了普适性的内容要求，这些要求针对的是学段结束时的学习要求。但是在实际教学中，一线教师更需要的是针对教材内容的具体教学内容要求。《课时教学标准》正是针对课程标准的局限性，提供给教师以课时为节点的学业质量和教学实施规范，为新课程背景下的教学提供指导。

课题组以初中物理课时教学标准为抓手，研究初中物理的课时学业质量标准和课时教学测量评价等问题，形成一套课时测评试题和评价标准，进而形成适合深圳本土特色与需求的初中物理课时教学标准体系。深圳市区域性物理课时教学标准文本的出台，将协助初中物理教师解决课改难点问题和课时教学难题，指导初中物理课时教学，打破课堂模式僵化的困局，优化初中物理的命题与评价方式，以评价改革推进初中物理课程教学改革，培养学生基本的学习方法、思维与技能，切实发展提升学生的物理学科核心素养。

第二章　初中物理课时教学标准的理论探索

1. 学习进阶

　　美国国家研究委员会（National Research Council，简称NRC）在《国家科学评价体系》中，首次提出了学习进阶（Learning Progressions，简称LPs），并认为其重要价值在于"是促进课程标准、课堂教学与考试评价三者一致性的有效工具"。学习进阶是对学生在各学段学习同一主题概念时所遵循的连贯的、典型的学习路径的描述，一般呈现为围绕核心概念或知识展开的一系列由简单到复杂、相互关联的概念或知识序列。通常把学习进阶分成两个水平，即高阶水平和低阶水平。学习进阶揭示了学生从简单到复杂连续推理的认知发展过程，其一般模型如下图所示。

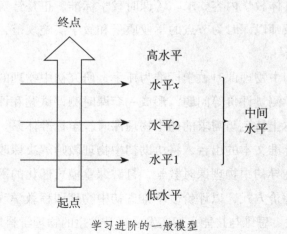

学习进阶的一般模型

　　学习进阶理念认为，学习是一个逐渐累积、不断演进的过程，学生对某一内容主题的理解存在多个不同的中间水平。在学习某个主题内容相当长的时间段中，学生对该内容的理解和思考将日趋成熟、不断深入，最终达到较高的认知水平。它是掌握学科知识框架，实现自我认知发展的一个不断积累、不断演化的过程。良好的学习进阶可作为课程体系的骨架，为课程目标的达成提供线路导航图，并通过适时合理的测试检测学生的思维发展情况，为"教、学、评"一体化的实现提供支撑。

2. 学科关键能力

美国著名教育心理学家布卢姆在1956年出版的《教育分类目标学》中将认知领域的教育目标分为六个层次：识记、理解、应用、分析、综合、评价。参照布卢姆教育目标分类学对认知维度的划分，结合中学生在解决问题时面临问题情境的复杂或陌生程度，我们提出了"认识记忆（记忆能力）、理解掌握（领会能力）、模仿应用（应用能力）、分析评价（评价能力）和创新创造（创新能力）"五个等级的目标能力水平，构成了核心素养中的关键能力（Band，记作B）。联系学习进阶理论，等级一（B1）"认识记忆"能力和等级二（B2）"理解掌握"能力对应低阶认知水平，等级四（B4）"分析评价"能力和等级五（B5）"创新创造"能力对应高阶认知水平，等级三（B3）"模仿应用"能力介于两者之间。关键能力的"二阶五等"具体层级与学生的学业成就水平的对应关系见下表。

学生关键能力的具体层级与学业成就水平的对应关系

二阶	五等级	学生学业成就表现水平
低阶认知水平	等级一（B1）（认识记忆）	学生对物理知识有初步认识，能够正确复述、再现、辨认或直接使用
	等级二（B2）（理解掌握）	学生表现出领会所学物理知识的含义、联系、意义及其适用条件，能正确判断、解释有关的物理现象和问题，即不仅知其然，还知其所以然
高阶认知水平	等级三（B3）（模仿应用）	学生能够在理解所学各部分物理知识的本质区别与内在联系的基础上，运用所掌握的知识、同一技能或方式解决相同或相似情境下的物理问题（属于近迁移）
	等级四（B4）（分析评价）	学生能够运用已形成的同一技能或相同方法去分析评价未见过的不同问题或情境，并能对所用方式进行评价（属于远迁移）
	等级五（B5）（创新创造）	学生能够选择创新方式解决不同情境任务，即在解决新问题或面对新情境时，能提出有创造性的解决方案并具备实践能力，具有推广意识（属于创新学习）

不同等级的关键能力对应学生不同的心智模式或认识方式。等级一"记忆力"和等级二"领会力"侧重于对知识的识记和领会；等级三"应用力"侧重于应用某一种方式解决相同或相似情境中的问题；等级四"评价力"指的是应用同一方式解决新情境中的问题；等级五"创造力"则需要应用不同甚至创新方式解决陌生情境中的问题。

关键能力是学生物理核心素养的具体要求与综合表现，也是教学过程中确定教学程度的目标能力，关注学生关键能力的发展，不仅需要整合新课程的三维目标，更要重视三维目标的物理本质与内涵；不仅要关注一般的科学过程和方法，更要关注物理学科的思想方法。

3. SOLO分类理论

1982年，澳大利亚教育心理学家比格斯（John B. Biggs）和卡利斯（Kevin F. Collis）提出SOLO分类理论[1]。"SOLO"是英文"Structure of the Observed Learning Outcome"的缩写，意为"可观察的学习成果结构"。该理论是以等级划分为基础来描述学生的思维操作目标，评价学生学习质量的。根据学生解决学习任务时的表现，SOLO分类理论将学生的思维水平从低到高分为以下五个结构层次：

（1）前结构水平（Prestructural，简称"P"）：学生未掌握解决问题的简单知识，找不出任何解决问题的办法。

（2）单一结构水平（Unistructural，简称"U"）：学生能找到解决问题的一个线索或信息，并根据该线索或信息解决问题。

（3）多元结构水平（Multistructural，简称"M"）：学生能找到解决问题的多个线索或信息，但无法进行有机整合。

（4）关联结构水平（Relational，简称"R"）：学生能找到解决问题的多个要点之间的关联，并整合信息解决复杂问题。

（5）拓展抽象水平（Extended Abstract，简称"E"）：学生能够超越问题本身形成个性化的推理方式，并能概括出若干抽象特征。

---

[1] Biggs J. B, Collis K. F. Evaluating the Quality of Learning: The SOLO Taxonomy（Structure of the Observed Learning Outcome）［M］. New York：Academic Press，1982.

SOLO分类理论的基本含义如下图所示。

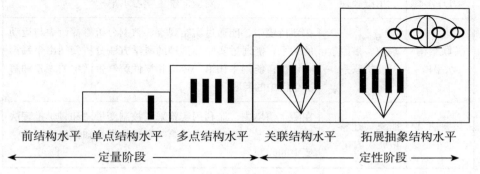

前结构水平　单点结构水平　多点结构水平　关联结构水平　拓展抽象结构水平

←———定量阶段———→　　←———定性阶段———→

SOLO分类理论的基本含义

　　根据SOLO分类理论，思维层次的发展由简单到复杂、由个别到一般、由定量到定性，经历从点、线、面向立体、系统的发展过程，思维结构越复杂，解决问题的能力层次也就越高。教学实践中，学生解决问题的SOLO等级也表征了其能力表现水平。SOLO分类理论不仅重视学生学习结果的数量（掌握知识点的多少），更重视学生学习结果的质量（所掌握知识点之间的关系），可根据学生回答学科问题的内部结构复杂性，对学生的学习结果和思维结构层次进行分类评价。以八年级物理下册第八章第一节"牛顿第一定律"为例，学生的SOLO思维水平与其思维表现、学习水平的对应关系见下表。

学生SOLO思维水平与思维表现、学习水平的对应关系

SOLO分类	思维表现	对应的学生学习水平
前结构水平P	拒绝、无知、同义反复	完全混乱（该水平不作为教学评价的依据）
单点结构水平U	记忆、再现、单因素	能了解力与运动的关系的物理学史，初步认识力与运动；知道牛顿第一定律的内容；知道一切物体都具有惯性，惯性大小只与物体的质量有关
多点结构水平M	记忆、多因素无关联	在相似或相同情境（类情境）中，能理解力不是维持物体运动状态的原因；理解牛顿第一定律的内涵和外延；能通过生活经验和大量事实认识物体的惯性

SOLO分类	思维表现	对应的学生学习水平
关联结构水平R	理解、多因素有机联系	在新情境中，能通过实验观察、数据分析等探讨力与运动的关系；能通过实验加推理的科学方法分析归纳出牛顿第一定律；能用牛顿第一定律和惯性解释生活中的现象和解决生活中的问题
拓展抽象水平E	抽象、迁移、拓展、内化	在陌生情境中，能利用实验采用控制变量法和科学推理法研究新情况；能利用牛顿第一定律和惯性知识解决陌生情境中的问题

SOLO分类是科学命题、精准评价的有力工具，也是评估学生通过学习发展思维能力水平（思维梯度）的重要手段，用SOLO分类进行试题分析，进而确定学生的思维梯度，可以实现"教、学、评"的有效关联。命题时可以运用SOLO分类确定不同难度试题的数量，保证试卷的信度、效度和区分度。评价时重点判断学生在学科问题的回答中处于哪一种思维结构层次，明确其思维水平。

4. 思维梯度

思维是人运用表象和概念进行分析、综合、判断和推理等认识活动的过程。学生对知识的具体应用能力内隐表现为思维水平。结合SOLO分类理论、学习进阶、关键能力等，我们构建新的思维梯度（The Gradient of Thinking）。所谓思维梯度，即学生在学习过程中，所掌握的学科关键能力等级与所达到的SOLO分类层级水平的综合思维水平表现。思维梯度搭建起表征学生知识应用能力与思维水平之间的桥梁，同时反馈了学生的物理学科核心素养水平与学业质量水平。思维梯度的内涵解构见下表。

思维梯度的内涵解构

思维梯度	学生思维梯度的描述
梯度零（G0）：无关概括，直接无序	没有回答或只是重复了问题本身，或答案是与问题无关的零散信息，基本上不能解决题目涉及的相关问题
梯度一（G1）：单一概括，定向再现	仅能联系单一现象或事物进行概括；在解题时找到一个线索就立即跳到结论上去，回答问题时思维的深广度不够，比较肤浅

续表

思维梯度	学生思维梯度的描述
梯度二（G2）：并列概括，发散零散	能根据几个有限的孤立现象或事物进行概括：回答包含了构成问题的若干要点，但只是简单罗列了这些要点，没有回答出要点间的联系；对问题的理解还停留在量化阶段，还没能理解问题或者事物的本质
梯度三（G3）：关联归纳，多向综合	表现出较强的归纳能力：能在设定的情境中利用相关知识进行概括，能将组成问题的要点连成一个有机整体，并能在类似问题情境中通过模仿实现知识的迁移从而解决问题，能理解问题或者事物的本质
梯度四（G4）：抽象演绎，辩证创新	表现出较强的演绎与归纳能力：能对陌生问题情境中的规律进行分析概括，并能将结论演绎拓展到一个新领域，通过知识远迁移去创造性地解决问题

根据高中物理新课标对学业质量水平的划分，我们梳理出"思维梯度—关键能力—SOLO层级—进阶水平—质量水平"之间的关系见下图。

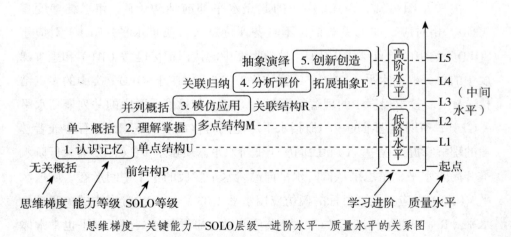

思维梯度—关键能力—SOLO层级—进阶水平—质量水平的关系图

也可以用下图表示。

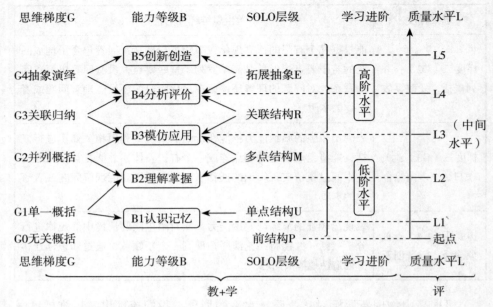

思维梯度—关键能力—SOLO层级—进阶水平—质量水平的关系图

由关系图可知，SOLO层级的起点水平即前结构（P）和思维梯度零（G0）相对应，即无关概括，不具备评价意义。质量水平1（L1）对应于SOLO分类中的单点结构（U）、教学程度中的认识记忆能力（B1）和思维梯度中的单一概括水平（G1）。质量水平2（L2）对应于SOLO分类中的多点结构（M）、教学程度中的理解掌握能力（B2）和思维梯度中的并列概括水平（G2），有时候思维的单一概括水平可能同时存在于认识记忆过程中或者学习的理解掌握过程中。L1和L2同属于低阶水平。质量水平3（L3）兼含低阶水平和高阶水平，是思维从低阶水平向高阶水平发展的一个中间形态。质量水平3（L3）对应于能力目标的模仿应用水平（B3）、SOLO分类中的关联结构水平（R）和思维梯度三（G3）：关联归纳，思维的并列概括水平也常常体现在类似情境中的模仿应用过程中；多点结构M也会存在于相同或相似情境的知识应用之中。质量水平4（L4）对应于教学程度的分析评价水平（B4）、SOLO分类中的拓展抽象水平（E）和思维梯度四（G4）：抽象演绎。思维的关联归纳水平也常体现在学习的分析评价能力的形成过程中。从质量水平3（L3）到质量水平4（L4），SOLO分类从关联结构（R）发展到拓展抽象水平（E），关键能力水平从模仿应用（B3）、分析评价（B4）进阶到创新创造（B5）。创新能力的培养基于思维的抽象演绎能力，也属于思维梯度四（G4），在SOLO分类中属于拓展抽象（E），在学习质量上属于质量水平4（L4），是学习的高阶水平。

思维梯度明确了"学"的水平与进阶，让教师能够更加准确地把握课时教学的方向和目标，遵循学生学习思维的进阶规律，开展有效、高效的课时教学。同时，思维梯度也建立了"学与评"的标准，既明确了学生课时学业质量水平（关键能力），又通过SOLO分类定量标记了测试点（考点）的思维结构水平，便于测评的大数据统计，为诊断"教与学"的质量作出客观与科学的诊断。命题和评价时围绕教学程度、思维梯度、试题难度（"三度"）展开，下表为命题观测"三度表"（教学程度、思维梯度、试题难度）细目表。

命题观测"三度表"

教学程度		SOLO层级（思维梯度）				试题难度				
目标能力	教学观测点（试题考点）	单一概括，定向再现（U）	并列概括，发散零散（M）	关联归纳，多向综合（R）	抽象演绎，辩证创造（E）	试题难度值	易	中	难	实测难度值
Band 1										
Band 2										
Band 3										
Band 4										
Band 5										

5. SOLO–Band–Score rate 思维梯度模型

思维梯度的两个核心变量是Band能力等级和SOLO层级所对应的思维水平。学生在学习进阶过程中表现出差异性，这种差异性体现在学生在测评中通过该点的得分情况，即测评点的得分率（Score rate，记为f）。组合SOLO层级、Band能力等级和Score rate，形成SOLO–Band–Score rate思维梯度算法模型。具体方法如下：①SOLO层级进阶系数。按思维结构复杂程度递增，由U到E依次记为U=1，M=2，R=3，E=4。②Band能力进阶系数。按能力进阶水平表现由低到高赋值：B1=1，B2=2，B3=3，B4=4，B5=5。③测评点属于U层级、B1等级时，得分率符号记为$f_{1\times1}$，测评点属于U层级、B2等级时，得分率符号记为$f_{1×2}$，以此类推。④合并SOLO层级、Band能力等级及得分率，得到单个思维梯度（G_j）=SOLO层级系数×Band能力等级系数×得分率f。思维梯度G值的矩阵算法见下表。

思维梯度G值的矩阵算法（G值和原始分N的皮尔逊相关系数为0.96）

SOLO进阶 思维梯度进阶 能力进阶	U=1	M=2	R=3	E=4
B1=1	$1×1×f_{1×1}$	$2×1×f_{2×1}$	$3×1×f_{3×1}$	$4×1×f_{4×1}$
B2=2	$1×2×f_{1×2}$	$2×2×f_{2×2}$	$3×2×f_{3×2}$	$4×2×f_{4×2}$
B3=3	$1×3×f_{1×3}$	$2×3×f_{2×3}$	$3×3×f_{3×3}$	$4×3×f_{4×3}$
B4=4	$1×4×f_{1×4}$	$2×4×f_{2×4}$	$3×4×f_{3×4}$	$4×4×f_{4×4}$
B5=5	$1×5×f_{1×5}$	$2×5×f_{2×5}$	$3×5×f_{3×5}$	$4×5×f_{4×5}$

用三者的乘积来表征学生的单个思维梯度，乘积既反映了学生关键能力的进阶，又表现了学生SOLO层级的思维进阶，形成了动态的思维梯度进阶。思维梯度反映了知识与能力进阶水平和问题解决的思维结构，有机融合了知识、能力、思维、学生个体差异四个因素之间的关系，避免四者之间的割裂。根据矩阵，得出每一个梯度对应的思维梯度的计算方法为

$G1=U×B1×f_{1×1}+U×B2×f_{1×2}+U×B3×f_{1×3}+U×B4×f_{1×4}+U×B5×f_{1×5}$

$G2=M×B1×f_{2×1}+M×B2×f_{2×2}+M×B3×f_{2×3}+M×B4×f_{2×4}+M×B5×f_{2×5}$

$G3=R×B1×f_{3×1}+R×B2×f_{3×2}+R×B3×f_{3×3}+R×B4×f_{3×4}+R×B5×f_{3×5}$

$G4=E×B1×f_{4×1}+E×B2×f_{4×2}+E×B3×f_{4×3}+E×B4×f_{4×4}+E×B5×f_{4×5}$

实际上，上述G_j（j=1、2、3、4）算出了能力进阶状态下新的SOLO思维结构值，我们可以称为U′、M′、R′、E′，可以用来直接比较学生的不同水平思维结构（U、M、R、E），对学生的不同类型思维结构进行差异性分析，或者相应地乘以10倍或100倍，将其转化为两位整数进行比较。

思维梯度的测量要通过纸笔测试等反映出来，由于一份试题由若干道题组成，每一道题又包含若干小题，其难度和分值不等，把全卷所有考点对应的思维梯度叠加在一起，即得到学生的思维梯度综合值（记为$G_总$）。为了突出思维梯度的梯度进阶影响，将所有G1的总和乘以1，所有G2的总和乘以2，

所有G3的总和乘以3，所有G4的总和乘以4，即

$$G_{总}=1 \times \sum U \times B_i \times f_{U \times Bi}+2 \times \sum M \times B_i \times f_{M \times Bi}+3 \times \sum R \times B_i \times f_{R \times Bi}+4 \times \sum E \times B_i \times f_{E \times Bi}$$

（i表示Band等级的数目，i=1，2，3，4，5；U=1，M=2，R=3，E=4；B1=1，B2=2，B3=3，B4=4，B5=5。）

思维梯度的可行性已通过大数据的多次测评检验，例如，我们将SOLO-Band-Score rate思维梯度算法模型应用于深圳市2019—2020学年的八年级物理统考中，测得学生的思维梯度（$G_{总}$）与学生原始成绩之间的相关系数为0.96，无显著性差异（$p>0.05$）。大数据统计分析表明，学生个人、班级、学校的物理学业质量水平与思维梯度综合值之间存在高度一致性，能有效诊断出学生物理思维结构中的隐性问题；从评价的角度看，还能通过测试直接比较学生的思维梯度综合值，进一步推断学生或者群体的学习能力和发展趋势，这是物理学科核心素养"教、学、评"一体化的发展性评价的坚实证据。实践表明，思维梯度也同样适用于初中物理学科。

第三章　初中物理课时教学标准的设计思想

　　《课时教学标准》编写的核心思想是围绕"二维三度"进行"教、学、评"一体化设计。"二维"指的是核心素养的两个维度：核心认知（基本知识、基本技能、基本方法）与关键能力（目标等级）；"三度"指的是"教、学、评"的三个指标：教学程度（质量目标）、测评难度（通过率）与思维梯度（SOLO分类）。"教、学、评"一体化设计的关键是要回答"教什么（教学内容）"和"学到什么程度（学习质量）"，以及"考什么（考点分布）"和"考到什么程度（评价体系）"等一系列的问题，也就是要在课程标准和学科教材之间构建一个教学实施规范。"教、学、评"一体化的理想模型如下图所示。

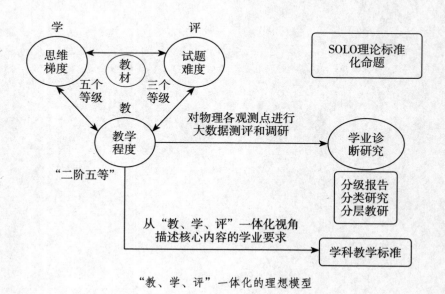

"教、学、评"一体化的理想模型

参照"教、学、评"一体化的理想模型，基于核心素养进行课时教学标准的编制，其流程示例如下图所示。

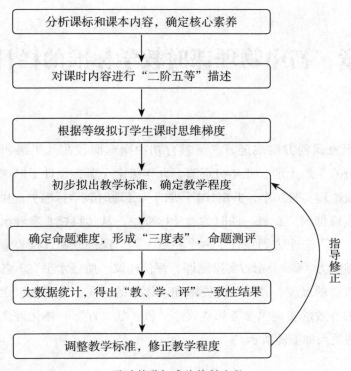

课时教学标准的编制流程

具体来说，课时教学标准的编制过程分为六个步骤。

第一步：分析课标、教材内容，确定核心认知内容，即明确基本知识、基本技能和基本方法，并初定教学程度，明确能力目标。

第二步：厘定测评标准，即确定考点和难度。

第三步：编写测评试题，拟订试题的双向细目表。

第四步：测试和成绩统计。

第五步：大数据统计分析"教、学、评"一致性结果。

第六步：调整教学标准，修正教学程度。

第四章　初中物理课时教学标准的栏目解读

　　根据国家课程方案规定，义务教育初中物理课程在八年级和九年级开设，教材分八年级上册、八年级下册、九年级全一册，设计了85课时，同时有学生必做物理实验20个，共需101个课时。《课时教学标准》提供了各个课时的教学实施细则。在每一课时的教学标准中，从学科核心素养出发，围绕"教、学、评"三个方面设计了六个栏目，即"课标原文、核心素养、核心认知、关键能力、课时测评/实操测评、评价建议·质量水平"。各个栏目旨在探索"教"的尺度、"学"的要求和"评"的标准，为"教、学、评"一体化理念的有效落实提供参考和建议。"教、学、评"一体化理念在各个栏目中的渗透关系如下图所示。

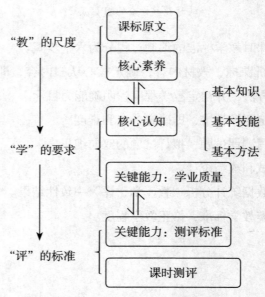

"教、学、评"一体化理念在各课时教学环节中的渗透

通过课时教学，促进全体学生在"物理观念""科学思维""科学探究""科学态度与责任"四个物理学科核心素养的各个方面都有一定的发展。

1. 课标原文

"课标原文"栏目主要从课标中提炼出该课时的主要教学内容，呈现课标对该主题内容的具体描述，方便教师结合教材快速理解课标内容。

2. 核心素养

"核心素养"栏目中所指的核心素养是本课时所体现的物理学科的核心素养。课时核心素养就是课时三维教学目标的综合，明确了该课时学生在"知识与技能""过程与方法"和"情感态度与价值观"这三个方面的具体要求，突出学科育人的根本目标。

3. 核心认知

"核心认知"栏目围绕着"基本知识、基本技能、基本方法"展开，从素养层面梳理该课时的知识内容。任何核心知识的认知都具备重要的认识论和方法论的教育价值，是重要的核心素养。该栏目旨在挖掘核心知识的教育功能，为教学活动内容的选择提供参考。核心素养与核心认知联系紧密，即核心认知是发展学生核心素养的基础，核心素养是深化学生核心认知的必备品质。从核心认知发展延伸到核心素养，把焦点从"教"落实到"学"，使"教"与"学"协调统一，形成物理的基本观念，掌握科学的探究方法，形成良好的学科思维，培养正确的科学态度。

4. 关键能力

"关键能力"栏目分为学业质量和测评标准两部分，两者均基于"二阶五等"思维梯度构建。学业质量强调的是学生通过课时教学应达到的能力水平，测评标准则从评价角度明确了考试的内容要求和难易程度。简而言之，前者侧重"学"，后者则关注"考"。从学业质量到测评标准，将"教、学"与"评"合理对接，让"评"紧扣核心认知与核心素养，使评价的观测点更加翔实，提高评价的信度和效度。学业质量要求与测评标准都用"动词+陈述句"的形式统一描述，运用"二阶五等"动词可体现出学业质量和测评标准的差异。关键能力的五个等级（Band）分别用B1、B2、B3、B4和B5表示，它是根据学情确定课时教学程度的依据，原则上每节课的目标能力至少要达到B3"模仿应用"水平；学习能力强的学生可提高到B4"分析评价"；课堂中还可设计具有B5"创新创造"能力水平的教学活动，以培养学生的创新意识。这也是"适度教学"的真实体现。

5. 课时测评

"课时测评/实操测评"栏目中的"课时测评"涵盖了本课时"测评标准"部分所描述的全部要点，并结合描述该知识点的行为动词确定各个选项的难易程度。这几道题可用于随堂测评，教师可收集学生的答案，实时统计得分率、难度、常见错误等数据，根据学生的作答情况调整教学的侧重点；还可创建云平台实时进行大数据分析，或者后期利用云平台进行更全面的大数据处理分析，为每个学生、每个科目建立动态学习档案资料，为教学提供精准参考，为诊断和发展学生的学习能力提供决策参考。

6. 评价建议·质量水平

2011年版初中物理课程标准中只有输入性要求——内容标准，而没有输出性要求。我们参考2017年版高中物理新课标，创造性地将课标中的输入性要求（课程内容）和输出性要求（学业质量水平）进行了整体的一致化设计。在新课标中，课程内容结合"评价建议·质量水平"输入物理学科核心素养，物理核心素养结合"考试命题建议"输出学业质量水平。《课时教学标准》中融合"素养·质量"水平是为了彰显"教、学、评"的一致性，强化评价对诊断和发展学生物理核心素养目标的导向作用。

高中物理新课标将物理学业质量水平划分为5级，用L1（质量水平1）、L2（质量水平2）、L3（质量水平3）、L4（质量水平4）、L5（质量水平5）表示，并且规定L1（质量水平1）、L2（质量水平2）、L3（质量水平3）主要用于学业水平考试中，L3（质量水平3）、L4（质量水平4）、L5（质量水平5）主要用于选拔性考试。为了方便教学，"评价建议·质量水平"栏目列举了课时测评试题的SOLO分类细目表和相应的质量水平，表格中涵盖课时测评试题的题号、考点、详细解答、质量水平、SOLO分类信息等内容，研读表格可以揣摩课时测评试题的命题意图。

为了使测评数据归一化，方便对思维梯度和学业质量进行质性对比，课题组对历年来的广东、深圳中考物理试题进行了分析，历年真题中的考点数主要集中在87个左右，并且分析出各考点SOLO分类的结构比例为U：M：R：E=20：40：20：7，换算成对应的百分比，则为U：M：R：E=23%：46%：23%：8%，"课时测评"的题目中U：M：R：E=23%：46%：23%：8%。中考以及实验操作评价属于学业水平考试，其等级分类是合格和不合格，所以就要求考核选项的SOLO分类层级主要为单点结构（U）、多点结构（M），但为了体现一定的选拔性，也设计了少量具有关联结构（R）、拓展抽象（E）的考点。也就是说《课时教学标准》评价试题的质量水平分布以L1、L2和L3为主，辅以少量的L4和L5。该设计符合"学考"或"合格考"的客观要求。

总之，为了进一步推进初中物理课时教学改革，让初中物理课为立德树人作出应有的贡献，应在物理课程的实施过程中发展学生的学科核心素养，应在"教、学、评"一体化视域下探索初中物理课时教学评价模式，潜心研究物理学科核心素养的行为表现和评价方式。我们有理由相信，随着"教、学、评"一体化的深入实施，初中物理教育将迎来更加辉煌的明天。

下篇

实践篇

第一章　机械运动

第❶课时　课题1：长度和时间的测量（1）

【课标原文】

（1）会根据生活经验估测长度；

（2）会选用适当的工具测量长度。

【核心素养】

1. 物理观念

从长度的单位、测量长度的工具、粗略估测物体的长度等方面理解长度，初步形成测量的观念，并应用其解决一些实际问题。

2. 科学思维

建构特殊测量长度的模型，掌握特殊测量的方法。

3. 科学探究

能根据日常经验和物理知识，选用合适的刻度尺来测量物体的长度，并能对实验结果进行交流评估。

4. 科学态度与责任

（1）通过估测生活中常见物体的长度，形成严谨认真、实事求是的科学态度；

（2）通过了解测量长度的工具及其发展变化的过程，感悟科学技术与社会的密切关系。

【核心认知】

1. 基本知识

（1）长度的概念；

（2）长度的单位；

（3）长度的测量。

2. 基本技能

（1）使用刻度尺测量长度的操作技能；

（2）估测长度的技能。

3. 基本方法

（1）比较法；

（2）估测法；

（3）模型法。

【关键能力】

1. 学业质量

（1）低阶B1：认识记忆。通过实物，认识测量长度的常用工具。

（2）低阶B2：理解掌握。①理解长度的单位及其换算关系；②理解量程和分度值的概念；③会读刻度尺的读数。

（3）低阶&高阶B3：模仿应用。①会粗略地估测物体的长度；②会选择合适的工具测量物体的长度；③能初步运用长度知识解决生活中常见的测量问题。

（4）高阶B4：分析评价。①能根据日常经验和物理知识，选用合适的刻度尺来测量物体的长度，并能对实验结果进行交流评估；②通过进行特殊长度的测量，建构特殊测量长度的模型，掌握特殊测量的方法。

（5）高阶B5：创新创造。①改进测量长度的工具和方法；②利用建构模型的方法去研究新问题。

2. 测评标准

（1）低阶B1：认识记忆。①认识测量长度的各种刻度尺，知道量程和分度值的含义；②知道长度的单位。

（2）低阶B2：理解掌握。①会进行长度的单位换算；②能说出不同刻度尺的量程和分度值；③会读刻度尺的读数，知道估读到分度值的下一位，记录的数据要有数字和单位。

（3）低阶&高阶B3：模仿应用。①会粗略地估测物体的长度；②会选择和正确使用合适量程的刻度尺来测量物体的长度；③初步运用长度知识解决生活中常见的测量问题。

（4）高阶B4：分析评价。①能对测量物体的长度的实验结果进行交流评估；②会测量特殊物体的长度；③分析生活实例中的"尺"，运用长度知识解决生产、生活中的问题。

（5）高阶B5：创新创造。①改进测量长度的工具和方法；②利用建构模型的方法去研究新问题。

【课时测评】

1. 下列对一些常见物品长度的估测中与实际相符的是（　　　　）。

A. 圆珠笔的长度约15cm　　　　　　　　B. 拇指指甲的宽度约8cm

C. 讲台的高度约2500mm　　　　　　　　D. 教室门框的高度约500mm

2. 关于长度的测量，下列说法中正确的是（　　　　）。

A. 测量长度时，若刻度尺的零刻度线磨损，可以从其他没有磨损的刻度线处量起

B. 测量长度时，读数的视线应与尺面平行

C. 测量长度时，必须从尺的零刻度线处量起，否则测量就是错误的

D. 测量长度时，选择的刻度尺分度值越小越好

3. 关于误差，下列说法中正确的是（　　　　）。

A. 选用更精密的测量仪器，可以减小误差

B. 只要测量的方法正确，就可以消除误差

C. 不遵守测量仪器的使用规则，会造成实验误差

D. 采用多次测量求平均值的方法，可以消除误差

4. 要测量1分硬币的厚度，使测量结果的误差较小，下列方法中最佳的是（　　　　）。

A. 用刻度尺仔细地测量硬币的厚度

B. 用刻度尺多次测量硬币的厚度，求平均值

C. 用刻度尺分别测出10个1分硬币的厚度，求平均值

D. 用刻度尺测出10个1分硬币叠加起来的总厚度，再除以10，求得一个1分硬币的厚度

5. 如图所示，刻度尺A的量程为_____，分度值为_____，所测物体的长度为_____cm。刻度尺B的分度值为_____，所测物体的长度为_____。

木块

A

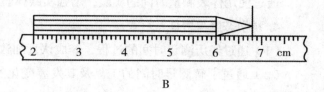

B

【评价建议·质量水平】

课时测评试题SOLO分类细目表

题号	1				2				3				4				5				
SOLO分类	R	R	R	R	U	U	U	M	U	M	M	R	R	R	R	R	M	M	R	M	R
质量水平	L3	L3	L3	L3	L1	L1	L1	L2	L1	L2	L2	L3	L3	L3	L3	L3	L2	L2	L3	L2	L3

第❷课时　课题1：长度和时间的测量（2）

【课标原文】

（1）会根据生活经验估测时间；

（2）会选用适当的工具测量时间。

【核心素养】

1. 物理观念

（1）通过自然现象和生活经验，从时间的单位、测量时间的工具、粗略估测时间的长短等方面，初步形成测量的观念，并应用其解决一些实际问题；

（2）从长度和时间的测量方面认识测量有误差。

2. 科学思维

（1）能根据生活经验，分析常见的周期现象，会估测时间；

（2）会分析实际需要，使用适当的工具测量时间；

（3）能结合生活经验和实验事实，分析与论证误差和错误的区别。

3. 科学探究

通过使用停表测量时间的实验，增强实践体验。

4. 科学态度与责任

（1）通过经历测量时间的过程，养成认真细致、实事求是的实验态度；

（2）通过了解测量时间的工具及其发展变化的过程，养成质疑创新的科学精神。

【核心认知】

1. 基本知识

（1）时间的单位；

（2）时间的测量；

（3）测量误差。

2. 基本技能

（1）测量时间的操作技能；

（2）估测时间的技能。

3. 基本方法

（1）比较法；

（2）估测法；

（3）实验法。

【关键能力】

1. 学业质量

（1）低阶B1：认识记忆。①初步认识测量时间的常用工具；②知道时间的单位；③能复述误差的概念。

（2）低阶B2：理解掌握。①理解时间的单位及其换算关系；②会读机械停表的读数。

（3）低阶&高阶B3：模仿应用。①能根据生活经验和常见的周期现象估测时间；②会使用停表测量时间；③能初步运用时间的知识解决生活中常见的测量问题。

（4）高阶B4：分析评价。①经历使用停表测量时间的过程，并能对实验结果进行交流评估；②会运用时间知识分析解决生产、生活中的问题；③结合生活经验和实验事实，分析与论证误差和错误的区别；④运用误差知识分析解决相关问题。

（5）高阶B5：创新创造。改进测量时间的工具和方法，使时间的测量更加精确。

2. 测评标准

（1）低阶B1：认识记忆。①认识测量时间的各种工具；②知道时间的单位及单位换算的关系。

（2）低阶B2：理解掌握。①会进行时间的单位换算；②能说出不同停表的分度值，会读机械停表的读数；③会区分错误和误差；④掌握减小测量误差的常用方法。

（3）低阶&高阶B3：模仿应用。①会估测时间；②会使用停表测量时间；③能初步运用时间知识解决生活中常见的测量问题。

（4）高阶B4：分析评价。①会选择适当的工具测量时间，能对实验结果进行交流评估；②运用时间知识分析解决生产、生活中的问题；③运用误差知识分析解决相关问题。

（5）高阶B5：创新创造。改进测量时间的工具和方法，使时间的测量更加精确。

【课时测评】

1. 右图是小红同学精确测量的从家到学校所用的时间，下面读数正确的是（　　　）。

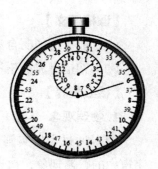

A. 2s

B. 26s

C. 126s

D. 206s

2. 下列各过程所经历的时间，估计正确的是（　　　）。

A. 橡皮从课桌掉到地上的时间约20s

B. 普通中学生跑100m用时约5s

C. 升国旗唱国歌用时约10s

D. 书写一个数字所用的时间约1s

3. 心率是指每分钟心跳的次数，现有两位同学要分别测自己的心率，为了使误差最小，最佳方案是（　　　）。

A. 用秒表测量一分钟心跳的次数

B. 用秒表测量三次一分钟心跳的次数，求平均值

C. 用秒表测量两名同学一分钟心跳的次数，求平均值

D. 连测三分钟心跳的次数，再求平均值，计算一分钟心跳的次数

【评价建议·质量水平】

课时测评试题SOLO分类细目表

题号	1				2				3			
SOLO 分类	M	M	M	M	R	R	R	R	R	R	R	R
质量 水平	L2	L2	L2	L2	L3	L3	L3	L3	L3	L3	L3	L3

第❸课时 课题2：运动的描述

【课标原文】

（1）能举例说明自然界存在多种多样的运动形式，知道机械运动；

（2）知道世界处于不停地运动中，举例说明机械运动的相对性。

【核心素养】

1. 物理观念

（1）通过大量实例，了解自然界存在多种多样的运动形式，知道运动是宇宙中的普遍现象，初步具有运动的观念；

（2）初步建立机械运动的概念，并能应用其解释相关现象和解决实际问题。

2. 科学思维

（1）能通过观察日常生活中的物体运动，归纳总结机械运动的概念；

（2）通过判断物体的运动和静止，建构参照物的概念；

（3）联系生活，选取不同的参照物来描述同一物体的运动情况，推理与论证物体的运动和静止是相对的。

3. 科学探究

（1）设计实验活动，分析讨论物体的运动情况，明确描述物体的运动情

况要选定一个标准；

（2）能用实例解释机械运动，并分析交流其相对性。

4. 科学态度与责任

（1）通过对物体运动的观察与分析，增强对科学的求知欲，养成热爱自然、勇于探索的习惯；

（2）认识运动和静止的相对性，树立辩证唯物主义世界观。

【核心认知】

1. 基本知识

（1）机械运动的定义；

（2）参照物的概念；

（3）运动和静止的相对性。

2. 基本技能

（1）语言表达能力；

（2）模拟操作技能；

（3）推理论证能力。

3. 基本方法

（1）归纳法；

（2）辩证法。

【关键能力】

1. 学业质量

（1）低阶B1：认识记忆。①知道自然界存在多种多样的运动形式；②认识机械运动。

（2）低阶B2：理解掌握。①理解参照物的概念；②通过实例，理解物体的运动和静止是相对的。

（3）低阶&高阶B3：模仿应用。①能初步运用运动的相对性解释生活中相关的物理现象；②会根据物体的运动情况，判断其可能选择的参照物。

（4）高阶B4：分析评价。①能通过观察日常生活中的物体运动，归纳总结机械运动的概念；②通过判断物体的运动和静止，建构参照物的概念；③能用实例解释机械运动，并分析论证其相对性；④能根据生活经验，结合机械运动的知识，观察分析生活中较复杂的相关现象，描述物体的运动情况；⑤能运用机械运动及其相对性解决生产、生活中的问题。

（5）高阶B5：创新创造。①能综合运用机械运动及其相对性等物理知识解决陌生情境下的问题；②能利用归纳法研究生活中的新事物、新问题。

2. 测评标准

（1）低阶B1：认识记忆。①知道机械运动；②知道判断物体的运动情况要选定一个标准，这个标准的物体就是参照物。

（2）低阶B2：理解掌握。①会判断物体的运动形式（机械运动等）；②理解相对于不同的标准，物体的运动和静止情况是不同的，明确描述物体的运动情况要选定一个标准——参照物；③理解物体的运动和静止是相对的；④会根据选定的参照物，判断物体的运动情况。

（3）低阶&高阶B3：模仿应用。①运用运动的相对性解释生活中常见的相关物理现象；②根据物体的运动情况，判断其可能选择的参照物。

（4）高阶B4：分析评价。①选取不同的参照物来描述同一物体的运动情况，推理与论证物体的运动和静止是相对的；②能根据生活经验，结合机械运动的知识，观察分析生活中较复杂的相关现象，描述物体的运动情况；③运用机械运动及其相对性解决生产、生活中的问题。

（5）高阶B5：创新创造。①综合运用机械运动及其相对性等物理知识解决陌生情境下的问题；②利用归纳法研究生活中的新事物、新问题。

【课时测评】

1. 以下各种运动中，不属于机械运动的是（　　　）。

A. 行星转动　　　　　　　　　　B. 鲜花怒放

C. 骏马奔驰　　　　　　　　　　D. 箭被射出

2. 2019年12月17日，我国第一艘国产航空母舰山东舰在海南三亚某军港交付海军，习近平主席出席交接入列仪式。下列说法中正确的是（　　　）。

A. 以地面为参照物，冉冉升起的五星红旗是静止的

B. 仪仗礼兵护卫着八一军旗和命名证书同步行进中，相对于彼此是运动的

C. 以海水为参照物，出航的航空母舰和其驱逐舰、护卫舰等都是静止的

D. 以航空母舰为参照物，从其甲板上起飞的舰载机是运动的

3. 甲看到路旁的树木向东运动，乙看到甲静止不动，若以地面为参照物，则（　　　）。

A. 甲向西运动，乙向东运动　　　　B. 甲、乙并列向东运动

C. 甲向东运动，乙向西运动　　　　D. 甲、乙并列向西运动

【评价建议·质量水平】

课时测评试题SOLO分类细目表

题号	1				2				3			
SOLO 分类	U	U	U	U	R	R	R	R	R	R	R	R
质量水平	L1	L1	L1	L1	L3	L3	L3	L3	L3	L3	L3	L3

第❹课时　课题3：运动的快慢

【课标原文】

（1）能用速度描述物体运动的快慢；

（2）能用速度公式进行简单计算。

【核心素养】

1. 物理观念

初步形成速度的概念，从速度的物理意义、定义、公式、计算等方面理解速度，并应用其解决一些实际问题。

2. 科学思维

（1）通过生活实例，分析、归纳比较物体运动快慢的方法；

（2）根据比值定义法建立速度的概念；

（3）构建匀速直线运动的模型；

（4）利用公式$v=s/t$计算平均速度，分析推理变速直线运动的快慢。

3. 科学探究

（1）结合生活实例，分组讨论如何比较物体运动的快慢，归纳总结并交流评价；

（2）设计实验演示匀速直线运动和变速直线运动，观察这两种运动情况的不同并分析交流。

4. 科学态度与责任

（1）通过生活实例比较物体运动的快慢，感悟物理与生活的密切关联；

（2）在建立速度概念的过程中，养成认真、严谨的科学态度。

【核心认知】

1. 基本知识

（1）速度的定义及公式；

（2）匀速直线运动；

（3）变速直线运动。

2. 基本技能

（1）实验操作技能；

（2）运用速度计算的能力；

（3）识图技能。

3. 基本方法

（1）比值定义法；

（2）控制变量法；

（3）分析归纳法；

（4）模型法。

【关键能力】

1. 学业质量

（1）低阶B1：认识记忆。①认识速度；②知道匀速直线运动和变速直线运动。

（2）低阶B2：理解掌握。①理解速度的公式；②理解速度的单位及其换算关系；③理解匀速直线运动和变速直线运动的特点。

（3）低阶&高阶B3：模仿应用。①会用速度公式进行简单计算；②会估测一些运动物体的速度。

（4）高阶B4：分析评价。①通过生活实例，分析、归纳比较物体运动快慢的方法；②经历速度概念的建立过程，能用速度描述物体的运动；③通过演示匀速直线运动和变速直线运动的实验，分析总结匀速直线运动和变速直线运动的特征；④利用公式$v=s/t$计算平均速度，分析推理变速直线运动的快慢；⑤会分析速度图像；⑥运用速度公式等知识解决生产、生活中的相关问题。

（5）高阶B5：创新创造。①用比值定义法建构新的物理量，用模型法建构新的物理模型；②利用速度知识研究生产、生活中的新问题。

2. 测评标准

（1）低阶B1：认识记忆。①知道速度的概念、公式、单位、物理意义；②知道匀速直线运动和变速直线运动的特点。

（2）低阶B2：理解掌握。①理解速度的公式；②理解速度的单位及其换算关系；③理解匀速直线运动和变速直线运动的特点。

（3）低阶&高阶B3：模仿应用。①会用速度公式进行简单计算，计算速度、路程、时间；②会估测一些运动物体的速度。

（4）高阶B4：分析评价。①会分析速度图像；②会运用速度知识，根据实际情况分析判断物体的运动情况；③利用公式 $v=s/t$ 计算平均速度，分析推理变速直线运动的快慢；④运用速度公式等知识解决生产、生活中的相关问题。

（5）高阶B5：创新创造。①用比值定义法建构新的物理量，用模型法建构新的物理模型；②利用速度知识研究生产、生活中的新问题。

【课时测评】

1. 小东和小文同时从起跑线出发，同向做匀速直线运动，某时刻他们的位置如右图所示。下图中，能正确反映两人运动距离与时间关系的是（   ）。

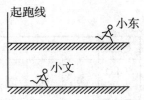

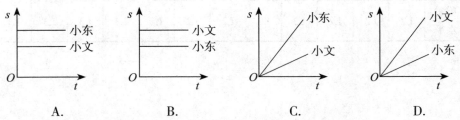

    A.   B.   C.   D.

2. 物体做匀速直线运动，下列说法中正确的是（   ）。

A. 匀速直线运动的速度与物体通过的路程成正比，与时间成反比

B. 运动时间越短，速度越大

C. 通过相等路程用的时间越短，速度越大

D. 匀速直线运动的速度与物体通过的路程和所用时间无关

3. 某小组同学分别测出了甲、乙电动小车做直线运动的路程和时间，并

依据数据作出了相应的路程–时间图像，如图（a）（b）所示，则下列结论错误的是（　　）。

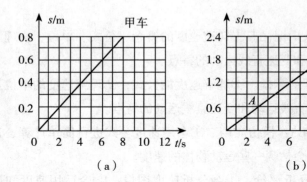

（a）　　　　　　　　　（b）

A. 观察图（a）可知，甲车在做匀速直线运动，甲车通过0.6m的路程所用时间为6 s

B. 观察图（b）可知，在AB对应的时间段内，乙车通过的路程为1.2 m

C. 观察图（b）可知，乙车的速度为1.2m/s

D. 比较图（a）（b）可知，甲车的速度小于乙车的速度

【评价建议·质量水平】

课时测评试题SOLO分类细目表

题号	1				2				3			
SOLO 分类	M	M	M	M	M	M	M	M	R	R	R	R
质量 水平	L2	L2	L2	L2	L2	L2	L2	L2	L3	L3	L3	L3

第❺课时　课题4：测量平均速度

【课标原文】

（1）通过实验测量物体运动的速度；

（2）用速度公式进行简单计算；

（3）测量变速直线运动的平均速度。

【核心素养】

1. 物理观念

通过经历测量物体运动平均速度的实验，加深对平均速度的理解，了解测量速度的基本方法，并利用其解释生活中的相关现象和解决一些实际问题。

2. 科学思维

（1）通过测量平均速度实验，掌握利用物理公式间接测定物理量的科学方法；

（2）能结合生活实例与实验事实，利用速度公式，科学推理新情境下物体的平均速度。

3. 科学探究

根据速度公式，设计测量小车从斜面上下滑的平均速度实验，选择合适的仪器进行实验，收集和分析实验数据并交流评价。

4. 科学态度与责任

（1）通过用刻度尺和停表测量平均速度实验，养成良好的实验习惯和严谨的科学态度；

（2）通过用传感器测速度和超声波测距，感悟科学技术与社会的密切联系。

【核心认知】

1. 基本知识

（1）平均速度的概念；

（2）平均速度的测量。

2. 基本技能

（1）使用停表测量时间的操作技能；

（2）使用刻度尺测量路程的操作技能；

（3）数据收集和分析的技能。

3. 基本方法

（1）利用物理公式间接测定物理量的科学方法；

（2）控制变量法；

（3）分析归纳法。

【关键能力】

1. 学业质量

（1）低阶B1：认识记忆。知道测量平均速度的原理和使用的测量工具。

（2）低阶B2：理解掌握。会根据实验数据计算平均速度。

（3）低阶&高阶B3：模仿应用。①会使用刻度尺测出物体运动的路程；②会用停表测出物体通过这段路程所用的时间。

（4）高阶B4：分析评价。①能根据速度公式，设计测量小车从斜面上下滑的平均速度实验，选择合适的仪器进行实验，收集和分析实验数据并交流评价；②能通过测量小车在斜面上半段路程、下半段路程和全程的平均速度，分析总结出小车在做加速直线运动，在不同的路程段，小车的平均速度大小不同；③能结合生活实例与实验事实，利用速度公式，科学推理新情境下物体的平均速度。

（5）高阶B5：创新创造。①能改进测量物体运动的平均速度实验；②能综合利用速度知识研究生产、生活中的新问题。

2. 测评标准

（1）低阶B1：认识记忆。①知道利用速度公式测量物体的平均速度；②知道测量平均速度的工具：停表和刻度尺。

（2）低阶B2：理解掌握。会利用路程和时间计算平均速度。

（3）低阶&高阶B3：模仿应用。会使用刻度尺测出物体运动的路程，会用停表测出物体通过这段路程所用的时间，能根据速度公式计算出物体在这段时间内运动的平均速度。

（4）高阶B4：分析评价。①根据速度公式，设计测量物体运动的平均速度实验，选择合适的仪器进行实验，收集和分析实验数据并交流评价；②结合生活实例与实验事实，利用速度公式，科学推理新情境下物体的平均速度，描述做变速运动的物体的运动快慢。

（5）高阶B5：创新创造。①改进测量物体运动的平均速度的实验；②综合利用速度知识研究生产、生活中的新问题。

【课时测评】

1. 某小组同学要测量小车的平均速度，他们用一个长方体的小木块将长木板的一端垫起，形成一个斜面，如下图所示。他们要测量小车从A滑到C的过程中，小车通过AB、BC、AC段的平均速度，图中方框内的数字是小车到达A、B、C三处时电子表的显示。下列说法正确的是（　　　）。

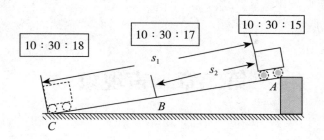

A. 实验中为了方便计时，应使斜面保持较大的坡度

B. 实验中误差的主要来源是小车通过的路程的测量

C. 根据图中的信息可知小车从B点到C点所用的时间$t_{BC}=2s$

D. 如果小车过了C点才停止计时，则测得的平均速度v_{AC}会偏小

2. 龟和兔在路程为s_0的一段平直赛道上进行赛跑竞技比赛，它们赛跑的路程–时间图像如右下图所示。下列说法正确的是（　　　）。

A. 在完成赛段s_0的比赛过程中，龟和兔都做匀速直线运动

B. 在完成赛段s_0的比赛过程中，龟比兔先到达比赛的终点

C. 在完成赛段s_0的比赛过程中，兔总是比龟跑得快

D. 在完成赛段s_0的比赛过程中，兔比龟的平均速度大

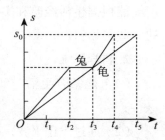

【评价建议·质量水平】

课时测评试题SOLO分类细目表

题号	1				2			
SOLO分类	U	M	U	R	R	R	R	R
质量水平	L1	L2	L1	L3	L3	L3	L3	L3

第二章　声现象

第❻课时　课题1：声音的产生与传播

【课标原文】

通过实验，认识声音的产生和传播条件。

【核心素养】

1. 物理观念

能根据生活经验和实验，初步认识声音产生和传播的条件，并应用其解决一些实际问题。

2. 科学思维

（1）能结合生活与实验事实，推理与论证声音的产生和传播所需要的条件；

（2）通过类比水波，初步认识声音以声波的形式传播；

（3）能通过生活经验，分析推理出声音在不同介质中传播的速度不同。

3. 科学探究

（1）能根据观察和实验，提出问题，作出声音的产生与传播需要的条件的初步假设；

（2）能根据已有的科学探究方案，选择合适的仪器进行实验，观察记录实验现象，分析交流。

4. 科学态度与责任

（1）通过实验探究，养成良好的实验习惯和严谨的科学态度；

（2）能用声速解释生活和自然中的有关现象，感悟物理与生活、社会的密切联系。

【核心认知】

1. 基本知识

（1）声音的产生；

（2）声音传播所需的条件；

（3）不同介质中的声速不同。

2. 基本技能

（1）实验观察技能；

（2）证据收集技能；

（3）实验分析技能。

3. 基本方法

（1）转换法；

（2）科学推理法；

（3）分析归纳法；

（4）类比法。

【关键能力】

1. 学业质量

（1）低阶B1：认识记忆。①通过实验，初步认识声音的产生；②认识声速。

（2）低阶B2：理解掌握。①理解声音是由物体振动产生的；②理解声音传播的条件；③能理解回声产生的原因和人耳能辨别出回声的条件。

（3）低阶&高阶B3：模仿应用。①应用声音的产生条件解释生活实例；②应用声音的传播条件解释生活中的相关实例；③能用声速解释生活和自然中的有关现象。

（4）高阶B4：分析评价。①经历声音的产生、传播条件的探究；②能应用声音的传播条件和声速等知识解决新情境下的问题。

（5）高阶B5：创新创造。①改进探究声音产生和传播条件的实验；②利用转换法研究相关的新问题。

2. 测评标准

（1）低阶B1：认识记忆。①知道声音是由物体振动产生的；②知道声音的传播需要介质；③知道声音在不同介质中传播的速度不同，知道声音在不同温度下传播的速度不同（声音在15℃空气中的传播速度是340m/s）。

（2）低阶B2：理解掌握。①理解声音是由物体振动产生的，理解振动停止，发声停止；②理解声音传播的条件，真空不能传声。

（3）低阶&高阶B3：模仿应用。①能应用声音的产生条件判断生活实例中的发声物体；②能应用声音的传播条件解释生活中的相关实例；③能用声速解释生活和自然中的有关现象。

（4）高阶B4：分析评价。①能根据观察和实验，提出问题，作出声音的产生与传播需要的条件的初步假设；能根据已有的科学探究方案，选择合适的仪器进行实验，观察记录实验现象，分析交流，得出初步结论；②能应用声音的传播条件和声速等知识解决新情境下的问题。

（5）高阶B5：创新创造。①能改进探究声音产生和传播条件的实验；②能利用转换法研究相关的新问题。

【课时测评】

1. 关于声音的产生，下列说法中正确的是（　　　　）。

A. 一切发声的物体都在振动

B. 振动停止，发声仍然继续

C. 动物发出的声音，一定是声带振动发出的

D. 蟋蟀的声音是靠声带振动发出的

2. 关于声速，下列说法中正确的是（　　　　）。

A. 宇航员在月球上不能直接对话，说明真空不能传声

B. 声音在所有介质中传播的速度都相同

C. 声音在水中传播的速度最快

D. 通常情况下，声音在固体中传播速度较慢

3. 下列关于声的说法，错误的是（　　　　）。

A. 我们能听到远处的雷声，说明空气可以传声

B. 人在岸上大声说话也能惊动水中的鱼，说明水能传声

C. 在长铁管的一端敲击一下，在另一端最先听到的声音是通过铁管传来的

D. 回声和原声一定可以区分开来

【评价建议·质量水平】

课时测评试题SOLO分类细目表

题号	1				2				3			
SOLO 分类	U	U	U	U	R	U	M	U	R	R	R	R
质量 水平	L1	L1	L1	L1	L3	L1	L2	L1	L3	L3	L3	L3

第❼课时　课题2：声音的特性

【课标原文】

了解声音的特性。

【核心素养】

1. 物理观念

基于生活体验和实验事实，认识声音的特性，并能用相关声学知识解释生产、生活中简单的现象。

2. 科学思维

（1）根据实验，分析、归纳音调与发声体的振动频率的关系、响度与发声体的振幅的关系，不同发声体发出声音的音色不同；

（2）能建构声波模型，能对声音的波形图进行简单分析。

3. 科学探究

（1）能根据观察和实验，提出问题，作出声音的音调、响度分别与什么因素有关的初步假设；

（2）能根据已有的科学探究方案，选择合适的仪器进行实验并分析交流。

4. 科学态度与责任

（1）通过对生活实例的分析，激发学习物理的兴趣，感悟物理与生活的密切联系；

（2）通过探究活动，养成良好的实验习惯和严谨认真、实事求是的科学态度以及与他人合作的科学精神。

【核心认知】

1. 基本知识

（1）声音的三个特性及其影响因素；

（2）声音的波形图。

2. 基本技能

（1）作出科学猜想的技能；

（2）实验操作技能；

（3）实验分析技能。

3. 基本方法

（1）控制变量法；

（2）转换法；

（3）分析归纳法；

（4）图像模型法。

【关键能力】

1. 学业质量

（1）低阶B1：认识记忆。①认识声音的特性；②知道超声波、次声波、声音的概念；③知道频率的概念、单位、符号。

（2）低阶B2：理解掌握。①理解频率和振幅的物理意义；②理解声音的音调与发声体振动的频率有关；③理解声音的响度与发声体的振幅以及人耳距发声体远近有关；④理解不同发声体发出的声音的音色不同。

（3）低阶&高阶B3：模仿应用。①能通过实验，观察、分析、归纳出音调与频率、响度与振幅的关系；②能用声音的特性相关知识解释生活和自然中的有关现象。

（4）高阶B4：分析评价。①经历声音的音调、响度分别与什么因素有关的探究过程；②能利用波形图探究声音的特性；③能利用声音的特性分析解决新情境下的问题。

（5）高阶B5：创新创造。①改进探究声音的特性实验；②利用转换法研究陌生情境下的新问题；③能利用声音的特性分析解决陌生情境下的问题。

2. 测评标准

（1）低阶B1：认识记忆。①认识声音的特性；②知道超声波、次声波、声音的概念；③知道频率的概念、单位、符号。

（2）低阶B2：理解掌握。①理解声音的音调与发声体振动的频率有关，频率越高，音调越高；频率越低，音调越低；②理解声音的响度与发声体的振幅和距离发声体远近有关，发声体的振幅越大，响度越大，物体的振幅越小，响度越小；距离发声体越远，响度越小，距离发声体越近，响度越大；③理解不同发声体的材料、结构不同，发出的声音的音色不同。

（3）低阶&高阶B3：模仿应用。①通过实验，归纳总结音调与频率、响度与振幅的关系；②用声音的特性的相关知识解释生活和自然中的有关现象。

（4）高阶B4：分析评价。①能根据声音的波形图分析比较声音的特性；②能利用声音的特性分析解决新情境下的问题。

（5）高阶B5：创新创造。①改进探究声音的特性实验；②能利用转换法研究陌生情境下的新问题；③能利用声音的特性分析解决陌生情境下的问题。

【课时测评】

1. 关于音调，下列说法正确的是（　　　）。

A. 音调的高低只与发声体的长度有关

B. "闻其声而知其人"判断的依据就是音调

C. 音调的高低与发声体无关

D. 音调的高低由发声体振动的频率决定

2. 下列关于声音的说法正确的是（　　　）。

A. 成语"声如洪钟"描述的是声音的音色

B. 蝴蝶翅膀振动的声音我们听不到，是因为它的翅膀振动幅度太小

C. "闻其声而知其人"主要是根据响度来判断的

D. 用大小不同的力先后敲击同一音叉，音叉发声的音调是相同的

3. 下图所示为声波的波形图，下列说法正确的是（　　　）。

甲　　　　　乙　　　　　丙　　　　　丁

A. 甲、乙的音调和响度相同　　　　　B. 甲、丙的音调和音色相同

C. 乙、丁的音调和音色相同　　　　　D. 甲、丁的音色和响度相同

【评价建议·质量水平】

课时测评试题SOLO分类细目表

题号	1				2				3			
SOLO分类	M	U	U	U	R	M	R	R	R	R	R	R
质量水平	L2	L1	L1	L1	L3	L2	L3	L3	L3	L3	L3	L3

第 **8** 课时　课题3：声的利用

【课标原文】

了解现代技术中声学知识的一些应用。

【核心素养】

1. 物理观念

通过列举声在现代技术中的相关应用等，初步认识声可以传递信息和能量。

2. 科学思维

（1）能根据生活经验和实验，归纳总结出声能传递信息，声能传递能量；

（2）能通过类比理解声是一种波，能对相关的物理现象进行简单分析。

3. 科学探究

（1）在完全自由的情境下，列举所了解的利用声的现象，并按照一定的分类标准，分析得出声能传递信息、声能传递能量的初步结论；

（2）通过实验探究声波具有能量，增强实践体验。

4. 科学态度与责任

通过学习声在现代技术中的相关应用，体会科学、技术与社会的联系。

【核心认知】

1. 基本知识

（1）声可以传递信息；

（2）声可以传递能量。

2. 基本技能

（1）实验观察技能；

（2）证据收集技能；

（3）分析评价技能。

3. 基本方法

（1）观察法；

（2）归纳法；

（3）分类思想。

【关键能力】

1. 学业质量

（1）低阶B1：认识记忆。①知道声能传递信息；②知道声能传递能量；③能列举声在实际生活中的应用实例。

（2）低阶B2：理解掌握。了解利用声的实例和它们的工作原理。

（3）低阶&高阶B3：模仿应用。①能用声能传递信息的知识解释实际生活中的相关实例；②能用声能传递能量的知识解释实际生活中的相关实例。

（4）高阶B4：分析评价。①在完全自由的情境下，列举所了解的利用声的现象，并按照一定的分类标准，分析得出声能传递信息、声能传递能量的初步结论；②通过实验探究声波具有能量；③能利用声能传递信息和能量的知识解决生产、生活中的相关问题。

（5）高阶B5：创新创造。①能改进或者设计新实验来探究声音的应用；②制作一些应用声的小发明；③能利用声音的知识解决陌生情境下的问题。

2. 测评标准

（1）低阶B1：认识记忆。①知道声能传递信息；②知道声能传递能量；③能列举声在实际生活中的应用实例。

（2）低阶B2：理解掌握。了解利用声的实例和它们的工作原理，如回声定位、声呐测距、B超、超声波探伤、超声波清洗、超声波击碎结石等。

（3）低阶&高阶B3：模仿应用。①用声能传递信息的知识解释实际生活中的相关实例；②利用声能传递能量的知识解释实际生活中的相关实例。

（4）高阶B4：分析评价。①通过实验分析论证声波具有能量；②利用声能传递信息和能量的知识解决生产、生活中的相关问题。

（5）高阶B5：创新创造。①改进或者设计新实验来研究声音的应用；

②能利用声音的知识解决陌生情境下的问题。

【课时测评】

1.下列事例中，不能说明声音可以传递信息的是（　　　）。

A. 中医学望、闻、问、切中的"闻"　　　　B. 超声波清洁牙齿

C. 超声波检查身体　　　　　　　　　　　D. 轮船的声呐设施

2.以下事例中说明声可以传递能量的是（　　　）。

A. 有经验的工人通过听机器的运转声，判断机器运转是否正常

B. 医生用听诊器可以了解病人心脏工作状况

C. 外科医生用超声振动除去人体内的结石

D. 古代航行手在雾中通过号角的回声判断悬崖的距离

3.下列图中，主要描述声音能够传递能量的是（　　　）。

A. 探测海深

B. 敲瓶底火焰晃动

C. 回声定位

D. 倒车雷达

【评价建议·质量水平】

课时测评试题SOLO分类细目表

题号	1				2				3			
SOLO分类	U	U	U	U	M	M	M	M	M	M	M	M
质量水平	L1	L1	L1	L1	L2	L2	L2	L2	L2	L2	L2	L2

第❾课时　课题4：噪声的危害和控制

【课标原文】

知道噪声的危害和控制的方法。

【核心素养】

1. 物理观念

（1）能从物理学角度和环境保护角度表述噪声，形成噪声的概念；

（2）知道噪声的危害，能应用控制噪声的方法解决一些实际问题。

2. 科学思维

（1）基于观察和体验，能对噪声的来源、危害、防治进行分析、归纳；

（2）通过生活实例和实验，分析论证控制噪声的方法，具有质疑和创新的意识。

3. 科学探究

通过讨论交流、实践调查、设计实验等多种方法，认识噪声对社会生活的影响，归纳总结控制噪声的方法。

4. 科学态度与责任

基于对噪声危害的认识，知道科学、技术、社会、环境存在相互联系，形成环保意识，认识到人类在保护环境和促进可持续发展方面的责任。

【核心认知】

1. 基本知识

（1）噪声的定义；

（2）噪声的危害和控制噪声的途径。

2. 基本技能

（1）交流讨论技能；

（2）分析评价技能。

3. 基本方法

（1）讨论法；

（2）归纳法；

（3）实验法。

【关键能力】

1. 学业质量

（1）低阶B1：认识记忆。①能说出噪声的来源；②知道噪声的等级和危害。

（2）低阶B2：理解掌握。①理解噪声的定义；②理解控制噪声的途径。

（3）低阶&高阶B3：模仿应用。根据实际情况，制定减弱噪声的措施。

（4）高阶B4：分析评价。①基于观察和体验，能对噪声的来源、危害、防治进行分析、归纳；②通过生活实例和实验，分析论证控制噪声的方法；③能在新的问题情境中运用控制噪声的方法来解决问题。

（5）高阶B5：创新创造。综合运用声的知识，提出控制噪声的创新方法。

2. 测评标准

（1）低阶B1：认识记忆。①从物理角度和环境保护角度理解噪声的定义；②知道噪声的来源；③知道噪声的等级和危害，知道不同等级的噪声对人和自然有不同的影响；④知道控制噪声的途径：从声源处、传播过程中和人耳处控制噪声。

（2）低阶B2：理解掌握。①能分别从物理角度和环保角度判断声音是否属于噪声；②掌握控制噪声的途径：从声源处、传播过程中和人耳处控制噪声；③会判断具体的生活实例是通过哪种途径控制噪声的。

（3）低阶&高阶B3：模仿应用。根据实际情况，运用控制噪声的途径知识，给出减弱噪声的方法。

（4）高阶B4：分析评价。能在新的问题情境中运用控制噪声的方法解决问题。

（5）高阶B5：创新创造。能综合运用声的知识，提出控制噪声的创新方法。

【课时测评】

1. 下列关于噪声的说法正确的是（　　）。

A. 振动有规律的声音一定不是噪声

B. 噪声一定会使人受到伤害

C. 音乐课上的音乐可能成为噪声

D. 我们可以想办法消灭任何噪声

2.下列控制噪声的措施中，属于防止噪声产生的是（　　　）。

A. 晚上休息时关闭房间的门窗

B. 公共场所不要高声喧哗

C. 街道上安装噪声监测仪

D. 纺织车间的工作人员使用防噪声耳罩

3. 你家附近建筑工地在施工，为了减小噪声的干扰，下列做法不合理的是（　　　）。

A. 关紧门窗

B. 打开门窗，让空气加快流通

C. 用棉花塞住耳朵

D. 告知有关部门督促施工单位合理安排施工时间

【评价建议·质量水平】

课时测评试题SOLO分类细目表

题号	1				2				3			
SOLO 分类	M	U	M	U	R	R	R	R	M	M	M	M
质量 水平	L2	L1	L2	L1	L3	L3	L3	L3	L2	L2	L2	L2

第三章 物态变化

第 ⑩ 课时 课题1：温度

【课标原文】

（1）说出生活环境中常见的温度值；

（2）尝试对环境温度问题发表自己的见解；

（3）了解液体温度计的工作原理，会用常见温度计测量温度。

【核心素养】

1. 物理观念

基于生活体验和实验，从定义、摄氏温度的规定、测量等角度理解温度，初步形成温度的概念，知道一些生活环境中常见的温度值，并能对环境温度发表自己的见解。

2. 科学思维

（1）通过设计制作温度计模型，充分了解温度计的结构和原理；

（2）通过"用温度计测量水的温度"和"用体温计测体温"实验，对比、分析、归纳实验室用温度计和体温计的构造、量程、分度值、使用方法的不同；

（3）通过对非接触红外线温度计、热电偶温度计、电子体温计等温度计的探究式学习，养成质疑创新的意识。

3. 科学探究

（1）经历观察和实验，自制温度计，了解温度计的结构和原理；

（2）会使用温度计测量水的温度，收集数据，交流成果并对实验过程中遇到的问题进行分析评价；

（3）通过用体温计测体温，增强实践体验。

4.科学态度与责任

（1）了解一些生活环境中常见的温度值，感受物理与生活的密切联系；

（2）通过用温度计测量温度实验，养成良好的实验习惯和严谨的科学态度。

【核心认知】

1.基本知识

（1）温度的概念和单位；

（2）摄氏温度的规定；

（3）温度计的结构及工作原理；

（4）温度计的使用。

2. 基本技能

（1）使用温度计测量温度的实验操作技能；

（2）实验观察技能；

（3）实验分析技能。

3. 基本方法

（1）模型法；

（2）比较法；

（3）分析归纳法。

【关键能力】

1.学业质量

（1）低阶B1：认识记忆。①会复述温度的概念；②知道摄氏温度的规定；③能说出液体温度计的工作原理；④能说出生活环境中常见的温度值。

（2）低阶B2：理解掌握。①理解温度的概念；②理解液体温度计的工作原理；③理解温度计的使用方法。

（3）低阶&高阶B3：模仿应用。会用温度计测量温度。

（4）高阶B4：分析评价。①经历观察和实验，自制温度计，了解温度计的结构和原理，并对实验过程中遇到的问题进行分析评价；②通过"用温度计测量水的温度"和"用体温计测体温"实验，对比、分析、归纳实验室用温度计和体温计的构造、量程、分度值、使用方法的不同。

（5）高阶B5：创新创造。通过对非接触红外线温度计、热电偶温度计、电子体温计等温度计的探究式学习，能根据生产、生活的实际需要，设计新的温度计测量温度。

2.测评标准

（1）低阶B1：认识记忆。①了解温度是表示物体冷热程度的物理量；②知道摄氏温度的规定及符号；③了解液体温度计是利用液体的热胀冷缩性质来工作的；④知道生活环境中常见的温度值。

（2）低阶B2：理解掌握。①理解物体的温度一样，冷热程度一样；②理解液体温度计的工作原理，知道液体热胀冷缩的原因；③理解温度计的使用方法；④知道温度计的量程和分度值，会读温度计的读数。

（3）低阶&高阶B3：模仿应用。①会用实验室用温度计测量液体的温度；②会用体温计测量体温。

（4）高阶B4：分析评价。①对"用温度计测量温度"的实验过程进行分析评价（主要是对实验操作的规范性进行分析和评价）；②会对体温计的使用方法和测量数据进行分析评价；③在生产、生活中，根据量程、分度值、使用方法的不同，选择适合的温度计测量温度。

（5）高阶B5：创新创造。能根据生产、生活的实际需要，设计新的温度计测量温度。

【课时测评】

1. 下列选项中最接近37℃的是（　　）。

　A. 深圳市冬季最低气温　　　　　B. 健康成年人的体温

　C. 冰水混合物的温度　　　　　　D. 让人感觉温暖而舒适的房间的温度

2. 下图所示为某些同学用温度计测量烧杯中液体温度的情境，其中操作方法正确的是（　　）。

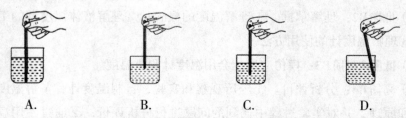

　　A.　　　　　　　　B.　　　　　　　　C.　　　　　　　　D.

3. 有两支温度计，玻璃泡内装同种液体且容积相等，但玻璃管的内径不同。它们测量同一杯热水的温度，示数稳定时，它们的水银柱上升高度和温度示数情况为（　　）。

A. 内径细的升得高，温度示数大

B. 内径粗的升得高，但它们的温度示数一样大

C. 上升高度相同，温度示数也相同

D. 内径细的升得高，但它们的温度示数一样大

4. 常用的液体温度计是利用液体_____的性质制成的。如下图所示，温度计甲的读数是_____℃，温度计乙的读数是_____℃。

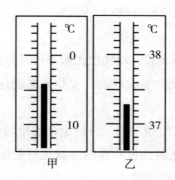

甲　　　　乙

【评价建议·质量水平】

课时测评试题SOLO分类细目表

题号	1				2				3				4		
SOLO分类	U	U	U	U	M	M	M	M	R	R	R	R	U	M	M
质量水平	L1	L1	L1	L1	L2	L2	L2	L2	L3	L3	L3	L3	L1	L2	L2

第 ⑪ 课时　课题2：熔化和凝固

【课标原文】

（1）运用物态变化的知识，说明冰融化等现象；

（2）经历熔化、凝固的实验探究过程，知道物质的熔点、凝固点，了解熔化吸热现象、凝固放热现象；

（3）用熔化、凝固的知识说明自然和生活中的相关现象。

【核心素养】

1. 物理观念

（1）能根据生活经验，认识常见的三种物质形态：气态、液态和固态，初步形成物质形态之间可以相互转化的观念，理解物态变化的概念；

（2）通过生活实例和实验，从定义、晶体和非晶体熔化与凝固的特点等角度理解物质的熔化和凝固，初步形成熔化和凝固的概念，并能应用其解释自然界和生活中的有关现象和解决相关问题。

2. 科学思维

（1）通过生活实例和实验，对物质的形态进行分类；

（2）通过对固体熔化的实验现象和实验数据进行分析，归纳总结固体熔化的特点；

（3）根据实验数据，绘制图像，分析论证物质熔化时的温度变化规律；

（4）根据凝固是熔化的逆过程和固体熔化时温度的变化规律，通过实验推断液体凝固时温度的变化规律；

（5）通过对比海波和蜡的熔化特点，引入晶体和非晶体的概念。

3. 科学探究

根据生活实例，对固体熔化时温度的变化规律进行猜想，初步设计探究方案，选择合适的仪器进行实验，收集证据、分析论证、交流合作、评估反思。

4. 科学态度与责任

通过完整的探究活动，养成严谨的科学态度、主动交流的习惯、团队合作的精神。

【核心认知】

1. 基本知识

（1）物态变化的概念；

（2）熔化的概念；

（3）凝固的概念；

（4）晶体和非晶体的概念；

（5）熔化时温度的变化规律；

（6）凝固时温度的变化规律。

2. 基本技能

（1）实验观察技能；

（2）实验操作技能；

（3）证据收集和分析技能；

（4）图像绘制和分析技能。

3. 基本方法

（1）实验研究法；

（2）实验推理法；

（3）分类归纳法；

（4）数形结合思想：图像法。

【关键能力】

1. 学业质量

（1）低阶B1：认识记忆。①知道物态变化的概念；②认识生活中的熔化和凝固现象；③知道晶体、非晶体熔化和凝固时的特点；④知道晶体的熔点和凝固点。

（2）低阶B2：理解掌握。①理解熔化和凝固的概念和条件；②理解晶体、非晶体熔化和凝固时的特点。

（3）低阶&高阶B3：模仿应用。①能运用熔化和凝固的知识解释生活中相关的现象；②能运用熔化和凝固的知识解决生活中的常见问题。

（4）高阶B4：分析评价。①经历物质熔化时温度变化规律的探究；②根据凝固是熔化的逆过程和固体熔化时温度的变化规律，通过实验推断液体凝固时温度的变化规律；③通过对比海波的熔化特点和蜡的熔化特点，引入晶体和非晶体的概念；④运用熔化和凝固的知识解决新情境下的相关问题。

（5）高阶B5：创新创造。①能对"探究固体熔化时温度变化规律"实验的器材选择及实验方案的制定进行优化或创新创造；②能利用图像法、实验推理法探究不同情境中的问题；③能运用熔化和凝固的知识解决陌生情境下的问题。

2. 测评标准

（1）低阶B1：认识记忆。①了解物质形态有三种，即固态、液态、气态，物态变化是指物质各种形态间的变化；②知道熔化是物质由固态变成液态的过程，凝固是物质由液态变成固态的过程；③知道晶体熔化时吸收热量，温度不变；知道液体凝固形成晶体时放出热量，温度不变；知道非晶体熔化时吸收热量，温度升高；知道液体凝固形成非晶体时放出热量，温度降低；④知道晶体熔化时的温度为熔点、液体凝固形成晶体时的温度为凝固点。

（2）低阶B2：理解掌握。①会辨别生产、生活中的熔化、凝固现象；②会根据熔化和凝固的条件判断物质的状态及其变化；③理解晶体熔化和凝固的特点，会分析晶体和非晶体熔化和凝固的图像。

（3）低阶&高阶B3：模仿应用。①能运用熔化和凝固的知识解释生活中相关的现象；②能运用熔化和凝固的知识解决生活中的常见问题。

（4）高阶B4：分析评价。①根据生活实例，对固体熔化时温度的变化规律进行猜想，初步设计探究方案，选择合适的仪器进行实验，收集证据、分析论证、交流合作、评估反思；②运用熔化和凝固的知识解决新情境下的相关问题。

（5）高阶B5：创新创造。①对"探究固体熔化时温度变化规律"实验的器材选择及实验方案的制订进行优化或创新创造；②利用图像法、实验推理法探究不同情境中的问题；③运用熔化和凝固的知识解决陌生情境下的问题。

【课时测评】

1. 下列说法中错误的是（　　　　）。

A. 晶体熔化时吸热，非晶体熔化时不吸热

B. 松香、蜂蜡都是非晶体

C. 同一种晶体的熔化温度与它的凝固温度相同

D. 晶体吸收了热量温度不一定升高

2. 小明用蜡烛和模具浇铸小鱼蜡像，在浇铸蜡像的过程中，蜡发生的物态变化是（　　　　）。

A. 先凝固，后熔化　　　　　B. 先凝华，后升华

C. 先熔化，后凝固　　　　　D. 先升华，后凝华

3. 小丽选择用蜂蜡和海波探究"不同固态物质在熔化过程中温度的变化是否相同"，设计的实验装置如图甲所示。

（1）将装有蜂蜡、海波的试管分别放在盛水的烧杯内加热，而不是直接用酒精灯加热，目的是使试管内的物质_____。

（2）将温度计正确插入蜂蜡和海波中，观察温度计示数时视线A、B、C

如图乙所示，其中正确的是_____。此时温度计的示数为_____℃。

（3）丙图是小丽绘制的海波熔化图像，图中BC段表示海波的熔化过程，此过程中海波_____（选填"吸收"或"放出"）热量，温度_____（选填"升高""降低"或"不变"）。第10min海波处于_____（选填"固""液"或"固液共存"）态。

（4）丁图是小丽绘制的蜂蜡熔化图像，蜂蜡在熔化过程中温度_____（选填"升高""降低"或"不变"）。

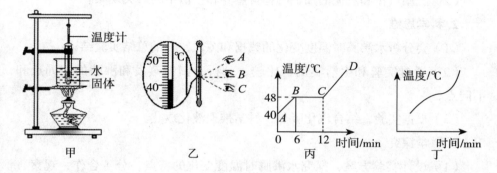

甲   乙   丙

【评价建议·质量水平】

课时测评试题SOLO分类细目表

题号	1				2				3						
SOLO分类	M	M	M	M	R	R	R	R	M	M	U	M	R	R	R
质量水平	L2	L2	L2	L2	L3	L3	L3	L3	L2	L2	L1	L2	L3	L3	L3

第 ⑫ 课时　课题3：汽化和液化

【课标原文】

（1）运用物态变化的知识，说明水沸腾等现象；

（2）探究水沸腾时温度变化的特点；

（3）经历汽化、液化的实验探究过程，知道物质的沸点，了解汽化吸热现象、液化放热现象。

（4）用汽化、液化的知识说明自然界和生活中的有关现象。

【核心素养】

1. 物理观念

（1）基于生活实例和实验，认识物质的液态和气态之间是可以转化的，知道汽化吸热、液化放热，初步形成汽化和液化的概念；

（2）能用汽化和液化的知识解释自然界和生活中的有关现象。

2. 科学思维

（1）会分析水沸腾时温度变化的数据和图像，归纳总结实验结论；

（2）通过实验和生活实例，比较、分析、归纳蒸发和沸腾的相同点和不同点；

（3）根据实验，结合汽化吸热，科学推理液化放热。

3. 科学探究

（1）设计实验方案，探究水沸腾时温度变化的特点，分工合作，观察、记录实验现象和数据，描点作图，分析讨论，得出结论，交流评价；

（2）设计实验，观察实验现象，记录实验数据，分析实验信息，得出液化放热结论；

（3）通过"压缩体积使气体液化"实验，增强实践体验。

4. 科学态度与责任

（1）通过汽化、液化的生活实例，认识到物理学是对自然现象的描述和解释；

（2）通过探究水沸腾时温度变化的特点，养成良好的实验习惯和实事求是的科学态度；

（3）通过阅读电冰箱与臭氧层资料，体会科学、技术、社会、环境的紧密联系，增强环境保护意识。

【核心认知】

1. 基本知识

（1）汽化和液化的概念；

（2）沸点的概念；

（3）汽化的两种方式：沸腾和蒸发；

（4）液化的两种方法：压缩体积和降低温度。

2. 基本技能

（1）设计实验方案技能；

（2）实验观察技能；

（3）证据收集和分析技能；

（4）绘制、分析图像技能。

3. 基本方法

（1）实验研究法；

（2）分类归纳法；

（3）图像法；

（4）比较法。

【关键能力】

1. 学业质量

（1）低阶B1：认识记忆。①通过生活实例，认识汽化和液化；②通过实验，认识水的沸腾现象，知道沸点；③知道影响蒸发快慢的三个因素。

（2）低阶B2：理解掌握。①会辨别生产、生活中的汽化和液化现象；②理解沸腾图像的物理意义，理解沸腾的条件。

（3）低阶&高阶B3：模仿应用。①能用水的沸腾图像描述水沸腾时温度的变化情况；②能运用汽化和液化知识，解释生活中的相关现象，或解决简单的问题。

（4）高阶B4：分析评价。①经历探究水沸腾时温度变化特点的全过程；②通过实验和生活实例，比较、分析、归纳蒸发和沸腾的相同点和不同点；③根据实验，结合汽化吸热，科学推理液化放热；④能运用汽化和液化知识解决新情境下的相关问题。

（5）高阶B5：创新创造。①能对探究水沸腾时温度变化特点的实验进行改进；②能利用图像法、比较法等研究身边的新问题；③能运用汽化和液化知识解决陌生情境下的问题。

2. 测评标准

（1）低阶B1：认识记忆。①知道物质从液态变为气态的过程叫作汽化，从气态变为液态的过程叫作液化，且汽化吸热，液化放热；②知道液体沸腾时的温度为沸点；③知道蒸发和沸腾的相同点和不同点；④知道影响蒸发快慢的三个因素：液体的温度、液体的表面积、液体表面的气流速度。

（2）低阶B2：理解掌握。①会辨别生产、生活中的汽化和液化现象；②理解水沸腾时温度随时间变化的关系图像；③掌握沸腾的特点，能区分沸腾前和沸腾时的现象；④会根据沸腾的条件判断物质是否沸腾；⑤理解沸腾和蒸发的异同点。

（3）低阶&高阶B3：模仿应用。①用水的沸腾图像描述水沸腾时温度的变化情况；②运用汽化（蒸发、沸腾）和液化的知识，解释生活中的相关现象，或解决简单的问题。

（4）高阶B4：分析评价。①设计实验方案探究水沸腾时温度变化的特点，分工合作，观察、记录实验现象和数据，描点作图，分析讨论，得出结论，交流评价；②能运用汽化和液化的知识解决新情境下的相关问题。

（5）高阶B5：创新创造。①能对"探究水沸腾时温度变化特点"实验进行创新（主要对实验器材的选择、实验方案的制订进行优化）；②能利用图像法探究物理问题，将数学知识运用到物理中；③能运用比较的方法解决新问题，感悟物理学的研究方法；④能运用汽化和液化知识解决陌生情境下的问题。

【课时测评】

1. 随着6月中旬的到来，常熟地区进入梅雨季节，突出表现为常见的潮湿闷热天气，这种天气下小明家地下室墙砖上总会"出汗"，以下现象与"出汗"相同的是（　　　　）。

A. 水结成冰　　　　　　　　B. 雾的生成

C. 雪的产生　　　　　　　　D. 霜的形成

2. 小芳观察到水沸腾时烧水壶的壶嘴处有大量的"白气"冒出来，从水到形成"白气"的物态变化是（　　　　）。

A. 先液化后汽化　　　　　　B. 先汽化后凝固

C. 先汽化后液化　　　　　　D. 先汽化后熔化

3. 如下图所示，温度计的示数下降最快的是（　　　　）。

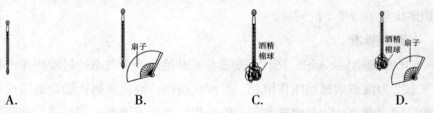

A.　　　　　　B.　　　　　　C.　　　　　　D.

4. 在"探究水沸腾时的温度变化的特点"实验中，两组同学在相同的环境中，用图甲的装置分别进行实验，并根据实验数据绘制图乙中的 a、b 两条图线，由图像可知：

（1）水的沸点为_____℃，在沸腾过程中水的温度不变。

（2）两组同学的实验中，水从开始加热到沸腾所用的时间相同，则他们所用水的质量的大小关系为 m_a_____m_b。

（3）小明观察到沸腾前和沸腾时水中气泡上升过程中存在的两种情况，如图丙A、B所示，则图_____是水沸腾前的情况。

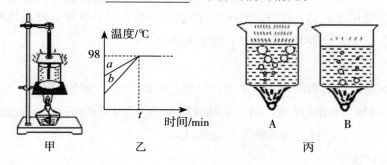

甲　　　　　乙　　　　　　　　A　　　　　B　　　　丙

【评价建议·质量水平】

课时测评试题SOLO分类细目表

题号	1				2				3				4		
SOLO 分类	M	M	M	M	R	R	R	R	R	R	R	R	M	R	R
质量 水平	L2	L2	L2	L2	L3	L3	L3	L3	L3	L3	L3	L3	L2	L3	L3

第 ⑬ 课时　课题4：升华和凝华

【课标原文】

（1）经历升华、凝华的实验探究过程，了解升华吸热现象和凝华放热现象；

（2）用升华和凝华知识说明自然界和生活中的有关现象；

（3）用水的物态变化说明自然界中的一些水循环现象；

（4）了解我国和当地的水资源状况，有关心环境和节约用水的意识。

【核心素养】

1. 物理观念

（1）通过大量生活实例和实验，得出物质的固态和气态之间是可以直接转化的，且固态变成气态要吸热，气态变成固态要放热，从而建立升华和凝华的概念，并应用其解释生活中的相关现象；

（2）能用水的物态变化说明自然界中的一些水循环现象，形成用物态变化知识说明自然界和生活中的有关现象的观念。

2. 科学思维

（1）基于生活实例与实验事实，分析、归纳升华、凝华的概念；

（2）对过程比较缓慢、难以直接观察到的升华和凝华现象，根据观察到的结果，分析、推理、判断物态变化的过程。

3. 科学探究

动手操作碘的升华和凝华实验，观察并记录实验现象，得出实验结论并分析交流。

4. 科学态度与责任

（1）通过物态变化的学习，认识到物理学是基于人类有意识的探究而形成的对自然现象的描述与解释，感悟物理与生活的密切联系；

（2）通过了解我国和当地的水资源状况，养成关心环境和节约用水的习惯。

【核心认知】

1. 基本知识

（1）升华和凝华的概念；

（2）升华吸热、凝华放热；

（3）水的三态变化。

2. 基本技能

（1）实验观察技能；

（2）实验分析技能；

（3）实验推理技能。

3. 基本方法

（1）实验研究法；

（2）观察法；

（3）推理法；

（4）讨论法。

【关键能力】

1. 学业质量

（1）低阶B1：认识记忆。①通过大量生活实例和实验，认识升华和凝华现象；②知道升华吸热，凝华放热；③能说出水的三态变化的名称和吸热、放热情况。

（2）低阶B2：理解掌握。①会辨别生活中的升华、凝华现象；②理解升华吸热、凝华放热。

（3）低阶&高阶B3：模仿应用。①能运用升华和凝华知识解释生活中的常见现象；②会分析生产、生活中的物态变化。

（4）高阶B4：分析评价。①能根据生活实例与实验事实，分析、归纳升华、凝华的概念；②对过程比较缓慢、难以直接观察到的升华和凝华现象，根据观察到的结果，分析、推理、判断物态变化的过程；③运用升华、凝华知识解决生产、生活中的新问题。

（5）高阶B5：创新创造。①能综合运用水循环知识解决生产、生活中水的问题；②能综合运用物态变化知识解决陌生情境下的问题；③能设计实验，分析论证新的物理规律。

2. 测评标准

（1）低阶B1：认识记忆。①知道升华和凝华现象，知道升华吸热、凝华放热；②知道水循环中的六种物态变化。

（2）低阶B2：理解掌握。会辨别生活中的升华、凝华现象。

（3）低阶&高阶B3：模仿应用。①能运用升华和凝华知识解释生活中的常见现象；②会分析生产、生活中的物态变化（熔化、凝固、汽化、液化、升华、凝华）。

（4）高阶B4：分析评价。①根据观察到的结果，分析、推理、判断物态变化的过程；②运用升华、凝华知识解决生产、生活中的新问题。

（5）高阶B5：创新创造。①综合运用水循环知识解决生产、生活中水的利用问题；②综合运用物态变化知识解决陌生情境下的问题。

【课时测评】

1. 下面几种现象中属于升华的是（　　　）。

A. 寒冬早晨树枝上出现雾凇

B. 喷洒香水后房间里充满了香味

C. 海面上出现大雾

D. 灯丝用久会变细

2. 下图所示的四个物态变化实例中，属于吸热现象的是（　　　）。

A. 霜的形成

B. 露的形成

C. "冰柱"的形成

D. 正在变小的干冰

3. 下列关于物态变化的说法，正确的是（　　　）。

A. 严冬室内窗户玻璃外表面会出现冰花，是水蒸气凝华形成的

B. 天冷时呼出的"白气"，是人呼出的水蒸气液化形成的

C. 冬天的菜窖里放几桶水，利用了水凝固吸热的特性

D. 夏天教室地上洒水能降低室内温度，是因为液化放热

【评价建议·质量水平】

课时测评试题SOLO分类细目表

题号	1				2				3			
SOLO分类	M	M	M	M	R	R	R	R	R	R	R	R
质量水平	L2	L2	L2	L2	L3	L3	L3	L3	L3	L3	L3	L3

第四章　光现象

第 ⑭ 课时　课题1：光的直线传播

【课标原文】

了解自然界多种多样的运动形式，认识光。

【核心素养】

1. 物理观念

（1）通过生活实例初步形成光源的概念，知道光源大致分为天然光源和人造光源两类；

（2）通过生活经验和实验，了解光的直线传播，知道光在真空中的传播速度，能运用其解决实际问题。

2. 科学思维

（1）通过对生活中各种光源进行分析，找出它们的共同特征，归纳光源的概念；比较各种光源的不同之处，把光源大致分为天然光源和人造光源两类。

（2）能根据生活经验和实验，分析论证光在同种均匀介质中沿直线传播的规律。

（3）通过光线的模型构建，了解光的传播径迹和方向。

（4）通过作图画出光线，分析推理日食、月食、影子、小孔成像的成因。

3. 科学探究

（1）能根据生活实例，作出光沿直线传播的初步猜想，选用器材，设计实验，观察实验现象，归纳总结、分析交流；

（2）通过实验探究光沿直线传播的条件，观察、记录实验现象并分析交流；

（3）制作小孔成像的装置，动手实验，观察小孔成像的特点，分析成像的原因，增强实践体验。

4. 科学态度与责任

（1）通过列举光的直线传播在生活中的应用，感悟物理与生活、社会的密切联系；

（2）通过探究光沿直线传播的条件，养成实事求是、严谨认真的科学态度。

【核心认知】

1. 基本知识

（1）光源的概念和分类；

（2）光沿直线传播的规律；

（3）光线的概念；

（4）光的传播速度。

2. 基本技能

（1）实验观察技能；

（2）实验操作技能；

（3）实验分析技能；

（4）作图技能。

3. 基本方法

（1）实验探究法；

（2）理想模型法；

（3）分析归纳法。

【关键能力】

1. 学业质量

（1）低阶B1：认识记忆。①认识光源；②能复述光沿直线传播规律；③知道光线的概念；④了解光的传播速度。

（2）低阶B2：理解掌握。①理解光源的概念；②理解光沿直线传播的规律；③理解光沿直线传播在生活中的应用。

（3）低阶&高阶B3：模仿应用。①能用光沿直线传播知识解释自然界和生活中常见的现象；②会用光线描述光的传播。

（4）高阶B4：分析评价。①通过对生活中各种光源进行分析，找出它们的共同特征，归纳光源的概念；②比较各种光源的不同之处，把光源大致分为天然光源和人造光源两类；③能根据生活经验和实验，分析论证光在同种均匀介质中沿直线传播的规律；④能应用光沿直线传播的规律解决新情境下的问题。

（5）高阶B5：创新创造。①能利用理想模型法分析问题；②能利用光的直线传播规律解决陌生情境中的问题。

2. 测评标准

（1）低阶B1：认识记忆。①知道光源是能够发光的物体，光源可分为自然光源和人造光源；②知道光在同种均匀介质中沿直线传播，知道光在不同种或同种不均匀介质中会发生弯折；③知道光线是表示光的传播径迹和方向的带箭头的直线；④知道光在不同介质中传播速度不同，在真空中传播最快，光在真空中的传播速度为3×10^8m/s。

（2）低阶B2：理解掌握。①会判断物体是否属于光源；②理解光沿直线传播的条件，会判断光是否沿直线传播；③理解光沿直线传播在生活中的应用。

（3）低阶&高阶B3：模仿应用。①用光沿直线传播知识解释自然界和生活中常见的现象；②会用光线描述光的传播。

（4）高阶B4：分析评价。能应用光沿直线传播知识解决新情境下的问题。

（5）高阶B5：创新创造。①利用理想模型法分析问题；②利用光沿直线传播知识解决陌生情境中的问题。

【课时测评】

1. 生活中许多物体可以发光，下列物体中属于光源的一组是（　　）。

A. 太阳、月亮、舞台的灯光　　　　B. 闪电、镜子、发光的水母

C. 火焰、灯光、发光的萤火虫　　　D. 太阳、灯光、波光粼粼的水面

2. 早在战国时期，我国古代著名教育家、思想家墨子就在研究小孔成像的现象。如下图所示，他用蜡烛作为光源，在木板上钻了一个小孔，发现透过小孔的光能在墙壁上形成一个倒立的像。下列说法中正确的是（　　）。

A. 小孔成的像是正立的像，遵循光沿直线传播的原理

B. 保持蜡烛和墙的位置不变，将木板向靠近墙的方向移动，蜡烛在墙上
的像会变大

C. 木板上的小孔可以是三角形的

D. 墙上像的大小与蜡烛到小孔的距离远近无关

3. 关于光现象，下列说法正确的是（　　　　）。

A. 光只有在真空中才沿直线传播

B. 光的传播速度是 3×10^8 m/s

C. 光总是沿直线传播

D. 小孔成像可以说明光在同种均匀介质中沿直线传播

4. 下列关于光线的说法正确的是（　　　）。

A. 光线就是很细的光束

B. 光源能射出无数条光线

C. 人们用一条带箭头的实线表示光线，用的是理想模型法

D. 光线是用来表示光传播方向的直线，常用虚线表示

【评价建议·质量水平】

课时测评试题SOLO分类细目表

题号	1				2				3				4			
SOLO 分类	U	U	U	U	R	E	R	E	U	R	M	M	R	R	M	U
质量 水平	L1	L1	L1	L1	L3	L4	L3	L4	L1	L3	L2	L2	L3	L3	L2	L1

第 ⑮ 课时　课题2：光的反射

【课标原文】

通过实验，探究并了解光的反射定律。

【核心素养】

1. 物理观念

基于生活实例和实验事实，初步形成光的反射概念；从定义、反射规律、光路的可逆性等角度理解光的反射现象，并应用其解决一些实际问题。

2. 科学思维

（1）通过实验探究，利用数形结合思想，引入法线，分析实验数据，推理得出反射角等于入射角；

（2）结合实验，推理论证反射现象中光路的可逆性；

（3）根据实验，通过作光路图，分析论证漫反射也遵守光的反射定律。

3. 科学探究

能根据生活实例和实验事实，作出光的反射规律的初步猜想，能综合已有经验选择合适的仪器，设计、完善实验步骤和实验表格，动手实验，观察实验现象，记录反射光线与入射光线的位置，量出入射角和反射角，分析实验信息，归纳总结实验结论。

4. 科学态度与责任

（1）通过实验探究角度关系，养成实事求是、严谨认真的科学态度和良好的实验习惯；

（2）通过学习光的反射规律在生活中的应用，感悟物理与生活、社会的密切联系；

（3）通过讨论光反射造成的光污染，认识任何事物都有两面性，树立环保意识。

【核心认知】

1. 基本知识

（1）光的反射现象；

（2）光的反射定律；

（3）光路可逆；

（4）镜面反射和漫反射。

2. 基本技能

（1）实验观察技能；

（2）实验操作技能；

（3）实验信息收集和分析技能；

（4）作光路图的技能。

3. 基本方法

（1）实验探究法；

（2）科学推理法；

（3）分析归纳法。

【关键能力】

1. 学业质量

（1）低阶B1：认识记忆。①根据生活实例和实验，认识光的反射现象；②认识法线、入射光线、反射光线、反射角、入射角；③会复述光的反射定律；④通过实验，认识光路的可逆性。

（2）低阶B2：理解掌握。①理解法线的概念；②理解入射角和反射角的含义；③理解光的反射定律；④理解镜面反射和漫反射。

（3）低阶&高阶B3：模仿应用。①根据实例，能完成光路图，作出入射光线、反射光线、法线，标出入射角与反射角；②能运用光的反射知识解释生活中的常见现象。

（4）高阶B4：分析评价。①经历探究光的反射规律的全过程；②根据光的反射定律，结合实验，推理论证反射现象中光路的可逆性；③根据实验，通过作光路图，分析论证漫反射也遵守光的反射定律；④能运用光的反射知识解决新情境下的问题。

（5）高阶B5：创新创造。①能根据实际需要，用数学知识来解决新的物理问题；②能运用实验探究法研究新的问题；③能综合利用光的反射等知识解决陌生情境中的问题。

2. 测评标准

（1）低阶B1：认识记忆。①知道光的反射现象；②认识法线、入射光线、反射光线、反射角、入射角；③能写出光的反射定律；④知道在反射现象中光的传播路径是可逆的。

（2）低阶B2：理解掌握。①理解法线是过入射点与界面垂直的虚线；②理解入射角和反射角分别是入射光线、反射光线与法线的夹角；③理解光的反射定律；④会区分镜面反射和漫反射，理解镜面反射和漫反射都遵守光的反射定律。

（3）低阶&高阶B3：模仿应用。①根据实例，能完成光路图，作出入射光线、反射光线、法线，标出入射角与反射角；②运用光的反射知识解释生活中的常见现象。

（4）高阶B4：分析评价。①能综合已有经验选择合适的仪器，设计、完善实验步骤和实验表格，动手实验，观察实验现象，记录反射光线与入射光线的位置，量出入射角和反射角，分析实验信息，归纳总结实验结论；②能运用光的反射和光路的可逆性知识解决新情境下的问题。

（5）高阶B5：创新创造。①能根据实际需要，用数学知识来解决新的物理问题；②能运用实验探究法研究新的问题；③综合利用光的反射等知识解决陌生情境中的问题。

【课时测评】

1. 关于光现象，下列说法正确的是（　　　）。

A. 漫反射不遵循光的反射定律

B. 开凿隧道时用激光束引导掘进机，利用了光沿直线传播的原理

C. 自行车的尾灯是靠光的直线传播来引起后面司机注意的

D. 我们看到太阳光是由于光的反射

2. 一束光线与平面镜成30°角射在平面镜上，下图所示的四幅图中能正确表示反射光线和反射角的是（　　　）。

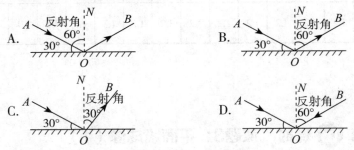

3. 右图所示为一束光线照在反射面上的反射现象，下列说法正确的是（　　　）。

A. 这是镜面反射，遵循光的反射定律

B. 这是漫反射，不遵循光的反射定律

C. 粗糙的投影幕布的反射与此图反射类型相同

D. 河面垂柳的倒影的反射与此图反射类型相同

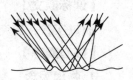

4. "探究光的反射规律"的实验装置如图甲所示，平面镜放在水平桌面上，标有刻度（图中未画出）的白色纸板ABCD能绕垂直于CD的ON轴翻转，

在纸板上安装一支可在纸板平面内自由移动的激光笔。

（1）实验前，应将纸板与平面镜_____放置。

（2）移动激光笔，使入射角为45°，测得反射角也为45°，由此得出"光反射时，反射角等于入射角"的结论，你认为有何不妥？_____。

（3）如图乙所示，将纸板右半部分绕ON向后翻转任意角度，发现纸板上均无反射光束呈现，此现象说明：_____。

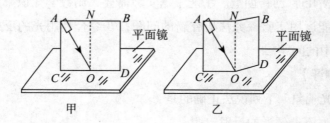

甲　　　　　　　　　　乙

【评价建议·质量水平】

课时测评试题SOLO分类细目表

题号	1				2				3				4		
SOLO 分类	M	M	M	M	M	M	M	M	M	M	R	R	R	E	E
质量 水平	L2	L2	L2	L2	L2	L2	L2	L2	L2	L2	L3	L3	L3	L4	L4

第 ⑯ 课时　课题3：平面镜成像（1）

【课标原文】

通过实验，探究平面镜成像时像与物的关系。

【核心素养】

1. 物理观念

通过实验探究，了解平面镜成像的特点。

2. 科学思维

（1）在实验中，利用等效替代法来确定像的位置和大小；

（2）通过实验，分析论证平面镜成像的特点；

（3）设计图形成像探究实验，利用数学中有关对称的知识，归纳总结平面镜成像的规律；

（4）通过实验，结合光路图，分析推理平面镜中的像是虚像。

3. 科学探究

能根据生活实例，作出平面镜成像时像与物的关系的初步猜想，能综合已有经验设计科学的探究方案，会选择合适的仪器进行实验并分析交流。

4. 科学态度与责任

（1）通过分析生活实例中平面镜成像的特点，感悟物理与生活、社会的密切联系；

（2）通过探究平面镜成像的特点，养成良好的实验习惯和严谨的科学态度。

【核心认知】

1. 基本知识

（1）平面镜成像的现象；

（2）平面镜成像的特点。

2. 基本技能

（1）设计实验方案的技能；

（2）实验观察、分析技能；

（3）作图技能。

3. 基本方法

（1）实验探究法；

（2）等效替代法；

（3）分析归纳法。

【关键能力】

1. 学业质量

（1）低阶B1：认识记忆。①根据生活实例，认识平面镜成像的现象；②通过实验探究，知道平面镜成像的特点。

（2）低阶B2：理解掌握。①理解平面镜成像的特点；②理解平面镜成像的原理。

（3）低阶&高阶B3：模仿应用。①能根据平面镜成像的特点，作出物体在平面镜中成的像；②能用平面镜成像知识解释生活中常见的现象。

（4）高阶B4：分析评价。①经历探究平面镜成像的特点的全过程；②会画平面镜成像的光路图；③会用平面镜知识解决生活中的相关问题。

（5）高阶B5：创新创造。①能将等效替代法运用于新的实验探究方案；②能利用数学知识，归纳总结新的物理学规律；③能利用平面镜成像知识解决陌生情境中的问题。

2. 测评标准

（1）低阶B1：认识记忆。①会描述平面镜成像的现象；②能说出平面镜成像的特点。

（2）低阶B2：理解掌握。①理解平面镜成像的特点，会判断实例中像的大小、像与物体到平面镜的距离；②理解平面镜所成的像与物体关于镜面对称，会根据物体选出其在平面镜中成的像；③理解平面镜所成的像为虚像，不是实际光线会聚而成，不能在光屏上呈现；④理解平面镜成像的原理是光的反射。

（3）低阶&高阶B3：模仿应用。①根据平面镜成像的特点，作出物体在平面镜中成的像；②用平面镜成像知识解释生活中常见的现象。

（4）高阶B4：分析评价。①能综合已有经验设计科学的探究方案，用等效替代法来确定像的位置并选择合适的仪器进行实验，记录数据等实验信息，分析论证，得出结论，交流评价；②画平面镜成像的光路图；③用平面镜知识解决生活中的相关问题。

（5）高阶B5：创新创造。①能将等效替代法运用于新的实验探究方案；②能利用数学知识，归纳总结新的物理学规律；③能利用平面镜成像知识解决陌生情境中的问题。

【课时测评】

1. 下列是小明观察河对岸的树木在水中倒影的光路图，正确的是（　　　）。

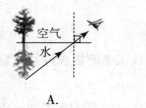

A.

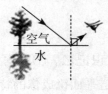

B.

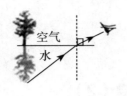 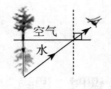

C.   D.

2. 关于平面镜成像，下列说法中正确的是（   ）。

A. 平面镜成像的原理是光的反射

B. 当人靠近平面镜时，他在平面镜中所成的像会变大

C. 当人远离平面镜时，他在镜中的像就会靠近平面镜

D. 从一块比人小的平面镜中也能看到人的全身像，可见平面镜成的像比
物体要小

3. 如图所示，图甲是小明探究"平面镜成像的特点"的实验装置。

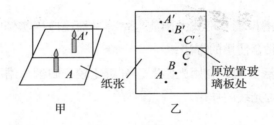

甲   乙

（1）实验装置中，玻璃板应与水平桌面_____。

（2）如图甲所示，实验时，小明在玻璃板前放一支点燃的蜡烛，看到蜡
烛的像在玻璃板后面，他将另一支大小相同的蜡烛移动到近处时，看到它跟
点燃的蜡烛的像完全重合。由此可以得出的结论是_____。

（3）如图乙所示为小明记录的三次实验中像与物体对应的位置，根据小
明的实验结果还可得出的结论是_____。

【评价建议·质量水平】

课时测评试题SOLO分类细目表

题号	1				2				3		
SOLO分类	R	R	R	R	M	M	M	M	M	E	E
质量水平	L3	L3	L3	L3	L2	L2	L2	L2	L2	L4	L4

第 17 课时　课题3：平面镜成像（2）

【课标原文】

知道平面镜成像的特点及应用。

【核心素养】

1. 物理观念

通过实例，了解平面镜、球面镜在生活中的应用，进一步理解光的反射，并能应用其解决实际问题。

2. 科学思维

（1）通过对潜望镜、塔式太阳能电站等平面镜应用实例的分析，总结归纳出多个平面镜联合使用的方法；

（2）结合生活实例，利用光路图，分析比较、归纳总结平面镜、球面镜的应用原理和其对光线的作用。

3. 科学探究

（1）设计实验方案，自制潜望镜，观察、分析、交流其成像原理和特点；

（2）设计实验，认识凸面镜和凹面镜对光线的作用，增强实践体验。

4. 科学态度与责任

通过学习平面镜、球面镜在生产、生活中的广泛应用，感悟科学、技术、社会等的密切联系。

【核心认知】

1. 基本知识

（1）平面镜的应用；

（2）球面镜的特点、应用。

2. 基本技能

（1）实验观察技能；

（2）实验操作、分析技能；

（3）作光路图的技能。

3. 基本方法

（1）实验探究法；

（2）分类法；

（3）分析归纳法。

【关键能力】

1. 学业质量

（1）低阶B1：认识记忆。①通过实例，认识平面镜的应用；②通过实验事实和生活实例，知道凸面镜和凹面镜的特点和应用。

（2）低阶B2：理解掌握。理解平面镜、凸面镜和凹面镜的特点、作用及其应用。

（3）低阶&高阶B3：模仿应用。①会利用平面镜、凸面镜和凹面镜知识解释生活中的相关现象；②会根据实际需要选择合适的平面镜、凸面镜或凹面镜解决简单的问题。

（4）高阶B4：分析评价。①通过对潜望镜、塔式太阳能电站等平面镜应用实例的分析，总结归纳出多个平面镜联合使用的方法；②结合生活实例，利用光路图，分析比较、归纳总结平面镜、球面镜的应用原理和其对光线的作用；③设计实验方案，自制潜望镜，观察、分析、交流其成像原理和特点；④能根据平面镜、凸面镜和凹面镜的特点、作用解决新情境下的问题。

（5）高阶B5：创新创造。①能利用平面镜、球面镜知识解决陌生情境中的问题；②能运用实验探究的方法解决生活中的新问题。

2. 测评标准

（1）低阶B1：认识记忆。①能说出一些平面镜在生活中的应用；②知道凸面镜和凹面镜的特点和应用。

（2）低阶B2：理解掌握。①理解平面镜的作用及其应用；②理解凸面镜对光的发散作用及其应用；③理解凹面镜对光的会聚作用及其应用；④能从形状、作用、应用上区分平面镜、凸面镜和凹面镜。

（3）低阶&高阶B3：模仿应用。①利用平面镜、凸面镜和凹面镜知识解释生活中的相关现象；②根据实际需要选择合适的平面镜、凸面镜或凹面镜解决简单的问题。

（4）高阶B4：分析评价。①会分析平面镜的一些应用原理；②能根据凸面镜和凹面镜的用途，分析它们对光的发散作用和会聚作用；③能根据平面镜、凸面镜和凹面镜的特点、作用解决新情境下的问题。

（5）高阶B5：创新创造。①利用平面镜、球面镜知识解决陌生情境中的问题；②运用实验探究的方法解决生活中的新问题。

【课时测评】

1. 下列各例中，属于利用平面镜成像的是（　　　）。

①舞蹈演员利用平面镜观察和矫正自己的姿势；②家庭装饰中，常利用平面镜来扩大视野空间；③夜间行驶时，车内的灯必须关闭；④牙医借助平面镜看清牙齿的背面。

A. ①②③④　　　　B. ②③④　　　　C. ①②④　　　　D. ①③④

2. 下图为伦敦四大地标性摩天大楼："对讲机""小黄瓜""奶酪刨""碎片大厦"。其中一座大楼的设计因考虑不周，曾经由于玻璃反光将停放在附近的小轿车某些部件烤化了，你认为这座大楼最可能是（　　　）。

A."对讲机"　　　B."小黄瓜"　　　C."奶酪刨"　　　D."碎片大厦"

3. 如图甲所示为一种安装在酒店里的双面镜子，一面是普通平面镜，另一面是凹面镜，凹面镜可以观察到放大的像。图乙、丙分别是人站在镜面前相同位置时，使用不同镜面所成的像，则下列有关说法正确的是（　　　）。

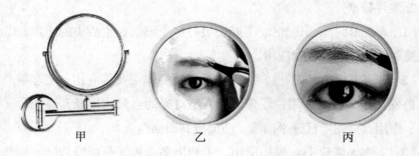

甲　　　　　　　乙　　　　　　　丙

A. 使用图丙所示镜面时，光不遵循反射定律

B. 使用图乙所示镜面时，能在镜中成一个等大的虚像

C. 使用图丙所示镜面时，光发生了漫反射

D. 使用图乙所示镜面时，当人远离镜面，镜中所成的像会逐渐变小

课时测评试题SOLO分类细目表

题号	1				2				3			
SOLO 分类	R	R	R	R	M	M	M	M	E	M	R	M
质量 水平	L3	L3	L3	L3	L2	L2	L2	L2	L4	L2	L3	L2

第 ⑱ 课时　课题4：光的折射

【课标原文】

通过实验，探究并了解光的折射现象及其特点。

【核心素养】

1. 物理观念

基于生活实例和实验事实，初步形成光的折射概念，认识光的折射规律，知道折射现象中光路的可逆性，并会应用其解释生活中的折射现象。

2. 科学思维

（1）通过实验，分析归纳光的折射的定义；

（2）通过类比探究光的反射规律的实验，探究光的折射规律；

（3）能利用光的折射光路图解释生活中的有关现象。

3. 科学探究

能根据生活实例和实验事实，猜想光的折射规律，设计实验方案，操作实验，记录实验数据等信息，得出实验结论并分析交流。

4. 科学态度与责任

（1）通过探究光的折射规律的实验，养成良好的实验习惯和严谨的科学态度；

（2）通过利用光的折射规律解释生活中的相关现象，激发对科学的求知欲，养成热爱科学、勇于探索、严谨治学的良好品质。

【核心认知】

1. 基本知识

（1）光的折射现象；

（2）光的折射规律；

（3）光路的可逆性。

2. 基本技能

（1）作出科学猜想的技能；

（2）设计简单实验方案的技能；

（3）光学实验操作技能；

（4）证据收集和分析技能；

（5）知识迁移技能；

（6）光路图的作图技能。

3. 基本方法

（1）实验探究法；

（2）类比法；

（3）分析归纳法；

（4）理想模型法。

【关键能力】

1. 学业质量

（1）低阶B1：认识记忆。①通过生活经验和实验事实，认识光的折射现象；②能复述光的折射规律。

（2）低阶B2：理解掌握。①理解法线、入射角和折射角的含义；②理解光的折射规律；③理解在折射现象中光路的可逆性。

（3）低阶&高阶B3：模仿应用。①根据实例，能完成光路图，作出入射光线、折射光线、法线，标出入射角与折射角；②运用光的折射知识解释生活中的相关现象。

（4）高阶B4：分析评价。①通过实验，分析归纳光的折射的定义；②经历探究光的折射规律的全过程；③能通过折射光路图分析生活中比较复杂的折射现象；④能运用光的折射和光路的可逆性知识解决新情境下的问题。

（5）高阶B5：创新创造。①能根据实际需要，用数学知识来解决新的物理问题；②能运用实验探究法研究新的问题；③综合利用光的折射等知识解决陌生情境中的问题。

2. 测评标准

（1）低阶B1：认识记忆。①认识光的折射现象；②知道光的折射规律。

（2）低阶B2：理解掌握。①理解法线是过入射点与界面垂直的虚线；②理解入射角和折射角分别是入射光线、折射光线与法线的夹角；③理解在折射现象中光的传播路径是可逆的；④理解光的折射规律，会判断生活中的折射现象。

（3）低阶&高阶B3：模仿应用。①根据实例，能完成光路图，作出入射光线、折射光线、法线，标出入射角与折射角；②运用光的折射知识解释生活中常见的相关现象。

（4）高阶B4：分析评价。①探究光的折射规律：能综合已有经验选择合适的仪器，设计、完善实验步骤和实验表格，动手实验，观察实验现象，记录折射光线与入射光线的位置，量出入射角和折射角，分析实验信息，归纳总结实验结论；②能通过折射光路图分析生活中的折射现象；③能运用光的折射和光路的可逆性知识解决新情境下的问题。

（5）高阶B5：创新创造。①能根据实际需要，用数学知识来解决新的物理问题；②能运用实验探究法研究新的问题；③综合利用光的折射等知识解决陌生情境中的问题。

【课时测评】

1. 小明在玄武湖游览时看到的景象如下图所示，其中由于光的折射形成的是（　　　）。

A. 树影落在人行道上

B. 围墙上圆形的光斑

C. 湖水中的倒影

D. 湖中的鱼变"浅"了

2. 如右图所示，射水鱼发现水面上的小昆虫后，从口中快速喷出一束水柱，将昆虫击落。下图中能表示射水鱼观察到小昆虫的光路是（　　　）。

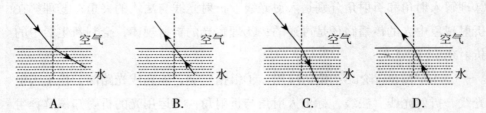

A.　　　　　　　　B.　　　　　　　　C.　　　　　　　　D.

3. 某同学做"探究光的折射特点"实验。右图所示为光从空气斜射入水中时的光路图。

（1）在探究过程中，该同学在清水中滴入几滴牛奶并搅拌，在水面上方的空气中熏了点烟雾，这是为了_____。

（2）实验中发现，折射光线、入射光线和法线在_____（选填"同一"或"不同"）平面内。

（3）分析表中数据，可得出结论：

① 光_____入射到水中时，折射角为0°。

② 光从空气斜射到水面时，将同时发生光的_____和_____现象。

③ 光从空气斜射到水面时，折射角随入射角的增大而_____，且折射角始终_____（选填"小于""大于"或"等于"）入射角。

α	0°	15°	30°
β	0°	15°	30°
γ	0°	11°	22.1°

【评价建议·质量水平】

课时测评试题SOLO分类细目表

题号	1				2				3			
SOLO分类	M	M	M	M	U	U	M	M	E	R	R	M	M	R	R
质量水平	L2	L2	L2	L2	L1	L1	L2	L2	L4	L3	L3	L2	L2	L3	L3

第 ⑲ 课时　课题5：光的色散

【课标原文】

通过实验，了解白光的组成和不同色光混合的现象。

【核心素养】

1. 物理观念

通过观察生活中的现象和实验，初步形成光的色散的概念，从色光的三原色、不同色光混合的现象、可见光谱以及红外线与紫外线的应用等方面了解白光的组成，并能应用其解释生活中的色散现象。

2. 科学思维

（1）通过实验探究，分析论证白光是复合光；

（2）通过分析交流紫外线、红外线的应用实例，归纳总结紫外线和红外线的特性和作用。

3. 科学探究

（1）观察生活现象，作出猜想，设计实验探究光的色散现象，操作实验，得出结论，交流评价；

（2）动手收集紫外线、红外线的资料，小组讨论，分析归纳紫外线和红外线的特性和作用。

4. 科学态度与责任

（1）通过光的色散实验，增强学习物理的兴趣，养成良好的实验习惯；

（2）通过收集紫外线、红外线的资料，感受科学、技术、社会的密切联系。

【核心认知】

1. 基本知识

（1）光的色散现象；

（2）色光的混合；

（3）可见光谱及红外线和紫外线的应用。

2. 基本技能

（1）实验观察技能；

（2）实验分析技能；

（3）资料收集与分析技能。

3. 基本方法

（1）实验探究法；

（2）分析归纳法。

【关键能力】

1. 学业质量

（1）低阶B1：认识记忆。①通过实验，认识光的色散现象；②知道太阳光的组成；③能说出光的三原色；④了解可见光谱、红外线、紫外线。

（2）低阶B2：理解掌握。①理解光的色散原理；②理解色光的混合；③理解红外线、紫外线的特性和应用。

（3）低阶&高阶B3：模仿应用。①会用光的色散知识解释生活中简单的色散现象；②会用色光的三原色混合成不同颜色的光；③分析辨别生活中红外线和紫外线的常见应用。

（4）高阶B4：分析评价。①经历实验探究光的色散现象的全过程；②通过实验探究，分析论证白光是复合光；③通过分析交流紫外线、红外线的应用实例，归纳总结紫外线和红外线的特性与作用；④能运用光的色散、红外线和紫外线的特性等知识解决新情境下的问题。

（5）高阶B5：创新创造。①运用实验探究、科学推理等方法解决新的问题；②综合运用光的色散、红外线和紫外线的特性等物理知识解决陌生情境下的问题。

2. 测评标准

（1）低阶B1：认识记忆。①知道光的色散现象；②认识太阳光是复合光，由红、橙、黄、绿、蓝、靛、紫七色光组成；③了解光的三原色为红、绿、蓝；④知道可见光谱及红外线、紫外线的一些应用。

（2）低阶B2：理解掌握。①理解光的色散原理是光的折射；②理解色光的混合现象，能简单判断色光混合后的效果；③理解红外线、紫外线的特性和应用。

（3）低阶&高阶B3：模仿应用。①运用光的色散知识解释生活中简单的色散现象；②分析辨别生活中红外线和紫外线的常见应用。

（4）高阶B4：分析评价。①实验探究光的色散现象；②利用紫外线和红外线的特性、作用分析评价其应用；③运用光的色散、红外线和紫外线的特性等知识解决新情境下的问题。

（5）高阶B5：创新创造。①运用实验探究、科学推理等方法解决新的问题；②综合运用光的色散、红外线和紫外线的特性等物理知识解决陌生情境下的问题。

【课时测评】

1. 下图所示的四种现象中，属于光的色散的是（　　　）。

A. 广场上的激光束

B. 阳光穿过三棱镜

C. 小桥在水中的倒影

D. 水中的筷子"弯折"

2. 小明观看国庆70周年阅兵式中的一个场景，下列有关光现象的说法，正确的是（　　　）。

A. 旗手帽子上的军徽闪闪发光，因为军徽是光源

B. 五星红旗呈现红色是因为吸收了太阳光中的红光

C. 电视机画面的颜色由红、黄、蓝三种色光混合而成

D. 整个队伍整齐划一，现场观众是通过光沿直线传播知识来判断的

3. 下列生活中的器具，用到紫外线的是（　　　）。

A. 验钞机

B. 电视遥控器

C. 浴霸

D. 感应式水龙头

【评价建议·质量水平】

课时测评试题SOLO分类细目表

题号	1				2				3			
SOLO 分类	M	M	M	M	R	R	U	R	R	R	E	E
质量 水平	L2	L2	L2	L2	L3	L3	L1	L3	L3	L3	L4	L4

第五章　透镜及其应用

第 ⑳ 课时　课题1：透镜

【课标原文】

认识凸透镜的会聚作用和凹透镜的发散作用。

【核心素养】

1. 物理观念

基于生活实例和实验事实，认识透镜及其光心、主光轴、焦点、焦距，初步形成凸透镜和凹透镜的概念，从凸透镜对光的会聚作用和凹透镜对光的发散作用方面加深对透镜的理解。

2. 科学思维

（1）通过生活实例，利用归纳法，推理和论证透镜的共性特征；

（2）分析比较透镜的外部特征，把透镜分为两类，从而建立凸透镜和凹透镜的概念；

（3）通过实验，结合光路图，对比分析，推理出两种透镜对光的作用。

3. 科学探究

根据不同的实验现象，作出透镜对光的作用的初步假设，使用基本的器材进行实验，观察记录，分析交流，得出结论。

4. 科学态度与责任

（1）通过生活实例引入透镜，感悟物理与生活的密切联系；

（2）通过实验，养成良好的实验习惯和严谨的科学态度；

（3）通过我国历史上冰透镜的物理史话，激发爱国主义热情。

【核心认知】

1. 基本知识

（1）凸透镜、凹透镜的概念；

（2）凸透镜、凹透镜对光的作用效果；

（3）主光轴、光心、焦点和焦距的概念。

2. 基本技能

（1）实验观察技能；

（2）实验分析技能；

（3）识图绘图技能。

3. 基本方法

（1）实验法；

（2）对比法；

（3）分析归纳法；

（4）分类法；

（5）模型法。

【关键能力】

1. 学业质量

（1）低阶B1：认识记忆。①认识凸透镜和凹透镜；②知道凸透镜、凹透镜对光的作用效果；③知道透镜的主光轴、光心、焦点和焦距。

（2）低阶B2：理解掌握。①理解凸透镜对光的会聚作用；②理解凹透镜对光的发散作用；③能理解不同焦距的凸透镜对光的会聚作用效果不同。

（3）低阶&高阶B3：模仿应用。①会利用太阳光测量凸透镜的焦距；②能根据实验现象，正确画出三条特殊光线的光路图；③能根据光线的偏折情况判断透镜的类别。

（4）高阶B4：分析评价。①通过生活实例，利用归纳法，推理和论证透镜的共性特征；②分析比较透镜的外部特征，把透镜分为两类，从而建立凸透镜和凹透镜的概念；③通过实验，结合光路图，对比分析，推理出两种透镜对光的作用；④利用透镜知识分析解释生活中的相关现象和解决实际问题。

（5）高阶B5：创新创造。①能通过观察和实验的方法发现新的物理规律；②能运用透镜知识解决陌生情况下的问题。

2. 测评标准

（1）低阶B1：认识记忆。①能从外形正确区分凸透镜和凹透镜；②知道凸透镜对光的会聚作用和凹透镜对光的发散作用；③会正确读出透镜的焦距。

（2）低阶B2：理解掌握。①理解透镜对光的会聚和发散作用的含义；②能根据实验，正确画出三条特殊光线的光路图；③会粗略比较不同焦距的凸透镜对光的会聚效果。

（3）低阶&高阶B3：模仿应用。①会利用太阳光测量凸透镜的焦距；②能根据光线的偏折情况判断光线经过的透镜是凸透镜还是凹透镜；③能根据透镜的种类，画出三条特殊光线的入射光线或折射光线。

（4）高阶B4：分析评价。①会通过比较透镜的外部特征和对光线的作用效果，辨别凸透镜和凹透镜；②会通过实验，结合光路图，对比分析，推理出两种透镜对光的作用；③利用透镜知识分析解释生活中的相关现象和解决实际问题。

（5）高阶B5：创新创造。①通过观察和实验的方法发现新的物理规律；②运用透镜知识解决陌生情境下的问题。

【课时测评】

1. 如图所示，对光有发散作用的透镜是（　　　）。

A.　　　　　B.　　　　　C.　　　　　D.

2. 林雨在森林公园游玩时，看到一个丢弃的透明塑料瓶，她想到，如果下雨使得瓶中进了水，就可能会成为森林火灾的元凶。于是，她捡起瓶子丢进了垃圾桶。其中引起火灾的主要原因是（　　　）。

A. 盛有水的透明塑料瓶相当于一块凸透镜，对光线有会聚作用

B. 盛有水的透明塑料瓶相当于一块凸透镜，对光线有发散作用

C. 盛有水的透明塑料瓶相当于一块凹透镜，对光线有会聚作用

D. 盛有水的透明塑料瓶相当于一块凹透镜，对光线有发散作用

3. 如图所示，把一只透镜正对着太阳光，再把一张纸放在它的另一侧，调整透镜与纸的距离，纸上会出现一个最小、最亮的光斑。下列分析中正确的是（　　　）。

A. 光斑不可能在透镜的焦点上

B. 此类透镜对光线有发散作用

C. 此类透镜可用作放大镜使用

D. 光斑到透镜的距离小于透镜的焦距

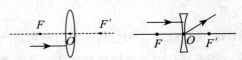

4. 如图所示，请画出相应已知光线的入射光线或折射光线。

【评价建议·质量水平】

课时测评试题SOLO分类细目表

题号	1				2				3				4
SOLO分类	U	U	U	U	M	M	M	M	R	R	R	R	R
质量水平	L1	L1	L1	L1	L2	L2	L2	L2	L3	L3	L3	L3	L3

第 ㉑ 课时　课题2：生活中的透镜

【课标原文】

（1）了解凸透镜成像规律在放大镜、照相机、投影仪中的应用；

（2）阅读说明书，学习使用投影仪和照相机。

【核心素养】

1. 物理观念

（1）通过对生活中的放大镜、照相机、投影仪等的了解，初步认识凸透镜的三类成像特点；

（2）通过实验，从实像、虚像的定义，形成条件，观察方式等角度认识实像和虚像，初步形成实像和虚像的概念。

2. 科学思维

（1）通过分析比较放大镜、照相机、投影仪的成像情况，归纳总结它们的成像特点；

（2）通过实验观察，结合光路图，分析、对比、归纳实像和虚像的异同；

（3）交流讨论照相机的发展史，激发质疑创新的意识。

3. 科学探究

根据生活经验和实验观察，自制水放大镜、模型照相机、投影仪，观察成像情况，归纳总结成像特点，交流评价它们的结构和成像原理，增强实践体验。

4. 科学态度与责任

（1）通过自制水放大镜、模型照相机、投影仪，体验学习物理的成就感，感悟物理与生活、社会的密切联系；

（2）在了解生活中的透镜过程中，养成乐于利用所学知识解释现象的习惯，初步形成将科学技术应用于实际的意识。

【核心认知】

1. 基本知识

（1）照相机、投影仪、放大镜的成像特点；

（2）实像、虚像的主要区别。

2. 基本技能

（1）实验观察技能；

（2）动手制作技能；

（3）证据收集和分析技能。

3. 基本方法

（1）观察法；

（2）实验法；

（3）分类法；

（4）分析归纳法。

【关键能力】

1. 学业质量

（1）低阶B1：认识记忆。①通过生活经验和实验事实，能说出照相机、投影仪、放大镜各自的成像特点；②能简单描述凸透镜成实像和虚像的主要特征。

（2）低阶B2：理解掌握。①初步理解照相机、投影仪、放大镜的成像原理；②理解实像和虚像的主要特征。

（3）低阶&高阶B3：模仿应用。①会使用照相机、投影仪、放大镜；②运用不同的成像特征识别生活中各种各样透镜的功能。

（4）高阶B4：分析评价。①根据生活经验和实验观察，自制水放大镜、模型照相机、投影仪，观察成像情况，归纳总结其成像特点，交流评价它们的结构和成像原理；②通过实验观察，结合光路图分析，对比、归纳实像和虚像的异同；③会粗略地分析凸透镜在三种常见仪器上成不同的像的原因。

（5）高阶B5：创新创造。①优化照相机、投影仪的结构和功能；②尝试利用凸透镜发明新的仪器，方便人们的生活。

2. 测评标准

（1）低阶B1：认识记忆。①知道照相机、投影仪、放大镜各自的成像特点；②能简单描述凸透镜成实像和虚像的主要特征。

（2）低阶B2：理解掌握。①初步理解照相机、投影仪、放大镜的成像原理；②会根据实像和虚像的特征，判断物体成像的性质：实像和虚像。

（3）低阶&高阶B3：模仿应用。①运用不同的成像特征，识别生活中各种各样透镜的功能；②会使用照相机、投影仪、放大镜。

（4）高阶B4：分析评价。①会自制水放大镜、模型照相机、投影仪，观察成像情况，归纳总结其成像特点，交流评价它们的结构和成像原理；②通过实验和光路图，分析物体的成像性质；③会粗略地分析凸透镜在三种常见仪器上成不同的像的原因。

（5）高阶B5：创新创造。①优化照相机、投影仪的结构和功能；②尝试利用凸透镜发明新的仪器，方便人们的生活。

【课时测评】

1. 右图所示为照相机的成像示意图，以下说法中正确的是（　　　）。

A. 照相机使用的是凹透镜

B. 照相机使用的是凸透镜

C. 所成的像是正立、缩小的实像

D. 所成的像是倒立、缩小的虚像

2. 下面有关凸透镜成像的特点和应用对应正确的是（　　　）。

A. 倒立、缩小的实像——照相机　　　　B. 倒立、放大的实像——照相机

C. 倒立、等大的实像——投影仪　　　　D. 正立、放大的虚像——投影仪

3. 关于虚像和实像，下列判断正确的是（　　　）。

A. 实像能用光屏接收到，虚像不能用光屏接收到

B. 虚像是人的幻觉并没有光线进入人的眼睛，实像则相反

C. 平面镜成的一定是虚像，凸透镜一定成实像

D. 由于光的反射而成的像是虚像，由于光的折射而成的像一定是实像

4. 如右图所示，小明将盛满水的圆柱形透明玻璃杯靠近书本，透过玻璃杯观看书上的鹦鹉图片（圆圈中的鹦鹉图与书本中的鹦鹉图实际大小相等），他所看到的虚像可能是（　　　）。

A.　　　　　　　B.　　　　　　　C.　　　　　　　D.

【评价建议·质量水平】

课时测评试题SOLO分类细目表

题号	1				2				3			4			
SOLO分类	M	M	M	M	M	M	M	M	R	R	R	E	E	E	E
质量水平	L2	L2	L2	L2	L2	L2	L2	L2	L3	L3	L3	L4	L4	L4	L4

第 **22** 课时　课题3：凸透镜成像的规律（1）

【课标原文】

通过探究活动了解凸透镜成像的规律。

【核心素养】

1. 物理观念

知道透镜成像的光学原理，初步了解凸透镜成像的规律。

2. 科学思维

（1）对实验数据进行分析与论证，获得正确的结论；

（2）使用论据表达自己的观点，敢于质疑和创新。

3. 科学探究

（1）根据凸透镜在三种仪器上所成像的不同，提出问题"凸透镜所成像的虚实、大小、正倒与物体的位置有什么关系"，通过观察实验现象，作出合理假设；

（2）综合已有的经验制订科学探究方案，选择仪器，进行实验，收集证据，分析实验数据，形成相关结论，交流评价。

4. 科学态度与责任

（1）通过实验，激发学习物理的兴趣，养成实事求是的科学态度；

（2）通过探究活动，体会其在认识事物过程中的重要意义。

【核心认知】

1. 基本知识

（1）物距、像距的概念；

（2）凸透镜成像的规律。

2. 基本技能

（1）作出科学猜想的技能；

（2）设计实验方案的技能；

（3）实验操作技能；

（4）证据收集、分析技能；

（5）交流评价技能。

3. 基本方法

（1）实验法；

（2）数形结合思想方法；

（3）分析归纳法。

【关键能力】

1. 学业质量

（1）低阶B1：认识记忆。①通过生活实例和实验，认识物距和像距；②认识光具座、光源、凸透镜、光屏等器材；③会复述凸透镜成像的规律。

（2）低阶B2：理解掌握。①理解物距、像距、焦距；②理解凸透镜所成像的虚实、大小、正倒与物距的关系。

（3）低阶&高阶B3：模仿应用。①运用凸透镜成像规律，初步解释生活中的相关现象；②会简单分析凸透镜成像的规律在生活中的应用。

（4）高阶B4：分析评价。①经历探究凸透镜成像规律的全过程；②会运用凸透镜成像的规律解决实际生活中的问题。

（5）高阶B5：创新创造。①运用凸透镜成像规律，发明新产品，方便人们的生活；②综合运用凸透镜成像规律等知识解决陌生情境下的问题。

2. 测评标准

（1）低阶B1：认识记忆。①知道物距是物体到透镜光心的距离，像距是像到透镜光心的距离；②认识光具座、光源、凸透镜、光屏等器材；③能说出凸透镜成像的规律。

（2）低阶B2：理解掌握。①能正确读出物距、像距、焦距，并理解其含义；②理解凸透镜所成像的虚实、大小、正倒与物距的关系；③会根据具体情况，判断成像的性质，判断物距和像距的关系。

（3）低阶&高阶B3：模仿应用。①运用凸透镜成像规律，初步解释生活中的相关现象；②会简单分析凸透镜成像规律在生活中的应用。

（4）高阶B4：分析评价。①综合已有的经验制订凸透镜所成像的虚实、大小、正倒与物体的位置有什么关系的科学探究方案，选择仪器，进行实验，收集证据，分析实验数据，形成相关结论，交流评价；②运用凸透镜成像规律解决实际生活中的问题。

（5）高阶B5：创新创造。①运用凸透镜成像规律，发明新产品，方便人们的生活；②综合运用凸透镜成像规律等知识解决陌生情境下的问题。

【课时测评】

1. 如图所示，"虚拟试衣镜"亮相南京国际软件产品博览会。该款"虚拟试衣镜"的摄像头能监视顾客的移动，在屏幕上展现衣服的背面。摄像镜

头是凸透镜，为了成清晰的缩小实像，人到镜头
的距离应（　　　）。

A. 小于1倍焦距

B. 大于1倍焦距

C. 等于2倍焦距

D. 大于2倍焦距

2. 在探究凸透镜成像规律的实验中，当烛
焰、凸透镜、光屏处于如图所示的位置时，恰能
在光屏上得到一个清晰的像。利用这一成像原理
的光学仪器是（　　　）。

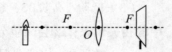

A. 投影仪　　　　　B. 照相机　　　　　C. 放大镜　　　　　D. 显微镜

3. 在利用光具座进行凸透镜成像的实验中：

（1）如图甲所示，一束平行于凸透镜主光轴的光线经过凸透镜后，在光
屏上形成了一个最小、最亮的光斑。由图可知，凸透镜对光线具有_____作
用，该凸透镜的焦距是_____cm。

（2）调整后，把蜡烛固定在20cm刻度线位置，凸透镜固定在50cm刻度线
位置，如图乙所示，左右移动光屏，会在光屏上得到一个清晰的、倒立的、
_____的实像（填写像的性质）；_____（选填"投影
仪""放大镜"或"照相机"）就是利用这一成像规律工作的。

（3）保持图乙中凸透镜的位置不变，当向左移动蜡烛时，应该向_____
____（选填"左"或"右"）移动光屏，才能再次得到清晰的像。

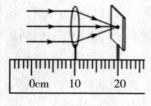

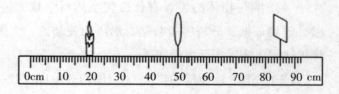

甲　　　　　　　　　　　　　　　　　　乙

【评价建议·质量水平】

课时测评试题SOLO分类细目表

题号	1				2				3				
SOLO 分类	M	M	M	M	M	M	M	M	R	R	E	E	E
质量 水平	L2	L2	L2	L2	L2	L2	L2	L2	L3	L3	L4	L4	L4

第 23 课时　课题3：凸透镜成像的规律（2）

【课标原文】

探究并应用凸透镜成像的规律。

【核心素养】

1. 物理观念

通过实验，了解凸透镜成像的动态规律，并能应用其解决相关问题。

2. 科学思维

（1）根据三条特殊光线，通过凸透镜的折射规律，作出凸透镜的成像光路图，采用模型法进一步掌握凸透镜成像的规律；

（2）利用实验，分析论证凸透镜成像的动态规律。

3. 科学探究

（1）设计实验，研究凸透镜成像的动态规律，进行实验，记录实验数据等信息，分析论证，形成结论；

（2）撰写"探究凸透镜成像规律"的实验报告，对科学探究过程和结果进行交流和反思。

4. 科学态度与责任

（1）通过"探究凸透镜成像动态规律"的实验，养成良好的实验习惯；

（2）通过撰写实验报告，养成实事求是、严谨认真的科学态度。

【核心认知】

1. 基本知识

（1）凸透镜成像动态规律；

（2）凸透镜成像光路图。

2. 基本技能

（1）绘制凸透镜成像光路图的作图技能；

（2）实验分析技能。

3. 基本方法

（1）实验法；

（2）分析归纳法。

【关键能力】

1. 学业质量

（1）低阶B1：认识记忆。能说出凸透镜成像规律的应用。

（2）低阶B2：理解掌握。理解凸透镜成像的动态规律。

（3）低阶&高阶B3：模仿应用。①根据三条特殊光线，通过凸透镜的折射规律，作出凸透镜的成像光路图；②能运用凸透镜成像的动态规律解释生活中相关的现象。

（4）高阶B4：分析评价。①经历"探究凸透镜成像动态规律"的实验过程；②利用光路图分析凸透镜成像的性质；③运用凸透镜成像的动态规律解决新情境下的问题。

（5）高阶B5：创新创造。①优化创新"探究新凸透镜成像规律"的实验；②运用凸透镜成像的动态规律解决陌生情境下的问题。

2. 测评标准

（1）低阶B1：认识记忆。知道放大镜、照相机、投影仪等的具体原理。

（2）低阶B2：理解掌握。掌握凸透镜成像的动态规律：物距变化对凸透镜成像特点影响的规律等。

（3）低阶&高阶B3：模仿应用。①根据三条特殊光线，通过凸透镜的折射规律，作出凸透镜的成像光路图；②能运用凸透镜成像的动态规律解释生活中相关的现象。

（4）高阶B4：分析评价。①利用光路图分析凸透镜成像的性质；②设计实验研究凸透镜成像的动态规律，进行实验，记录实验数据等信息，分析论证，形成结论；③运用凸透镜成像的动态规律解决新情境下的问题。

（5）高阶B5：创新创造。①优化创新"探究凸透镜成像规律"的实验；②运用凸透镜成像的动态规律解决陌生情境下的问题。

【课时测评】

1. 疫情发生后，为了防止接触传染，许多单位安装了刷脸识别机，这种机器利用了人脸识别系统。它是通过将刷脸机镜头捕捉到的人脸信息与系统中储存的人脸模板对比，进行人脸识别。下列说法正确的是（　　）。

A. 刷脸机的镜头相当于一个凹透镜

B. 刷脸时，面部通过刷脸机的镜头成的是虚像

C. 刷脸时，面部应位于刷脸机镜头的2倍焦距之外

D. 刷脸时，面部通过刷脸机的镜头所成的像在1倍焦距以内

2. 如图所示，将焦距为15cm的凸透镜固定在光具座50cm刻度线处，关于凸透镜成像，下列说法不正确的是（　　）。

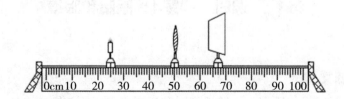

A. 若蜡烛不动，把光屏向右移动可在光屏上得到清晰的像

B. 若蜡烛移至10cm刻度线处，移动光屏，可在光屏上呈现烛焰清晰放大的像

C. 若蜡烛移至20cm刻度线处，移动光屏，可在光屏上呈现烛焰清晰等大的像

D. 在图中的烛焰和凸透镜之间放一副近视镜，将光屏右移可再次成清晰的像

3. 某同学在做"凸透镜成像"实验时，保持凸透镜位置不变，如图所示，先后使蜡烛位于a、b、c、d四点，并观察总结凸透镜成像的规律。关于

a、b、c、d四点的成像情况，他归纳出下列说法，其中不正确的是（　　）。

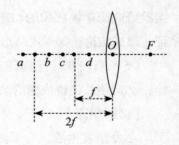

A. 烛焰位于a点时，屏上出现的实像最小

B. 烛焰位于c点时，屏上出现的实像最大

C. 烛焰位于b点时，成等大倒立的实像

D. 烛焰位于d点时，成放大的虚像

【评价建议·质量水平】

课时测评试题SOLO分类细目表

题号	1				2				3			
SOLO分类	M	M	M	M	R	R	R	E	M	M	M	R
质量水平	L2	L2	L2	L2	L3	L3	L3	L4	L2	L2	L2	L3

第 ㉔ 课时　课题4：眼睛和眼镜

【课标原文】

了解人眼成像的原理，了解近视眼和远视眼的成因与矫正办法。

【核心素养】

1. 物理观念

（1）类比照相机的结构、原理、特点认识眼睛；

（2）运用近视眼和远视眼的成因及矫正方法解决生活中的实际问题。

2. 科学思维

（1）能建构眼睛模型，分析眼睛的构造及成像原理；

（2）结合生活实例与实验，分析近视眼和远视眼形成的原因，科学推理近视眼和远视眼的矫正方法。

3. 科学探究

（1）设计实验观察简易变焦凸透镜成像情况，分析眼睛观察远处和近处物体都能看清楚的原因，增强实践体验；

（2）根据透镜知识，设计研究近视眼和远视眼形成的原因及其矫正方法的实验方案，进行实验，分析实验现象，得出结论并交流评价。

4. 科学态度与责任

（1）知道用眼常识，养成爱护眼睛的习惯；

（2）根据眼镜矫正视力的原理，体会科学技术与日常生活的密切联系。

【核心认知】

1. 基本知识

（1）眼睛的构造；

（2）眼睛的成像原理；

（3）近视眼、远视眼的成因及矫正。

2. 基本技能

（1）设计实验方案技能；

（2）实验操作、分析技能；

（3）资料收集整理技能。

3. 基本方法

（1）实验观察法；

（2）模型法；

（3）分析归纳法。

【关键能力】

1. 学业质量

（1）低阶B1：认识记忆。①通过类比照相机，知道眼睛的构造，知道眼睛是怎样看见物体的；②通过实例和实验，认识正常眼、近视眼、远视眼。

（2）低阶B2：理解掌握。通过实验，理解近视眼、远视眼的成因及矫正方法。

（3）低阶&高阶B3：模仿应用。①运用眼睛的成像机理，能画出正常眼、近视眼、远视眼的成像光路图；②根据透镜知识，能画出近视眼、远视眼矫正视力后的光路图。

（4）高阶B4：分析评价。①能建构眼睛模型，分析眼睛的构造及成像原理；②设计实验观察简易变焦凸透镜成像情况，分析眼睛观察远处和近处物体都能看清楚的原因；③经历探究近视眼和远视眼形成的原因及矫正方法的全过程。

（5）高阶B5：创新创造。①改进研究近视眼、远视眼成因和矫正的实验；②设计新的方法、新的产品矫正近视眼和远视眼。

2. 测评标准

（1）低阶B1：认识记忆。①了解晶状体和角膜相当于凸透镜，视网膜相当于光屏；②知道眼睛的成像原理，眼球相当于一架照相机，成倒立缩小的实像；③认识正常眼、近视眼、远视眼。

（2）低阶B2：理解掌握。①理解晶状体厚薄对折光能力的影响：晶状体厚，对光的偏折能力大；晶状体薄，对光的偏折能力弱；②理解透镜矫正视力的原理：凸透镜对光的会聚作用，凹透镜对光的发散作用；③会根据光路图，判断正常眼、近视眼、远视眼；④会根据光路图，判断近视眼、远视眼矫正后的光路图。

（3）低阶&高阶B3：模仿应用。①能画出正常眼、近视眼、远视眼的成像光路图；②能画出近视眼、远视眼矫正视力后的光路图。

（4）高阶B4：分析评价。根据透镜知识，设计研究近视眼和远视眼形成的原因及其矫正方法的实验方案，进行实验，分析实验现象，归纳总结实验结论，交流评价。

（5）高阶B5：创新创造。①改进研究近视眼、远视眼成因和矫正的实验；②设计新的方法、新的产品矫正近视眼和远视眼。

【课时测评】

1. 2020年6月6日是我国第25个爱眼日。中华人民共和国国家卫生健康委员会以"视觉2020，关注普遍的眼健康"为宣传主题，关爱眼健康，尽享新视界。人眼的晶状体和角膜的共同作用相当于凸透镜，下图中关于近视眼与远视眼的成因及矫正的说法中正确的是（　　　　）。

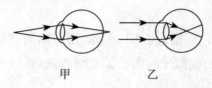

甲　　　　　乙

A. 甲为近视眼，可佩戴凹透镜矫正

B. 甲为远视眼，可佩戴凸透镜矫正

C. 乙为近视眼，可佩戴凸透镜矫正

D. 乙为远视眼，可佩戴凹透镜矫正

2. 如右图所示，把眼镜片放在烛焰与凸透镜之间，调节光屏，得到烛焰清晰的像，撤去眼镜片，像变得模糊，调节光屏，使其适当远离凸透镜，光屏上重新得到清晰的像。该眼镜片（   ）。

A. 是凹透镜，属近视眼镜

B. 是凹透镜，属远视眼镜

C. 是凸透镜，属近视眼镜

D. 是凸透镜，属远视眼镜

3. 如图所示，某同学为了进一步了解近视眼的矫正原理，利用探究凸透镜成像规律的装置做了实验，此时光屏呈现清晰的像。他在蜡烛和凸透镜之间放置了不同类型的眼镜片，下列说法中不正确的是（   ）。

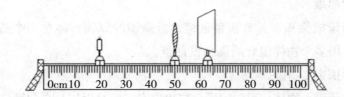

A. 此时光屏上成倒立缩小的实像，是照相机的原理

B. 将近视镜片放在蜡烛和凸透镜之间，蜡烛的像模糊之后，将光屏向远离凸透镜的方向移动后像变清晰了，说明近视镜对光有发散作用

C. 将另一镜片放在蜡烛和凸透镜之间，蜡烛的像模糊之后，将光屏向靠近凸透镜的方向移动后像变清晰了，说明该镜对光有发散作用

D. 将另一镜片放在蜡烛和凸透镜之间，蜡烛的像模糊之后，将光屏向靠近凸透镜的方向移动后像变清晰了，利用这个镜片可以矫正远视眼

【评价建议·质量水平】

课时测评试题SOLO分类细目表

题号	1				2				3			
SOLO 分类	M	M	M	M	R	R	R	R	E	E	E	E
质量 水平	L2	L2	L2	L2	L3	L3	L3	L3	L4	L4	L4	L4

第 25 课时　课题5：显微镜和望远镜

【课标原文】

用凸透镜制作简易望远镜，并用其观察远处景物。

【核心素养】

1. 物理观念

通过实验探究，认识显微镜和望远镜，感受人类超越普通视力所及的世界，了解人类探索世界的历程。

2. 科学思维

根据透镜成像知识，分析望远镜、显微镜的原理，体会两个透镜的组合作用，增强用多个物体组合的创新设计意识。

3. 科学探究

（1）展示微小物体，引发问题，提出方案，尝试操作，自制简易显微镜；

（2）在自制简易显微镜的基础上，通过观察、实验，制作简易望远镜，增强实践体验。

4. 科学态度与责任

（1）通过自制简易显微镜和望远镜，养成善于观察、乐于实验的习惯；

（2）在了解望远镜、显微镜的发展历程时，关注人类探索宇宙的重大活动，感受科学技术给社会发展和人类生活带来的影响。

【核心认知】

1. 基本知识

（1）显微镜的基本结构和成像情况；

（2）望远镜的基本结构和成像情况；

（3）视角的概念。

2. 基本技能

（1）实验观察、操作技能；

（2）材料阅读、分析技能。

3. 基本方法

（1）实验法；

（2）文献法；

（3）分析归纳法。

【关键能力】

1. 学业质量

（1）低阶B1：认识记忆。①认识显微镜的基本结构和成像情况；②认识望远镜的基本结构和成像情况；③知道视角的含义及其影响因素；④了解望远镜、显微镜的发展历程。

（2）低阶B2：理解掌握。理解显微镜和望远镜的目镜、物镜的成像原理。

（3）低阶&高阶B3：模仿应用。①能运用透镜的成像原理自制简易显微镜和望远镜；②运用透镜成像知识解释相关物理现象。

（4）高阶B4：分析评价。①利用透镜成像知识分析望远镜、显微镜的原理；②能结合生活实例解释视角对眼睛观察物体的影响；③能综合运用透镜成像知识解决新情境下的相关问题。

（5）高阶B5：创新创造。①利用多个物体组合的方法，设计新事物；②能综合运用透镜成像知识解决陌生情境下的新问题。

2. 测评标准

（1）低阶B1：认识记忆。①认识显微镜的基本结构，知道显微镜成倒立、放大的像；②认识望远镜的基本结构，知道天文望远镜成倒立、缩小的像；③知道视角的含义及其影响因素；④知道望远镜、显微镜的发展历程。

（2）低阶B2：理解掌握。①理解显微镜和望远镜的目镜、物镜的成像原理；②会判断显微镜和望远镜的目镜、物镜的成像情况。

（3）低阶&高阶B3：模仿应用。①运用透镜的成像原理自制简易显微镜和望远镜；②运用透镜成像知识解释相关物理现象。

（4）高阶B4：分析评价。①利用透镜成像知识，分析望远镜、显微镜的原理；②结合生活实例解释视角对眼睛观察物体的影响；③综合运用透镜成像知识解决新情境下的相关问题。

（5）高阶B5：创新创造。①利用多个物体组合的方法，设计新事物；②综合运用透镜成像知识解决陌生情境下的新问题。

【课时测评】

1.关于显微镜，下列说法正确的是（　　　）。

A. 物体经目镜成放大的实像

B. 物体经物镜成放大的虚像

C. 目镜的作用相当于一个放大镜

D. 目镜的作用相当于一个投影仪

2.关于望远镜的物镜和目镜的作用，下列说法正确的是（　　　）。

A. 望远镜目镜的作用相当于投影仪的镜头

B. 望远镜目镜的作用相当于照相机的镜头

C. 望远镜物镜的作用相当于照相机的镜头

D. 望远镜物镜的作用相当于放大镜

3. 取两个焦距不同的放大镜，一只手握住一个，通过两个透镜看前面的物体，如右图所示，调整两个放大镜间的距离，直到看得最清楚为止。根据以上所述回答下列问题：①物体变大了还是变小了？②把两个放大镜的位置前后对调，你有什么新的发现？③为什么要用两个焦距不同的放大镜？

【评价建议·质量水平】

课时测评试题SOLO分类细目表

题号	1				2				3		
SOLO分类	M	M	M	M	M	M	M	M	R	E	E
质量水平	L2	L2	L2	L2	L2	L2	L2	L2	L3	L4	L4

第六章　质量与密度

第 ㉖ 课时　课题1：质量（1）

【课标原文】

（1）知道质量的含义；

（2）用天平测量物体的质量；

（3）分别说出一些质量为几克、几十克、几百克、几千克的物品，能估测常见物体的质量。

【核心素养】

1. 物理观念

通过分析实例，初步形成质量的概念，从质量的含义、单位、质量的测量等角度理解质量，具有物质观。

2. 科学思维

（1）分析比较生活中的物体所含物质的多少，建立质量的概念；

（2）结合生活经验，分析、推断常见物体的质量；

（3）通过生活实例和实验，分析、归纳得出质量不随物体的形状、位置、物态的变化而变化的实验结论。

3. 科学探究

（1）通过实际操作，认识天平的构造，合作交流，分析总结天平的使用方法和注意事项；

（2）根据生活经验，作出质量是否随物体的形状、位置、物态的变化而变化的初步假设，设计科学的探究方案，选择合适的仪器进行实验，记录实验数据，分析归纳实验结论，交流评价。

4. 科学态度与责任

（1）在生活事例分析中形成质量的概念，感悟物理与生活、社会等的密切联系；

（2）通过实验测量不同物体的质量，养成良好的实验习惯和严谨的科学态度。

【核心认知】

1. 基本知识

（1）质量的概念；

（2）质量的单位；

（3）天平的使用方法；

（4）质量的性质。

2. 基本技能

（1）设计简单实验方案的技能；

（2）测量质量的操作技能；

（3）实验分析技能。

3. 基本方法

（1）实验法；

（2）分析归纳法。

【关键能力】

1. 学业质量

（1）低阶B1：认识记忆。①通过生活实例，认识质量；②知道质量的单位及其换算关系；③知道天平的构造。

（2）低阶B2：理解掌握。①理解质量是物体的一种属性，它不随物体的形状、状态、位置的变化而变化；②理解天平的构造与使用规则，掌握规范的操作程序。

（3）低阶&高阶B3：模仿应用。①能粗略估计物体的质量；②能规范地使用天平测量物体的质量。

（4）高阶B4：分析评价。①分析比较生活中的物体所含物质的多少，建立质量的概念；②通过实际操作，认识天平的构造，合作交流，分析总结天平的使用方法和注意事项；③经历探究质量不随物体的形状、状态、位置的变化而变化的实验过程；④能用质量和天平知识解决新问题。

（5）高阶B5：创新创造。①能设计新的测量质量的仪器；②能综合利用质量和天平等物理知识解决陌生情境中的问题。

2. 测评标准

（1）低阶B1：认识记忆。①知道质量是物体所含物质的多少，不受物质种类的影响；②知道质量单位的换算关系；③知道天平的主要构造。

（2）低阶B2：理解掌握。①理解质量是物体的一种属性，它不随物体的形状、状态、位置的变化而变化；②会根据具体情况判断物体的质量的变化；③理解天平的构造与使用规则，掌握规范的操作流程。

（3）低阶&高阶B3：模仿应用。①能粗略估计物体的质量；②能规范地使用天平测量物体的质量。

（4）高阶B4：分析评价。①会设计实验探究质量是否随物体的形状、位置、物态的变化而变化：能选择合适的仪器进行实验，记录实验数据，分析归纳实验结论，交流评价，并对实验过程进行评估和反思；②能用质量和天平知识解决新问题。

（5）高阶B5：创新创造。①能设计新的测量质量的仪器；②能综合利用质量和天平等物理知识解决陌生情境中的问题。

【课时测评】

1. 下列关于质量的说法正确的是（　　　）。

A. 1kg棉花的质量比1kg铁块的质量小

B. 水结成冰后，质量变大

C. 橡皮泥捏成泥人后，质量变小了

D. 登上月球的"玉兔二号"质量没变

2. 一个普通初二男生的质量最接近（　　　）。

A. 600g 　　　　　　　　　　B. 6kg

C. 60kg 　　　　　　　　　　D. 0.6t

3. 如图所示，在"用托盘天平称物体质量"的实验中，下列操作错误的是（　　　）。

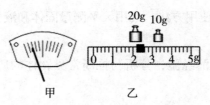

甲　　　　　　乙

A. 使用天平时，将天平放在水平桌面上

B. 调节天平平衡时，如图甲所示，应将左端平衡螺母向右旋进一些

C. 称量时，如果物码颠倒，如图乙所示，物体的质量为32.2g

D. 观察到指针指在分度盘的中线处，确定天平已平衡

4.托盘天平测物体的质量，下列情况中会使测量结果偏小的是（　　　）。

A. 游码没放在零刻度线处就调节横梁平衡测量物体的质量

B. 使用已磨损的砝码

C. 按游码右端所对的刻度读数

D. 横梁没有平衡，指针偏向分度盘的右侧就进行测量

【评价建议·质量水平】

课时测评试题SOLO分类细目表

题号	1				2				3				4			
SOLO分类	M	M	M	M	R	R	R	R	R	R	E	R	R	R	R	R
质量水平	L2	L2	L2	L2	L3	L3	L3	L3	L3	L3	L4	L3	L3	L3	L3	L3

第 27 课时　　课题1：质量（2）

【课标原文】

（1）用天平测量物体的质量；

（2）会测量固体和液体的质量。

【核心素养】

1. 物理观念

熟练掌握天平的使用方法，会用天平测量固体和液体的质量。

2. 科学思维

（1）能够结合生活经验，分析与推断常见物体的质量，从而选择量程合

适的天平；

（2）利用累积法，测量微小物体的质量；

（3）利用差量法，测量液体的质量；

（4）分析实验结果不一致的原因，激发质疑创新思维。

3. 科学探究

能综合已有经验设计测量固体和液体质量的科学探究方案；选择合适的仪器进行实验，记录数据，分析得出实验结果，交流评价。

4. 科学态度与责任

（1）通过实验测量固体和液体的质量，养成良好的实验习惯和严谨的科学态度；

（2）认识到使用测量工具进行测量的重要意义，感悟物理与生活、社会等的密切联系。

【核心认知】

1. 基本知识

（1）天平的读数；

（2）固体质量的测量；

（3）液体质量的测量。

2. 基本技能

（1）设计实验方案的技能；

（2）质量测量的操作技能；

（3）实验分析技能。

3. 基本方法

（1）实验法；

（2）累计法；

（3）差量法；

（4）分析归纳法。

【关键能力】

1. 学业质量

（1）低阶B1：认识记忆。通过测量物体的质量，熟悉天平的构造。

（2）低阶B2：理解掌握。通过测量物体的质量，理解天平的使用规则，掌握规范的操作程序，掌握天平读数的方法。

（3）低阶&高阶B3：模仿应用。①粗略估计物体的质量；②用天平正确规范地测量固体和液体的质量。

（4）高阶B4：分析评价。①利用累积法，测量微小物体的质量；②利用差量法，测量液体的质量；③能分析不规范操作天平给测量带来的影响；④能分析评价不同的实验方案；⑤能分析实验结果不一致的原因。

（5）高阶B5：创新创造。①利用累积法、差量法解决生产、生活中的新问题；②能综合利用天平设计新的实验方案解决陌生情境中的问题。

2. 测评标准

（1）低阶B1：认识记忆。认识天平，熟悉天平的构造。

（2）低阶B2：理解掌握。①理解天平的使用规则，掌握测量前调节天平平衡的方法；②理解天平左边放物体、右边放砝码的意义；③能够正确合理地加减砝码，移动游码直至天平平衡；④理解右盘砝码的总质量和游码所指示的质量数相加就是被测物体的质量。

（3）低阶&高阶B3：模仿应用。①粗略估计物体的质量；②用天平正确规范地测量固体和液体的质量。

（4）高阶B4：分析评价。①利用累积法，测量微小物体的质量；②利用差量法，测量液体的质量；③分析不规范操作天平给测量带来的影响；④分析评价不同的实验方案；⑤分析实验结果不一致的原因。

（5）高阶B5：创新创造。①利用累积法、差量法解决生产、生活中的新问题；②综合利用天平设计新的实验方案解决陌生情境中的问题。

【课时测评】

1. 用托盘天平测量一张邮票的质量，既可行又较准确的方法是（　　　）。

A. 把一张邮票放在天平上仔细测量

B. 把一张邮票放在天平上多次测量，再求平均值

C. 先测量出100张相同邮票的质量，再通过计算求得

D. 把一张邮票放在一只纸杯中，测量出其总质量，再减去纸杯的质量

2. 在"用天平测量固体的质量"实验中，某同学用天平测量石块的质量，步骤如下：

（1）将天平取出，放置在_____上，如图甲所示，此时应该先调节_____（选填"平衡螺母"或"游码"）。

（2）天平调平衡后，将待测的石块放在天平的＿＿＿＿＿＿＿（选填"左"或"右"）盘上，向天平上加减砝码。根据石块的大小估计质量。向天平上加砝码时，应该先加＿＿＿＿＿＿＿（选填"大"或"小"）砝码。

（3）在测量的时候，如果添加最小的砝码嫌多，而取出最小的砝码又嫌少。这种情况下应该取出最小的砝码，并调节＿＿＿＿＿＿＿（选填"平衡螺母"或"游码"）使得天平平衡。

（4）本次测量中，天平平衡时，游码位置和盘中砝码的情况如图乙所示，则该石块的质量是＿＿＿＿＿＿＿g。如果本次测量中的砝码生锈（砝码质量变大），那么石块的真实质量＿＿＿＿＿＿＿（选填"大于""小于"或"等于"）测量结果。

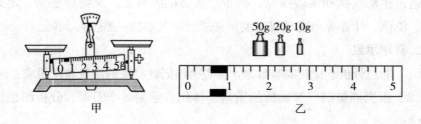

甲　　　　　　　　乙

3. 用天平称一瓶水的质量时，小红同学的做法是：先测出瓶子的质量 m_1，再将瓶子装满水，测得总质量为 m_2，则水的质量为（m_2-m_1）；小刚同学的做法是：先将瓶子装满水，测得总质量为 m_1'，再将水倒掉，测得瓶子的质量为 m_2'，则这瓶水的质量为（$m_1'-m_2'$）。这两种方法哪一种更好些？为什么？

【评价建议·质量水平】

课时测评试题SOLO分类细目表

题号	1				2							3	
SOLO分类	R	R	R	R	M	M	R	R	R	R	R	E	E
质量水平	L3	L3	L3	L3	L2	L2	L3	L3	L3	L3	L3	L4	L4

第 ㉘ 课时　课题2：密度

【课标原文】

通过实验，理解密度。

【核心素养】

1. 物理观念

通过生活实例和实验探究，初步形成密度的概念，从物理意义、定义、公式、单位、计算等角度理解密度，并能应用其解决一些实际问题。

2. 科学思维

（1）通过分析、比较实验数据，推理得出同种物质的质量和体积成正比；

（2）根据测量的同种物质的质量、体积，绘制$m-V$图像，分析图像，得到结论；

（3）根据同种物质的质量和体积的比值不变来定义密度这个物理量；

（4）通过多种方法鉴别不同物质，进一步理解密度也是物体本身的一种性质的物理意义，增强创新的意识。

3. 科学探究

通过讨论分辨不同物质的方法，提出问题；再根据生活经验和实验观察，作出科学猜想；综合已有经验，选择实验器材，设计实验方案，进行实验，记录实验数据，绘制$m-V$图像，分析交流评估。

4. 科学态度与责任

（1）通过探究同种物质的质量与体积的关系，养成良好的实验习惯和严谨的科学态度；

（2）通过密度在生活中的应用，感悟物理与生活、社会的密切联系，形成将物理知识应用于实践的意识。

【核心认知】

1. 基本知识

（1）密度的定义、公式；

（2）密度的单位及其换算关系；

（3）密度的物理意义；

（4）密度、质量、体积的相关计算。

2. 基本技能

（1）收集信息的技能；

（2）作出科学猜想的技能；

（3）设计实验方案的技能；

（4）质量、体积的测量等实验操作技能；

（5）实验分析技能。

3. 基本方法

（1）比值定义法；

（2）分析归纳法；

（3）对比法。

【关键能力】

1. 学业质量

（1）低阶B1：认识记忆。①通过实验，认识密度的定义和公式；②知道密度的单位；③能复述水的密度，知道水的密度的物理意义。

（2）低阶B2：理解掌握。①理解密度的物理意义；②理解密度是物质的一种性质；③理解密度的公式；④掌握密度单位的换算关系。

（3）低阶&高阶B3：模仿应用。①能运用密度公式进行简单的计算；②能运用密度知识解释生活中常见的现象。

（4）高阶B4：分析评价。①经历探究同种物质的质量与体积的关系的全过程；②能用密度知识解决生活中的问题。

（5）高阶B5：创新创造。①能利用比值不变反映的数量关系定义新的物理量；②能用密度知识解决陌生情境下的问题。

2. 测评标准

（1）低阶B1：认识记忆。①知道密度的定义；②能复述密度的公式；③知道密度的单位；④知道水的密度。

（2）低阶B2：理解掌握。①理解水的密度的物理意义；②理解密度是物质的一种性质；③理解密度单位的组成、符号、读法、写法，会进行密度单位的换算。

（3）低阶&高阶B3：模仿应用。①能运用密度公式计算密度；②能运用密度公式的变式计算质量；③能运用密度公式的变式计算体积；④能运用密度知识解释生活中常见的现象。

（4）高阶B4：分析评价。①会探究同种物质的质量与体积的关系：综合已有经验，选择实验器材，设计实验方案，进行实验，记录实验数据，绘制 $m-V$ 图像，分析论证，得出结论，交流评估；②能用密度知识解决生活中的问题：鉴别物质、计算不便于直接称量的物体的质量、计算不便于直接测量的物体的体积等。

（5）高阶B5：创新创造。①能利用比值不变反映的数量关系来定义新的物理量；②能用密度知识解决陌生情境下的问题。

【课时测评】

1. 关于密度的概念，下列说法中正确的是（　　　）。

A. 同种物质的密度一定相同

B. 把铁块压成铁片，其密度变小了

C. 质量相等的两种物质，密度大的体积小

D. 一种物质的密度与其质量成正比，与其体积成反比

2. 人的密度与水的密度差不多，请估算一下一个中学生的体积最接近下列哪个值？（　　　）

A. $50m^3$　　　　　B. $50dm^3$　　　　　C. $50cm^3$　　　　　D. $50mm^3$

3. 用烧杯盛某种液体，测得液体与烧杯的共同质量 m 和液体体积 V 的关系如图所示，下列说法不正确的是（　　　）。

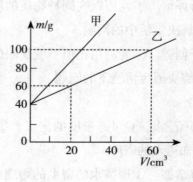

A. 烧杯的质量是40g

B. 甲液体的密度大于乙液体的密度

C. 乙液体的密度是1g/cm³

D. 乙液体的密度是1.67g/cm³

4. 一块大碑石的体积是50m³，为了计算它的质量，取一小块碑石，测出其质量是140g，用量筒测量其体积：在量筒内装100mL水，放入小碑石浸没在水中，水面上升到量筒的150mL处，整块大碑石的密度是多少？（单位kg/m³）质量是多少？（单位：t）

【评价建议·质量水平】

课时测评试题SOLO分类细目表

题号	1				2				3				4	
SOLO 分类	M	R	M	M	R	R	R	R	E	E	E	R	R
质量 水平	L2	L3	L2	L2	L3	L3	L3	L3	L4	L4	L4	L4	L3	L3

第 ㉙ 课时　课题3：测量物质的密度

【课标原文】

会测量固体和液体的密度。

【核心素养】

1. 物理观念

利用密度公式，通过用量筒（量杯）或者刻度尺测量物质的体积，用天平测量物质的质量，间接测量物质的密度，进一步理解密度是物质本身的一种性质，并应用其解决一些实际问题。

2. 科学思维

（1）通过类比测量平均速度的原理和方法，利用密度的公式间接测量物质的密度；

（2）经历用量筒测量固体体积的过程，体会等量替换的方法；

（3）利用压入法、配重法，用量筒测量在水中不下沉物体的体积；

（4）利用溢杯法测量体积过大的不规则物体的体积；

（5）通过对测量密度的多种实验方案的分析比较，推理得出最佳方案，提升质疑创新的意识。

3. 科学探究

（1）类比测量平均速度，设计测量固体和液体密度的实验方案，分析交流实验方案的利和弊，推理得出最佳方案；

（2）根据实验方案选择实验器材，进行实验，记录实验数据并分析、交流、评价。

4. 科学态度与责任

通过测量固体和液体的密度实验，养成良好的实验习惯和严谨的科学态度。

【核心认知】

1. 基本知识

（1）体积的测量；

（2）固体的密度的测量；

（3）液体的密度的测量。

2. 基本技能

（1）使用天平、量筒的实验操作技能；

（2）设计实验方案技能；

（3）实验分析技能。

3. 基本方法

（1）实验探究法；

（2）等量替换法；

（3）分析归纳法；

（4）压入法；

（5）配重法；

（6）溢杯法。

【关键能力】

1. 学业质量

（1）低阶B1：认识记忆。①知道量筒是测量体积的仪器；②能说出测量物质密度的实验原理。

（2）低阶B2：理解掌握。①理解测量物质密度的方法；②会读出量筒的读数。

（3）低阶&高阶B3：模仿应用。①能用量筒测量物质的体积；②能用天平测量物质的质量；③能用量筒（量杯）、天平间接测量物质的密度。

（4）高阶B4：分析评价。①能分析用天平和量筒测量物质的密度的实验过程，评价实验方案的利和弊，得出最佳方案；②能分析评价实验方案对实验结果的影响；③面对缺少实验仪器等特殊情境，能综合运用密度等物理知识测量物质的密度。

（5）高阶B5：创新创造。能在陌生情境中创新测量物质的密度的方法。

2. 测评标准

（1）低阶B1：认识记忆。①能说出量筒的量程和分度值；②能说出利用天平和量筒测量物质的密度的实验原理。

（2）低阶B2：理解掌握。①会读出量筒的读数，读数时视线要与凹液面中央最低处相平；②理解测量物质密度的方法。

（3）低阶&高阶B3：模仿应用。①能用量筒测量液体、在水中下沉的不规则固体、在水中不下沉的不规则固体的体积；②能用天平测量固体、液体的质量；③能用量筒（量杯）、天平间接测量物质的密度。

（4）高阶B4：分析评价。①能分析用天平和量筒测量物质的密度的实验过程，评价实验方案的利和弊，得出最佳方案；②能分析评价实验方案对实验结果的影响；③缺少实验仪器天平或者量筒时，能根据比值法制订科学的测量方案测量物质的密度。

（5）高阶B5：创新创造。能在陌生情境中创新测量物质的密度的方法。

【课时测评】

1. 为了测盐水的密度，某实验小组制订了如下实验计划：①测出量筒中盐水的体积；②将烧杯中一部分盐水倒入量筒中；③在烧杯中装入适量盐水，测出它们的总质量；④测出烧杯和剩余盐水的质量；⑤测出空烧杯的质量；⑥根据实验数据计算盐水的密度。以上实验步骤安排最合理的是（　　　）。

A. ③②①④⑥　　　　　　　　　B. ⑤③②①⑥

C. ②④①⑤⑥　　　　　　　　　D. ⑤③②④①⑥

2. 在测量不规则小物块的密度实验中，某实验小组的实验步骤如下：

（1）将天平放在水平桌面上，游码归零后发现指针的位置如图甲所示，则需将平衡螺母向_____（选填"左"或"右"）调节使横梁平衡。

（2）天平调好后，测量小物块的质量。天平平衡时，游码位置和所加砝码如图乙所示，则小物块的质量是_____g。

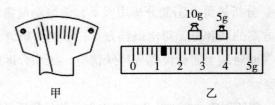

甲　　　　　　　　乙

（3）在量筒中倒入适量的水，记下水的体积为40cm³；再用细钢针将小物块浸没在量筒的水中，这时的总体积为60cm³，则小物块的密度 $\rho=$_____kg/m³。

（4）在测量质量时，该小组发现使用了一个磨损了的砝码，则测量的小物块密度会_____（选填"偏大""偏小"或"不影响"）。

3. 小明同学喝牛奶时想知道牛奶的密度，于是他进行了如下实验：

（1）①把天平放在水平桌面上，将游码移到标尺左端的_____处，发现指针指向分度盘右侧，此时他应向_____（填"左"或"右"）端调节平衡螺母，使指针指在分度盘的中线处。

②在烧杯中倒入适量的牛奶，用天平称得烧杯和牛奶的总质量为240g。

③把烧杯中部分牛奶倒入量筒，用天平称出烧杯和剩余牛奶的总质量，天平平衡后所用的砝码和游码的位置如图所示，烧杯和剩余牛奶的总质量为_____g。

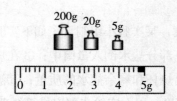

④读出量筒中牛奶的体积为10cm³。

⑤计算出牛奶的密度为 $\rho_{牛奶}=$_____g/cm³。

（2）小明同学很聪明，他在没有量筒，只有天平、足量的水（已知水的密度为 $\rho_水$）、杯子和笔的情况下，能测出牛奶的密度。请将他的实验步骤补充完整。

① 用天平称出空杯子的质量m_0。

② 往杯中倒入适量的水，在水面处对杯子作标记，用天平称出杯子和水的总质量m_1。

③ 将水倒掉并擦干杯子，再向杯中倒牛奶至标记处，用天平称出牛奶和杯子的总质量m_2。

④ 根据以上测量的物理量写出牛奶密度的表达式：$\rho_{牛奶}=$_____。

【评价建议·质量水平】

课时测评试题SOLO分类细目表

题号	1				2				3				
SOLO 分类	R	R	R	R	R	R	R	R	R	R	R	E	E
质量 水平	L3	L3	L3	L3	L3	L3	L3	L4	L3	L3	L3	L4	L4

第 30 课时　课题4：密度与社会生活

【课标原文】

（1）解释生活中一些与密度有关的物理现象；

（2）了解人类关于物质属性的研究对日常生活和科技进步的影响；

（3）收集有关物质属性研究的信息。

【核心素养】

1. 物理观念

（1）通过生活实例和实验事实，初步认识温度对密度的影响；

（2）理解密度是物质的一种性质，能运用密度知识鉴别物质，解释和解决生产、生活中的实际问题，体会密度对社会生活的重要作用。

2. 科学思维

（1）根据生活实际，分析、推理水的反常膨胀现象；

（2）根据密度公式，运用多种方法鉴别物质的种类，增强创新意识。

3. 科学探究

能有依据地分析温度对密度的影响，作出科学猜想，设计实验方案，使用基本的器材进行探究，记录、分析实验信息，总结归纳实验结论，交流评价。

4. 科学态度与责任

（1）经历探究密度与温度的关系过程，养成严谨认真的科学态度与热爱科学的精神；

（2）通过对密度知识的应用，认识到物理理论在解决实际问题中的重要作用，初步形成将物理知识应用于实践的意识。

【核心认知】

1. 基本知识

（1）密度与温度的关系；

（2）密度在生活中的应用。

2. 基本技能

（1）实验观察技能；

（2）证据收集与分析技能；

（3）运算技能。

3. 基本方法

（1）实验探究法；

（2）分析归纳法。

【关键能力】

1. 学业质量

（1）低阶B1：认识记忆。①知道温度对密度的影响；②知道水的反常膨胀现象。

（2）低阶B2：理解掌握。①通过分析实例，理解密度是物质的一种性质；②能理解水的反常膨胀现象。

（3）低阶&高阶B3：模仿应用。①能运用密度知识鉴别物质；②能运用密度知识解释生活中的相关现象；③能利用密度知识分析和解决生活中的简单问题。

（4）高阶B4：分析评价。①能通过实验探究密度与温度的关系；②根据密度的公式，运用多种方法鉴别物质的种类。

（5）高阶B5：创新创造。能综合利用密度知识解决陌生情境下的问题。

2. 测评标准

（1）低阶B1：认识记忆。①知道一般物质有热胀冷缩的现象，温度升高，密度变小；②知道水在0～4℃时的反常膨胀现象。

（2）低阶B2：理解掌握。理解密度是物质的一种性质，可以利用密度初步鉴别物质，但不同物质的密度可能是相同的。

（3）低阶&高阶B3：模仿应用。①运用密度知识鉴别物质；②运用密度与温度的关系解释生活中的相关现象；③运用水的反常膨胀解释生活中的相关现象。

（4）高阶B4：分析评价。①能有依据地分析温度对密度的影响，作出科学猜想，设计实验方案，使用基本的器材进行探究，记录、分析实验信息，总结归纳实验结论，交流评价；②根据密度公式，运用多种方法鉴别物质的种类。

（5）高阶B5：创新创造。综合利用密度知识解决陌生情境下的问题。

【课时测评】

1. 关于密度的应用，下列相关说法正确的是（　　　）。

A. 航天飞机用密度较大的新材料制成，减轻质量

B. 气象工作者利用密度小的气体制造探空气球，采集气象资料

C. 拍摄影视剧房屋倒塌镜头，常选用密度大的材料作为道具，更逼真、形象

D. 食品工业中无法通过测量牛奶的密度鉴别牛奶的优劣

2. 图甲所示为水的密度在0～10℃范围内随温度变化的图像，图乙所示为北方冬天湖水分布示意图（从上到下密度逐渐变大）。根据图像及水的其他性质，下列分析中正确的是（　　　）。

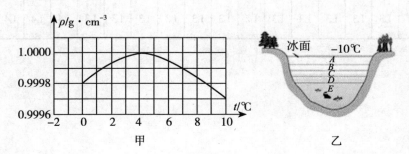

甲　　　　　乙

A. 一定质量的水，温度等于4℃时，体积最大

B. 在4~10℃范围内，水具有热缩冷胀的性质

C. 示意图中从上至下A、B、C、D、E处的温度分别为4℃、3℃、2℃、1℃、0℃

D. 0~4℃的水温度下降时体积会变大

3. 用密度为$2.7 \times 10^3 kg/m^3$的铝制成甲、乙、丙三个大小不同的正方体。要求它们的边长分别是0.1m、0.2m和0.3m，制成后让质量检查员称出它们的质量，分别是3kg、21.6kg和54kg。质量检查员指出，有两个不合格，其中一个掺入了杂质为次品，另一个混入了空气泡为废品，则这三个正方体（　　）。

A. 甲为废品，乙为合格品，丙为次品

B. 甲为合格品，乙为废品，丙为次品

C. 甲为次品，乙为合格品，丙为废品

D. 甲为废品，乙为次品，丙为合格品

4. 用相同质量的铝、铁和铜制成体积相等的球，已知$\rho_{铝} < \rho_{铁} < \rho_{铜}$，则下列说法正确的是（　　）。

A. 铝球和铁球一定是空心的

B. 铝球和铜球一定是空心的

C. 铁球和铜球一定是空心的

D. 铝球、铁球和铜球可能都是实心的

【评价建议·质量水平】

课时测评试题SOLO分类细目表

题号	1				2				3				4			
SOLO分类	R	R	R	R	R	M	R	R	R	R	R	R	E	E	E	E
质量水平	L3	L3	L3	L3	L3	L2	L3	L3	L3	L3	L3	L3	L4	L4	L4	L4

第七章 力

第 ㉛ 课时　课题1：力（1）

【课标原文】

（1）通过常见事例或实验，了解力，认识力的作用效果；

（2）通过实验，认识力可以改变物体运动的方向和快慢；

（3）通过实验，认识力可以改变物体的形状。

【核心素养】

1. 物理观念

基于生活实例，感知、描述和分析力，初步形成力的概念，认识力的作用效果，并能应用其解决一些实际问题。

2. 科学思维

（1）通过对生活实例的观察和体验，概括力的共性特征，建构力的概念；

（2）能够结合实验事实，运用分类整理和归纳的方法来研究力的作用效果。

3. 科学探究

（1）能通过对力的现象的描述，发现力是物体（施力物体）对物体（受力物体）的作用，初步形成力的概念；

（2）通过多组对比实验，观察物体受力前后的变化，记录实验现象，整理归纳力的作用效果。

4. 科学态度与责任

（1）在对各种生活实例的观察、体验、感知的过程中形成力的概念，增强学习物理的兴趣，同时感悟物理与生活、社会的密切联系；

（2）通过经历观察、动手实验、记录实验信息、归纳实验结果等实验过程，养成良好的实验习惯和实事求是的科学态度。

【核心认知】

1. 基本知识

（1）力的概念；

（2）力的作用效果。

2. 基本技能

（1）实验观察技能；

（2）证据收集和分析技能。

3. 基本方法

（1）观察实验法；

（2）分类归纳法。

【关键能力】

1. 学业质量

（1）低阶B1：认识记忆。①感知并认识力的存在；②知道力是物体对物体的作用；③知道力的符号和单位。

（2）低阶B2：理解掌握。①理解力的概念；②通过观察实验现象，运用分类整理和归纳的方法来研究力的作用效果；③会描述并能理解力的作用效果。

（3）低阶&高阶B3：模仿应用。①能运用力的概念解释生活中相关的现象；②能运用力的作用效果来解释生活中常见的力的现象；③通过多组对比实验，观察物体受力前后的变化，记录实验现象，整理归纳力的作用效果。

（4）高阶B4：分析评价。①能够根据不同的生活情境来分析判断力的作用效果；②能够根据力的概念分析判断施力物体与受力物体。

（5）高阶B5：创新创造。能够运用力的概念及力的作用效果解释新情境中的问题。

2. 测评标准

（1）低阶B1：认识记忆。①能正确读写力的符号和单位；②知道生活中存在力，能复述力的定义。

（2）低阶B2：理解掌握。①能理解力是物体对物体的相互作用，会简单判断两个物体之间是否存在力的作用；②理解并能够区分力可以改变物体的形状与力可以改变物体的运动状态两种作用效果；③理解物体运动状态的改变包括物体运动快慢和运动方向的改变。

（3）低阶&高阶B3：模仿应用。①能用力的概念和力的作用效果等相关知识解释生活中常见的现象；②通过多组对比实验，观察物体受力前后的变化，记录实验现象，整理归纳力的作用效果。

（4）高阶B4：分析评价。①能够分析判断不同生活情境中的力的作用效果；②能够运用力的概念分析判断施力物体和受力物体，并能判断出它们之间的区别与内在联系。

（5）高阶B5：创新创造。能够运用力的概念及力的作用效果解释新情境中的问题。

【课时测评】

1. 关于力的概念，下列说法不正确的是（　　　）。

A. 力是物体对物体的作用，离开物体就没有力的作用

B. 单独一个物体不会产生力的作用

C. 两个物体必须接触才能产生力的作用

D. 一个受力物体同时也一定是施力物体

2. 下列物体运动状态发生改变的是（　　　）。

A. 在平直轨道上匀速行驶的列车

B. 在桌子上静止的茶杯

C. 正在匀速转弯的汽车

D. 在空中匀速下落的雨滴

3. 用手通过一根绳子提起一重物时，会感到手受到一个向下的力的作用，这个力的施力物体是（　　　）。

A. 重物　　　　　　　　　　B. 地球

C. 绳子　　　　　　　　　　D. 绳子和重物

4. 下列各图中力的作用效果哪项与其他的不同？（　　　）

A. 用力击打一摞棋子中间的　　B. 灯对绳子的拉力
一个，该棋子飞出

C.骆驼对沙漠的压力　　　　　　D.运动员对跳板的压力

【评价建议·质量水平】

课时测评试题SOLO分类细目表

题号	1				2				3				4			
SOLO分类	U	M	M	M	R	R	R	R	R	R	R	R	R	R	R	R
质量水平	L1	L2	L2	L2	L3	L3	L3	L3	L3	L3	L3	L3	L3	L3	L3	L3

第 ③② 课时　课题1：力（2）

【课标原文】

（1）认识力的作用效果；

（2）用力的示意图描述力；

（3）通过实验，认识力的作用是相互的。

【核心素养】

1. 物理观念

（1）通过探究实验——"影响力的作用效果的因素"，了解力的三要素；

（2）会用力的示意图表示力，并能根据力的示意图判断力的大小、方向和作用点；

（3）通过对物体受力过程的体验，综合运用力的作用效果等知识，认识物体间力的作用是相互的，进一步理解力的定义。

2. 科学思维

（1）能够结合生活与实验事实，推理与论证影响力的作用效果的因素；

（2）将对光线的认识，正迁移到力的示意图的学习，会利用模型法画出力的示意图；

（3）利用分析、归纳的方法找出实验现象中的共同特征，认识力的作用的相互性。

3. 科学探究

（1）能根据生活实例中不同的力的作用效果，作出"影响力的作用效果的因素"的猜想，能综合已有经验，设计合理的探究方案，选择合适的仪器进行实验，记录实验现象和相关数据，分析交流，得出实验结论；

（2）通过实验探究让学生收集实验数据，推理论证力的作用是相互的。

4. 科学态度与责任

（1）认识到研究力的三要素和力的作用是相互的，都是建立在观察和实验的基础之上的，养成善于观察和乐于实验的科学品质；

（2）能利用所学力学知识描述、解释生活现象，感悟物理与生活的密切联系，养成将知识运用于实践的习惯；

（3）通过学习力的示意图，规范作图，养成严谨的科学态度。

【核心认知】

1. 基本知识

（1）力的三要素；

（2）力的示意图；

（3）力的作用是相互的。

2. 基本技能

（1）识图、绘图技能；

（2）设计实验技能；

（3）证据收集和分析技能。

3. 基本方法

（1）模型法；

（2）分析归纳法；

（3）控制变量法。

【关键能力】

1. 学业质量

（1）低阶B1：认识记忆。①认识力的三要素；②知道力的示意图。

（2）低阶B2：理解掌握。①理解力的三要素对力的作用效果的影响；②理解力的作用是相互的。

（3）低阶&高阶B3：模仿应用。①能用力的示意图表示出力的三要素；②能根据力的示意图判断力的方向和作用点，并粗略比较力的大小；③能运用力的三要素来解释力的作用效果的不同；④能根据实验现象解释并说明力的作用是相互的。

（4）高阶B4：分析评价。①对力的示意图进行分析评价；②利用力的三要素来评价力的作用效果；③通过实验，分析归纳物体施力的同时也受力，即力的作用是相互的。

（5）高阶B5：创新创造。①能设计新的实验，分析出力的作用是相互的；②运用力的作用是相互的等力学知识解决陌生情境中的问题。

2. 测评标准

（1）低阶B1：认识记忆。①认识力的大小、方向和作用点；②知道力的示意图中力的大小、方向和作用点的规范画法。

（2）低阶B2：理解掌握。①能理解并区分力的大小、方向和作用点对力的作用效果的影响；②理解一个物体对另一个物体施力时，另一个物体也同时对它施加力的作用。

（3）低阶&高阶B3：模仿应用。①会识别力的示意图；②运用力的作用是相互的等力学知识解释生活现象。

（4）高阶B4：分析评价。①会画力的示意图；②会运用控制变量的方法分析评价力的三要素对力的作用效果的影响；③根据研究对象运动状态或形状的改变来判断力的作用是相互的。

（5）高阶B5：创新创造。①能设计新的实验并综合运用力的作用效果，分析出力的作用是相互的；②运用力的作用是相互的等力学知识分析解决陌生情境中的问题。

【课时测评】

1. 如图所示，能说明力的作用效果与力的作用点有关的图是（　　）。

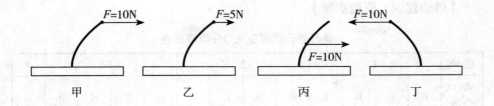

A.甲、乙　　　　　B.乙、丙　　　　　C.甲、丙　　　　　D.丙、丁

2.小枫同学在中山公园游玩时，在保证安全的前提下，从游船上跳到岸上，使小枫同学上岸的力的施力物体是（　　）。

A.船　　　　　B.小明　　　　　C.水　　　　　D.岸

3.下列不能说明力的作用是相互的原理的现象是（　　）。

A.图甲中，穿着旱冰鞋的小玲用手推墙后，她由静止开始向后退

B.图乙中，小明坐在小船上，在用力向前推另一艘小船时，他和自己坐的小船却向后移动

C.图丙中，在两个靠得较近的小车上分别放一块磁体，松手后两个小车都向后退

D.图丁中，分别在A、B、C处用同样大小的力推门，在A处更容易将门推动

4.根据要求完成作图：用200N水平向右的推力推木箱，请在图中画出推力的示意图。

【评价建议·质量水平】

课时测评试题SOLO分类细目表

题号	1				2				3				4
SOLO分类	R	R	R	E	R	R	R	R	R	R	R	R	E
质量水平	L3	L3	L3	L4	L3	L3	L3	L3	L3	L3	L3	L3	L4

第33课时　课题2：弹力

【课标原文】

（1）通过常见事例或实验，了解弹力，认识力的作用效果；

（2）用弹簧测力计测量力的大小。

【核心素养】

1. 物理观念

（1）根据生活经验和实验，知道物体有弹性和塑性两种不同的性质；

（2）根据生活体验和实验，感知弹力，初步形成弹力的概念，并应用其解决一些实际问题；

（3）了解在弹性限度内，受到的拉力越大，弹簧的伸长量越长，并会用弹簧测力计测量力的大小。

2. 科学思维

（1）利用分析和归纳的方法认识弹力的作用效果和三要素；

（2）能够结合生活与实验事实，推理与论证弹簧受到的拉力与弹簧伸长量的关系；

（3）能够利用转换法，用弹簧测力计测量力的大小。

3. 科学探究

（1）根据生活经验、实验现象，探究弹力产生的原因；

（2）设计实验探究弹簧受到拉力与弹簧伸长量的关系，记录实验数据，分析形成实验结论。

4. 科学态度与责任

（1）运用弹力的概念解释生活中常见的现象，感悟物理与生活、社会的密切联系；

（2）通过探究弹簧受到拉力与弹簧伸长量的关系，养成良好的实验习惯和实事求是的科学态度。

【核心认知】

1. 基本知识

（1）弹力的概念；

（2）弹簧测力计的工作原理和使用方法。

2. 基本技能

（1）使用测量工具的技能；

（2）证据收集和分析技能。

3. 基本方法

（1）实验法；

（2）转换法；

（3）分析归纳法。

【关键能力】

1. 学业质量

（1）低阶B1：认识记忆。①知道弹性形变和塑性形变；②通过生活实例和实验，感知弹力的存在，认识弹力；③结合生活经验与实验事实，认识弹簧测力计。

（2）低阶B2：理解掌握。①理解弹力的概念；②理解弹力产生的原因；③能通过实验，理解弹簧测力计的工作原理。

（3）低阶&高阶B3：模仿应用。①能初步运用弹力知识解释生活中相关的现象；②能够利用弹簧测力计测出力的大小。

（4）高阶B4：分析评价。①能够正确选择和使用弹簧测力计；②能够运用弹力知识分析力的三要素和力的作用效果。

（5）高阶B5：创新创造。①能够在实验中思考并总结出使用弹簧测力计的一些技巧和规律；②能够用弹簧或橡皮筋等器材制作简易的测力计。

2. 测评标准

（1）低阶B1：认识记忆。①知道推力、拉力、压力和支持力都是弹力；②知道弹性形变和塑性形变；③知道弹簧测力计的量程、分度值以及弹力的大小和单位。

（2）低阶B2：理解掌握。①理解弹力的概念、三要素和产生的原因，能够简单判断物体是否受到弹力；②理解在弹性限度内，弹簧受到的拉力越大，弹簧的伸长量越长。

（3）低阶&高阶B3：模仿应用。①能初步运用弹力知识解释生活中的相关现象；②能够运用弹簧测力计测出力的大小。

（4）高阶B4：分析评价。①能根据弹簧测力计的量程、分度值选择合适的测力计，并正确规范地使用弹簧测力计；②能够运用弹力知识分析施力物体和受力物体，判断力的作用点和方向；③能够探究弹簧受到拉力与弹簧伸长量的关系，能进行科学猜想，进行实验检验，分析论证得出结论。

（5）高阶B5：创新创造。①通过实验，能够编制弹簧测力计的说明书，能够运用说明书使用其他形式的测力计；②能够根据弹簧测力计的工作原理自制弹簧测力计。

【课时测评】

1. 如右图所示，关于弹簧测力计，以下说法正确的是（　　　　）。

A. 弹簧测力计上的字母"N"表示它的型号

B. 该弹簧测力计的量程及分度值分别是0~5N和0.2N

C. 已调好"0"点的弹簧测力计可以上下颠倒过来使用

D. 此弹簧测力计的读数是2.1N

2. 关于弹力，下列叙述正确的是（　　　　）。

A. 两物体相互接触，就一定会产生相互作用的弹力

B. 两物体不接触，就一定没有相互作用的弹力

C. 两物体有弹力作用，物体不一定发生了弹性形变

D. 只有弹簧才能产生弹力

3. 下列各力中，不属于弹力的是（　　　　）。

A. 手对弹簧的拉力　　　　　　　B. 人对跳板的压力

C. 手对弓的拉力　　　　　　　　D. 磁铁对小铁球的吸引力

4. 甲、乙两个同学沿相反的方向拉同一只弹簧测力计，各用力5N，则弹

簧测力计的示数为（　　　　）。

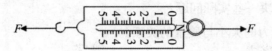

　　A. 10N　　　　　　　B. 5N　　　　　　C. 0N　　　　　　D. 上述均不对

　　5. 小星和小华分别购买了两只不同品牌的乒乓球，为了比较两只乒乓球弹性的大小，他们设计了几种方案。你认为能够解决这个问题的最好方案是（　　　　）。

　　A. 把两球向墙面掷去，比较它们反弹后离墙的距离

　　B. 用同一个乒乓球拍分别击打两球，比较两球飞出去的距离

　　C. 让两球置于乒乓球桌面上方同一高度自由落下，比较它们反弹的高度

　　D. 用手捏乒乓球，比较它们的硬度

【评价建议·质量水平】

课时测评试题SOLO分类细目表

题号	1				2				3				4				5			
SOLO分类	U	U	M	U	M	M	M	M	R	R	R	R	R	R	R	R	E	E	E	E
质量水平	L1	L1	L2	L1	L2	L2	L2	L2	L3	L3	L3	L3	L3	L3	L3	L3	L4	L4	L4	L4

第 **34** 课时　课题3：重力

【课标原文】

（1）通过常见事例或实验，了解重力，认识力的作用效果；

（2）用示意图描述重力。

【核心素养】

1. 物理观念

（1）根据生活经验和实验，感知重力的存在；

（2）从重力产生的原因、定义以及力的三要素等方面初步理解重力的概念，并应用其解决一些实际问题；

（3）知道重力的大小与质量的关系。

2. 科学思维

（1）能够结合生活与实验事实，推理与论证重力的大小与质量的关系；

（2）通过对实验数据的处理和图像分析获得结论，认识重力与质量的正比关系；

（3）构建重力与质量关系的物理模型 $G=mg$，以及重心的理想模型，并用于解决实际物理问题。

3. 科学探究

（1）根据生活经验，设计小实验，探究重力的方向；

（2）能根据相关经验和实验，作出重力的大小与什么因素有关的初步假设，并能够综合已有的经验设计科学的探究方案，进行实验，记录数据并分析交流。

4. 科学态度与责任

（1）通过常见事例与实验事实形成重力的概念，感悟物理与生活、社会的紧密联系；

（2）通过探究重力的大小与质量的关系，培养尊重事实和证据的意识，养成良好的实验习惯和严谨的科学态度。

【核心认知】

1. 基本知识

（1）重力的概念；

（2）影响重力大小的因素；

（3）重力的方向；

（4）重心。

2. 基本技能

（1）作出科学猜想的能力；

（2）设计简单的实验方案的能力；

（3）力的测量等实验操作技能；

（4）证据收集与实验分析技能。

3. 基本方法

（1）转换法；

（2）控制变量法；

（3）图像分析法。

【关键能力】

1. 学业质量

（1）低阶B1：认识记忆。①通过生活实例和实验，感知重力的存在，认识重力；②能复述重力大小与质量的关系；②了解重力产生的原因。

（2）低阶B2：理解掌握。①理解重力的概念；②理解重力大小与质量的关系；③理解重力的方向；④理解重心的概念。

（3）低阶&高阶B3：模仿应用。①能初步运用重力知识解释生活中的相关现象；②能通过实验测出重力的大小，并能根据重力与质量的关系式进行简单的计算。

（4）高阶B4：分析评价。①根据控制变量法，通过实验，探究重力大小与质量的关系，根据$G-m$图像进行分析并获得结论；②会画重力的示意图；③运用重力知识解决生产、生活中的问题。

（5）高阶B5：创新创造。①利用重力与质量的关系建构模型并解决实际问题；②能够利用重力的概念和重力的三要素创造性地解决生活中的实际问题。

2. 测评标准

（1）低阶B1：认识记忆。①知道地球附近的一切物体都受到重力的作用；②能表述重力的大小与质量的关系；③知道重力的方向竖直向下；④知道重力的施力物体是地球。

（2）低阶B2：理解掌握。①理解由于地球的吸引而使物体受到的力叫重力；②理解重力与质量的关系；③理解重力的方向是竖直向下的，即与水平面垂直；④理解重心的概念，理解物体的重心不一定在物体上。

（3）低阶&高阶B3：模仿应用。①能初步运用重力知识解释生活中的相关现象；②会根据公式$G=mg$进行简单的计算；③能够根据重力的三要素画出重力的示意图。

（4）高阶B4：分析评价。①能对重力的大小与质量的关系进行科学猜想，进行实验检验，并利用$G-m$图像进行数据分析，形成重力与质量关系的结论，并对实验过程进行评估和反思；②运用重力知识解决生产、生活中的问题。

（5）高阶B5：创新创造。①利用$G=mg$的关系式进行建模，解决实际问题；②利用重力的三要素创新解决生活中的实际问题。

【课时测评】

1. 关于重力，下列说法中错误的是（　　　）。

A. 重力是由于地球对物体的吸引而产生的

B. 质地均匀、形状规则的物体的重心在它的几何中心上

C. 重力的大小与物体的质量成正比

D. 重力的方向总是垂直向下的

2. 下列有关生活实例中，说法正确的是（　　　）。

A. 空中飞行的飞机不受重力

B. 汽车上坡时，所受重力的方向是沿斜坡向下的

C. 如果地球上没有重力，物体将没有质量

D. 一个鸡蛋所受的重力大约为0.5N

3. 作出图中静止在斜面上的物体受到的重力，物体质量为1kg（g取10N/kg）。

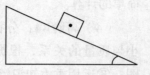

4. 右图所示为某地的桥梁旁竖着的一块标志牌。一辆重型卡车的质量为1.5×10^4kg，该车运送8m³钢材，行驶到该大桥处。求：（g取10N/kg，$\rho_{钢}$ = 7.9×10^3kg/m³）

（1）汽车的重力；

（2）钢材的质量；

（3）通过计算，回答该车能否通过此桥。

【评价建议·质量水平】

课时测评试题SOLO分类细目表

题号	1				2				3	4		
SOLO 分类	M	M	M	M	R	R	R	R	R	R	R	E
质量 水平	L2	L2	L2	L2	L3	L3	L3	L3	L3	L3	L3	L4

第八章 运动和力

第 ㉟ 课时 课题1：牛顿第一定律

【课标原文】

（1）通过实验，认识牛顿第一定律；

（2）用物体的惯性解释自然界和生活中的有关现象。

【核心素养】

1. 物理观念

（1）初步认识力与运动的关系，认识力不是维持物体运动状态的原因，而是改变物体运动状态的原因；

（2）认识牛顿第一定律，能应用牛顿第一定律解决实际问题；

（3）能通过生活经验和大量事实，认识物体的惯性，能用物体的惯性解释自然界和生活中的有关现象。

2. 科学思维

（1）经历历史上人类对运动和力的关系的认识过程，学会科学的研究方法，增强质疑创新意识；

（2）经历建立牛顿第一定律的科学推理过程，学会科学推理；

（3）能通过生活经验和大量事实，科学论证一切物体都有惯性；

（4）通过对惯性的利用和防止，形成辩证思维。

3. 科学探究

能根据问题来选择实验器材，设计实验方案研究阻力对物体运动的影响，能根据实验现象等进行分析推理，形成实验结论。

4. 科学态度与责任

（1）通过研究运动和力的关系的物理学史，培养严谨的科学态度，以及热爱科学、献身科学的精神；

（2）通过生产、生活中对惯性的利用和防止，养成将物理知识应用于实践的习惯，增强安全意识。

【核心认知】

1. 基本知识

（1）牛顿第一定律；

（2）惯性的概念。

2. 基本技能

（1）设计实验方案的技能；

（2）实验观察、操作技能；

（3）证据收集、分析技能。

3. 基本方法

（1）实验探究法；

（2）控制变量法；

（3）科学推理法；

（4）分类归纳法。

【关键能力】

1. 学业质量

（1）低阶B1：认识记忆。①知道探究力与运动的关系的物理学史，初步认识力与运动；②知道牛顿第一定律的内容；③知道一切物体都具有惯性，惯性大小只与质量有关。

（2）低阶B2：理解掌握。①理解力不是维持物体运动状态的原因，而是改变物体运动状态的原因；②理解牛顿第一定律的内涵和外延；③理解惯性的定义。

（3）低阶&高阶B3：模仿应用。①能简单应用牛顿第一定律；②能用物体的惯性解释生活和自然中的有关现象。

（4）高阶B4：分析评价。①能设计实验方案，收集和分析实验信息研究力与运动的关系；②能通过实验加推理的科学方法，分析归纳出牛顿第一定律；③能通过生活经验和大量事实，认识物体的惯性；④能用牛顿第一定律和惯性解释生活中的现象和解决生活中的问题。

（5）高阶B5：创新创造。①能利用实验采用控制变量法等方法探究身边的问题；②能运用科学推理的方法解决新问题；③能利用牛顿第一定律和惯性知识解决新情境中的问题。

2. 测评标准

（1）低阶B1：认识记忆。①知道探究力与运动的关系的物理学史；②知道牛顿第一定律的内容；③知道惯性是物体的固有属性，惯性大小只与质量有关，质量大，惯性大。

（2）低阶B2：理解掌握。①理解力不是维持物体运动状态的原因，而是改变物体运动状态的原因；②理解牛顿第一定律的内涵和外延；③理解惯性是物体的固有属性，惯性不是力，惯性的大小只与质量有关，而与速度等无关。

（3）低阶&高阶B3：模仿应用。①应用牛顿第一定律解决问题；②用物体的惯性解释生活和自然中的有关现象。

（4）高阶B4：分析评价。①会通过阻力对物体运动的影响实验来分析力与运动的关系；②通过实验加推理的科学方法分析归纳出牛顿第一定律；③用牛顿第一定律和惯性解释生活中的现象和解决生活中的问题。

（5）高阶B5：创新创造。①利用控制变量法等方法探究身边的问题；②运用科学推理的方法解决新问题；③利用牛顿第一定律和惯性知识解决新情境中的问题。

【课时测评】

1. 对牛顿第一定律的理解，下列说法正确的是（　　　）。

A. 物体运动状态改变时，一定受到了力的作用

B. 运动的物体若去掉所有力的作用，物体一定会慢慢停下

C. 该定律由斜面小车探究实验直接得出

D. 物体的运动是依靠力来维持的

2. 下图所示为掷出的实心球的运动轨迹，当实心球在最高点时所受的外力全部消失，实心球将（　　　）。

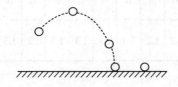

A. 保持静止状态

B. 向上做匀速直线运动

C. 水平向右做匀速直线运动

D. 竖直向下做加速直线运动

3. 下列有关惯性的说法正确的是（　　　）。

A. 射出枪膛的子弹，仍能在空中飞行是由于子弹具有惯性

B. 小明没有推动静止的汽车，是由于静止的物体比运动的物体的惯性更大

C. 跳远运动员要助跑后起跳，是为了增大惯性

D. 高速飞行的子弹穿入木头后静止，它的惯性就消失了

4. 右图所示为探究"运动和力的关系"的实验装置。实验中，让小车从同一斜面的同一高度自由滑下，在表面材料不同的水平面上运动。

水平表面

（1）让小车从斜面同一高度滑下，目的是使小车每次到达水平面时的速度_____。

（2）通过实验可知，平面越光滑，小车运动的距离越远。说明：平面越光滑，小车受到的阻力越_____（选填"大"或"小"），速度减少得越_____（选填"快"或"慢"）。

（3）由实验现象可推断：假如平面绝对光滑，水平面上运动的物体在水平方向上就不受力，它将做_____。

（4）此实验验证了伽利略的观点：物体的运动_____（选填"需要"或"不需要"）力来维持。

（5）牛顿总结了伽利略等人的研究成果，概括出了著名的牛顿第一定律，这个定律_____（选填"能"或"不能"）用实验直接验证。

【评价建议·质量水平】

课时测评试题SOLO分类细目表

题号	1				2				3				4					
SOLO 分类	M	R	R	M	M	M	R	R	R	R	M	R	R	R	E	E	R	M
质量 水平	L2	L3	L3	L2	L2	L2	L3	L3	L3	L3	L2	L3	L3	L3	L4	L4	L3	L2

第 36 课时　课题2：二力平衡

【课标原文】

知道二力平衡的条件。

【核心素养】

1. 物理观念

（1）依据生活经验认识平衡力和平衡状态的概念；

（2）理解二力平衡的条件，能应用二力平衡来分析解决实际问题。

2. 科学思维

（1）能够结合生活和实验事实，推理分析，归纳总结出二力平衡的条件；

（2）会运用二力平衡的条件分析论证物体受到的力是否为平衡力。

3. 科学探究

（1）能提出物体在什么情况下才能保持平衡状态的问题，能正确选择器材，设计实验方案探究二力平衡的条件；

（2）能进行实验，收集证据，得出结论，并对实验过程进行评估和反思。

4. 科学态度与责任

（1）通过观察物体在受几个力的同时也能保持平衡状态这一现象，养成观察、思考日常生活中的常见现象的习惯；

（2）通过探究二力平衡条件，养成严谨的科学态度；

（3）应用二力平衡的条件来分析解决实际问题，养成将所学知识应用于实践的习惯。

【核心认知】

1. 基本知识

（1）平衡状态的概念；

（2）平衡力的概念；

（3）二力平衡的条件。

2. 基本技能

（1）选择实验器材设计实验方案的技能；

（2）实验操作技能；

（3）实验评估技能。

3. 基本方法

（1）实验探究法；

（2）控制变量法。

【关键能力】

1. 学业质量

（1）低阶B1：认识记忆。①认识平衡状态；②知道平衡力；③会复述二力平衡的条件。

（2）低阶B2：理解掌握。①理解并会判断物体是否处于平衡状态；②理解平衡力的概念；③理解二力平衡的条件。

（3）低阶&高阶B3：模仿应用。①会初步运用二力平衡知识解释生活中常见的现象；②会利用二力平衡进行简单的计算。

（4）高阶B4：分析评价。①经历探究二力平衡条件的实验过程，归纳总结实验结论，并对实验过程进行评估和反思；②会利用平衡力知识分析解决相关问题。

（5）高阶B5：创新创造。①能改进二力平衡的探究实验；②能利用控制变量法探究新问题；③能利用平衡力知识解决新情境中的问题。

2. 测评标准

（1）低阶B1：认识记忆。①知道物体保持静止或匀速直线运动状态，即物体处于平衡状态；②知道平衡力；③会复述二力平衡的条件。

（2）低阶B2：理解掌握。①根据物体受到的力，判断物体是否处于平衡状态；②根据二力平衡的条件或物体的运动状态判断物体受到的力是否为平衡力。

（3）低阶&高阶B3：模仿应用。①利用二力平衡知识分析解决生活中常见的现象和问题；②利用二力平衡进行简单的计算，利用一对平衡力大小相等、方向相反的性质，求出未知力的大小等。

（4）高阶B4：分析评价。①探究二力平衡的条件，并对实验过程进行评估和反思；②利用平衡力知识分析解决相关问题，判断物体的运动状态，求未知力的大小和方向等。

（5）高阶B5：创新创造。①改进二力平衡的探究实验；②利用控制变量法探究新问题；③利用平衡力知识解决新情境中的问题。

【课时测评】

1. 下列运动的物体中，受力平衡的是（　　　）。

A. 自由下落的苹果

B. 月亮绕地球匀速转动

C. 沿着光滑斜面下滑的木块

D. 沿斜面匀速下滑的木块

2. 如图所示，茶杯静止在水平桌面上，下列哪对力属于平衡力？（　　　）

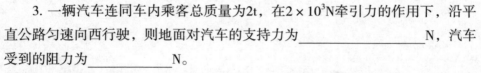

A. 茶杯受到的重力与桌面对茶杯的弹力

B. 桌子受到的重力与桌面对茶杯的弹力

C. 茶杯受到的重力与茶杯对桌面的压力

D. 茶杯对桌面的压力与桌面对茶杯的弹力

3. 一辆汽车连同车内乘客总质量为2t，在2×10^3N牵引力的作用下，沿平直公路匀速向西行驶，则地面对汽车的支持力为_____N，汽车受到的阻力为_____N。

4. 下图所示为小华和小明两同学探究"二力平衡条件"的实验。

（1）当物体保持静止状态或_____运动状态时我们认为它受到的力是相互平衡的。

（2）如图甲所示，小华将木块放置于水平桌面上，两边各用一段细绳通过定滑轮悬挂钩码，每个钩码的质量都相同，当左边悬挂三个钩码，右边悬挂两个钩码时木块A也能保持静止，这时木块在水平方向受到的力_____（选填"平衡"或"不平衡"），出现这种现象的原因是_____。针对此现象，小明认为将木块A换成带轮子的小车，实验效果会更好。

（3）将系于轻质小卡片两个对角的细线分别跨过支架上的滑轮，在细线两端挂上钩码，使作用在小卡片上的两个拉力方向相反，实验选用轻质小卡片的目的是_____。

（4）将图乙中A的小卡片转过一个角度，并保持两个拉力方向相反，如图乙中B所示，松开手后的瞬间小卡片_____（选填"能"或"不能"）

平衡；这一步骤说明二力平衡要满足两个力的方向在＿＿＿＿＿＿上的条件。

（5）当小卡片平衡时，用剪刀沿虚线剪断小卡片，如图乙中C所示，发现小卡片不能保持平衡。这说明：＿＿＿＿＿＿的力一定不平衡。

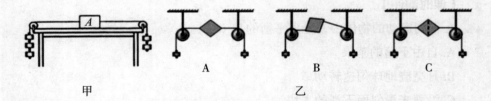

甲　　　　　　　　　　　乙

【评价建议·质量水平】

课时测评试题SOLO分类细目表

题号	1				2				3			4					
SOLO 分类	M	M	M	M	M	M	M	M	R	R	U	E	R	E	E	U	E
质量 水平	L2	L2	L2	L2	L2	L2	L2	L2	L3	L3	L1	L4	L3	L4	L4	L1	L4

第 ❸❼ 课时　课题3：摩擦力（1）

【课标原文】

（1）通过常见事例或实验，了解摩擦力；

（2）测量水平运动物体所受的滑动摩擦力。

【核心素养】

1. 物理观念

（1）能根据生活经验认识摩擦力；

（2）初步形成摩擦力的概念，从定义、力的三要素、力的分类、影响力的大小的因素等角度理解滑动摩擦力，并应用其解决一些实际问题。

2. 科学思维

（1）能根据二力平衡的条件，利用转换法，用弹簧测力计粗略地测量水平运动物体所受的滑动摩擦力；

（2）能够结合生活与实验事实，推理与论证影响滑动摩擦力大小的因素。

3. 科学探究

能根据不同的滑动摩擦现象，作出影响滑动摩擦力大小的因素的初步假设，能综合已有经验，设计科学的探究方案，选择合适的仪器进行实验，记录数据与分析交流。

4. 科学态度与责任

（1）在生活实例分析中形成摩擦力的概念，感悟物理与生活、社会等的密切联系；

（2）通过探究影响滑动摩擦力大小的因素，养成良好的实验习惯和严谨的科学态度。

【核心认知】

1. 基本知识

（1）摩擦力的概念；

（2）滑动摩擦力大小的影响因素。

2. 基本技能

（1）作出科学猜想的技能；

（2）设计简单实验方案的技能；

（3）力的测量等实验操作技能；

（4）实验分析技能。

3. 基本方法

（1）转换法；

（2）控制变量法；

（3）分析归纳法。

【关键能力】

1. 学业质量

（1）低阶B1：认识记忆。①通过生活实例和实验感知摩擦力的存在，认识摩擦力；②能复述影响滑动摩擦力大小的因素。

（2）低阶B2：理解掌握。①理解摩擦力的概念；②理解影响滑动摩擦力大小的因素。

（3）低阶&高阶B3：模仿应用。①会粗略地测量水平运动物体所受的滑动摩擦力；②能初步运用摩擦力知识解释生活中常见的摩擦现象。

（4）高阶B4：分析评价。①能结合生活实例与实验事实分析归纳摩擦力的概念；②用控制变量法研究影响滑动摩擦力大小的因素；③运用摩擦力知识解决生产、生活中的问题。

（5）高阶B5：创新创造。①改进研究影响滑动摩擦力大小的因素的实验；②利用转换法、控制变量法去研究身边的新问题。

2. 测评标准

（1）低阶B1：认识记忆。①知道生活中存在摩擦力，能复述摩擦力的定义；②能表述滑动摩擦力的大小与接触面所受的压力的大小和接触面的粗糙程度的关系。

（2）低阶B2：理解掌握。①理解摩擦力的概念、摩擦力产生的条件，会简单判断物体是否受到摩擦力；②理解摩擦力的方向与物体相对运动的方向相反，会初步判断摩擦力的方向；③理解滑动摩擦力的大小与接触面所受压力的大小和接触面的粗糙程度的关系。

（3）低阶&高阶B3：模仿应用。①能根据二力平衡的条件，用弹簧测力计粗略地测量水平运动物体所受的滑动摩擦力；②能初步运用摩擦力知识解释生活中常见的摩擦现象。

（4）高阶B4：分析评价。①分析生活实例中的摩擦力，运用摩擦力知识解决生产、生活中的问题；②会研究滑动摩擦力的大小与哪些因素有关，能进行科学猜想、设计记录实验数据的表格、进行实验检验、分析论证得出结论，并对实验过程进行评估和反思。

（5）高阶B5：创新创造。①能改进研究影响滑动摩擦力大小的因素的实验；②能利用转换法、控制变量法研究身边的新问题。

【课时测评】

1. 如下图所示的四种情况，木块一定不受摩擦力的是（　　）。

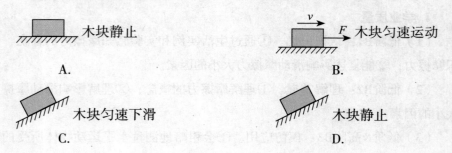

A. 木块静止
B. 木块匀速运动
C. 木块匀速下滑
D. 木块静止

2. 学校趣味运动会上, 体重为600N的张老师沿竖直木杆匀速向上攀爬, 此过程中, 他受到摩擦力的大小和方向是 (   )。

A. 等于600N, 竖直向上

B. 等于600N, 竖直向下

C. 大于600N, 竖直向下

D. 大于600N, 竖直向上

3. 小君家的门由于年久失修, 门和门框间的缝隙变大, 门很容易被风吹开。于是他的爸爸把一块橡胶垫钉到门框上, 轻松解决这一问题。针对这一现象, 小君和同学们提出下列四个问题, 其中最有探究价值且易于探究的科学问题是 (   )。

A. 为什么钉上橡胶垫门就不易被风吹开了?

B. 吹开门所用力的大小与所受摩擦力的大小有什么关系?

C. 物体所受摩擦力的大小与接触面的粗糙程度是否有关?

D. 物体所受摩擦力的大小与接触面的粗糙程度及压力的大小有什么关系?

4. 水平地面上的一物体受到方向不变的水平推力F的作用, F的大小与时间t的关系和物体的速度v与时间t的关系如图所示, 以下说法正确的是 (   )。

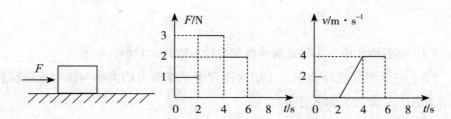

A. $0 \sim 2s$, 物体没有推动, 是因为推力小于摩擦力

B. $2 \sim 4s$, 物体做匀速直线运动

C. $2 \sim 4s$, 物体受到的摩擦力是3N

D. $4 \sim 6s$, 物体受到的摩擦力是2N

5. 小明用如图甲所示的装置探究滑动摩擦力的大小与哪些因素有关。

(1) 实验时, 小明将木块放在水平长木板上, 用弹簧测力计沿水平方向拉动木块, 并使木块做_____运动, 利用_____原理, 可以测出木块在木板上滑行时受到的摩擦力。

(2) 在木块上放一砝码, 从而改变木块与长木板之间的压力, 如图乙所示；把棉布铺在长木板上，从而改变接触面的粗糙程度，如图丙所示。观察三个实验，比较甲图和____图所示实验，说明滑动摩擦力的大小与作用在物体表面的压力有关。比较甲图和丙图所示实验，得出结论：_____。

（3）小明在进行乙图中的实验时，多次改变放在木块上的砝码的质量，通过实验得到滑动摩擦力$F_摩$与作用在物体表面的压力$F_压$的关系图线，如丁图所示，由图可知：$F_摩=$____$F_压$。乙图中当木块与砝码对地面的压力变为12N时，木块在长木板上匀速滑动时受到的拉力为____N。

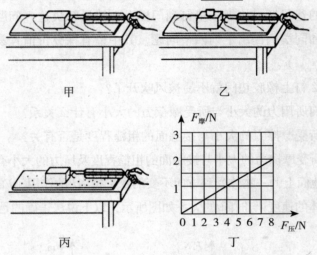

甲　　　　　　　乙

丙　　　　　　　丁

（4）实验操作中，小明发现弹簧测力计示数时大时小，原因是____。

（5）在全班交流环节中，小明为探究滑动摩擦力的大小与接触面粗糙程度的关系，又设计了如下方案：

① 用弹簧测力计测出铜块和木块的重力大小分别为G_1和G_2；

② 如图A、图B所示，将铜块和木块都平放在长木板上测出滑动摩擦力的大小分别为f_1和f_2；

A　　　　　　　　　　　B

③ 比较$\dfrac{f_1}{G_1}$和$\dfrac{f_2}{G_2}$的大小关系，获得结论。（提示：此时物块对木板的压力大小即为重力大小）

老师肯定了小明的方案，因为：

① 路程与时间的比值即单位时间内物体通过的路程，反映了物体运动的快慢；同样道理，滑动摩擦力与压力的比值即_____下的滑动摩擦力，反映了_____。

② 我们学过的利用比值法定义的物理量还有_____。

【评价建议·质量水平】

课时测评试题SOLO分类细目表

题号	1				2				3				4				5								
SOLO分类	R	R	R	R	R	R	R	R	R	R	R	R	R	M	R	R	M	M	R	R	R	R	R	R	R
质量水平	L3	L3	L3	L3	L3	L3	L3	L3	L3	L3	L3	L3	L2	L3	L3	L2	L2	L3	L3	L3	L3	L3	L3	L3	L3

第 ㊳ 课时　课题3：摩擦力（2）

【课标原文】

通过常见事例或实验，认识摩擦力的作用效果。

【核心素养】

1. 物理观念

（1）了解摩擦力的分类，理解滑动摩擦力、滚动摩擦力和静摩擦力的区别；

（2）了解增大或减小摩擦的方法；

（3）用摩擦力知识解释生活中的摩擦现象和解决相关问题。

2. 科学思维

（1）列举生活实例，分析论证摩擦的利与弊；

（2）讨论生活实例，分析归纳增大摩擦和减小摩擦的方法。

3. 科学探究

设计实验证明用滚动代替滑动的方法可以减小摩擦，增强实践体验。

4. 科学态度与责任

（1）通过讨论摩擦的利与弊，领悟客观事物之间的辩证关系；

（2）通过生产、生活中利用有益摩擦和防止有害摩擦的实例，养成在学习过程中联系生产、生活实际的习惯，增强将科学知识应用于实践的意识。

【核心认知】

1. 基本知识

（1）增大摩擦和减小摩擦的方法；

（2）静摩擦力和动摩擦力的区别。

2. 基本技能

（1）设计实验方案技能；

（2）实验操作技能。

3. 基本方法

（1）实验法；

（2）分析归纳法。

【关键能力】

1. 学业质量

（1）低阶B1：认识记忆。①认识摩擦在生产、生活中的利与弊；②能正确说出增大或减小摩擦的方法。

（2）低阶B2：理解掌握。①理解并会判断有益摩擦和有害摩擦；②理解增大或者减小摩擦的方法；③理解滑动摩擦力、滚动摩擦力和静摩擦力的区别。

（3）低阶&高阶B3：模仿应用。①会利用有益摩擦和防止有害摩擦；②会运用摩擦力知识解释生活中常见的摩擦现象。

（4）高阶B4：分析评价。①分析生产、生活中的摩擦力，讨论摩擦的利与弊，分析概括出有益摩擦和有害摩擦；②讨论生活实例和实验，分析归纳出增大摩擦和减小摩擦的方法；③会用摩擦力知识分析生活中不同的摩擦现象和解决相关问题。

（5）高阶B5：创新创造。①能利用摩擦力知识解决新情境中的相关问题；②能设计实验研究生产、生活中的新问题。

2. 测评标准

（1）低阶B1：认识记忆。①知道有些摩擦是有益的，有些摩擦是有害的，在生产、生活中要利用有益摩擦和防止有害摩擦；②能正确说出增大和减小摩擦的方法。

（2）低阶B2：理解掌握。①理解并会判断有益摩擦和有害摩擦；②掌握增大摩擦力和减小摩擦力的方法；③理解静摩擦力的特点，能够运用平衡条件分析计算静摩擦力的大小。

（3）低阶&高阶B3：模仿应用。①运用增大或者减小摩擦的方法来增大有益摩擦或减小有害摩擦；②会运用摩擦力知识解释生活中常见的摩擦现象。

（4）高阶B4：分析评价。①会分析评价摩擦的利与弊；②会通过研究滑动摩擦力大小的影响因素和生活实例等分析归纳出增大摩擦和减小摩擦的方法；③会用摩擦力知识分析生活中不同的摩擦现象和解决相关问题。

（5）高阶B5：创新创造。①利用摩擦力知识来解决新情境中的相关问题；②会设计实验研究生产、生活中的新问题。

【课时测评】

1. 假如没有摩擦，下列哪种现象不可能发生？（   ）

A. 手拿不住写字的笔

B. 地面上滚动的球、行驶的车辆很难停下来

C. 人可以跑得更快

D. 人可以轻松地推动火车沿轨道运动

2. 下列与摩擦有关的现象或应用中，叙述不正确的是（   ）。

A. 车轮、各种把手、鞋底等物体的表面凹凸不平是为了增大有益摩擦

B. 在体育比赛中，鞍马、单双杠、举重、吊环运动员，在比赛前都要在手上擦一种白色粉末，这是为了减小有害摩擦

C. 磁悬浮列车、气垫船等是采用使接触面分离的方法来减小摩擦的

D. 各种车辆紧急制动时，采用变滚动为滑动的方法来增大摩擦

3. 明天小明的班级要参加拔河比赛，小明利用物理知识分析了拔河比赛获胜的关键因素是获胜方的_____（选填"拉力"或"摩擦力"）比对方大。请你写出两种能够帮助本班获胜的方案：

方案1：_____。

方案2：_____。

请再举出一个生活中类似的应用实例：_____。

【评价建议·质量水平】

课时测评试题SOLO分类细目表

题号	1				2				3			
SOLO 分类	R	R	R	R	M	M	M	M	E	E	E	E
质量 水平	L3	L3	L3	L3	L2	L2	L2	L2	L4	L4	L4	L4

第九章 压 强

第 ③ 课时 课题1：压强

【课标原文】

（1）通过实验，理解压强；

（2）知道日常生活中增大和减小压强的方法。

【核心素养】

1. 物理观念

（1）通过生活现象和实验感知压力的作用效果的不同，从而初步形成压强的概念；

（2）能熟练写出压强公式、单位，会根据压强公式进行简单的计算；

（3）知道增大和减小压强的具体方法，并能解释与压强有关的物理现象，解决相关问题。

2. 科学思维

（1）通过观察和思考生活实例，增加情境对比，感知压力作用效果的不同；

（2）利用转换法来表示压力的作用效果；

（3）运用比值定义法，类比速度，建构压强的概念。

3. 科学探究

（1）通过实验体验压力的作用效果；

（2）会选择实验器材，设计实验方案来探究影响压力作用效果的因素，记录实验数据并分析交流。

4. 科学态度与责任

（1）通过探究影响压力作用效果的因素，养成尊重客观事实、实事求是的科学态度；

（2）能应用压强知识解决实际问题，能认识到科学对人类生活的重要性，具有用科学知识服务于人类的意识。

【核心认知】

1. 基本知识

（1）压力的概念；

（2）影响压力作用效果的因素；

（3）压强的概念、公式；

（4）改变压强的方法。

2. 基本技能

（1）作出科学猜想的技能；

（2）设计简单实验方案的技能；

（3）实验观察技能；

（4）利用公式进行计算的技能。

3. 基本方法

（1）转换法；

（2）控制变量法；

（3）分析归纳法；

（4）比值定义法。

【关键能力】

1. 学业质量

（1）低阶B1：认识记忆。①了解压强公式中各物理量的名称、单位及符号，知道压强单位的物理意义和由来；②了解增大和减小压强的方法。

（2）低阶B2：理解掌握。①从力的大小、方向、作用点等方面理解压力的概念，理解压力与重力的本质区别；②理解影响压力作用效果的因素；③理解压强的概念、公式和意义等。

（3）低阶&高阶B3：模仿应用。①会画压力的示意图；②能运用压强公式进行简单的计算；③会用增大压强和减小压强的方法简单分析和解决生活中的相关问题。

（4）高阶B4：分析评价。①能够结合生活实例与实验事实，运用比值定义法，分析归纳压强的概念；②经历压力的作用效果与什么因素有关的实验探究全过程；③能运用压强知识解决生产、生活中新情境下的问题。

（5）高阶B5：创新创造。①改进探究影响压力作用效果的因素的实验；②利用转换法和控制变量法研究相关的陌生情境下的问题；③运用比值定义法建构新的概念，引入新的物理量。

2. 测评标准

（1）低阶B1：认识记忆。①能正确写出压强公式中各物理量的名称、单位及符号，知道压强单位的物理意义和由来；②能正确说出不同情境下增大或减小压强的方法。

（2）低阶B2：理解掌握。①理解压力的概念，能区分压力与重力；②理解压力的大小和受力面积的大小对压力作用效果的影响；③理解压强的概念、公式和意义等。

（3）低阶&高阶B3：模仿应用。①会画压力的示意图；②能运用压强公式进行简单的计算；③会用增大压强和减小压强的方法简单分析和解决生活中的相关问题。

（4）高阶B4：分析评价。①能够运用控制变量法和转换法研究影响压力作用效果的因素，能设计记录实验数据的表格、进行实验检验、分析论证得出结论，并对实验进行分析评价；②运用压强知识解决生产、生活中新情境下的问题。

（5）高阶B5：创新创造。①改进探究影响压力作用效果的因素的实验；②利用转换法和控制变量法研究相关的新问题；③运用比值定义法建构新的概念，引入新的物理量。

【课时测评】

1. 关于压强，下列说法中不正确的是（　　）。

A. 压强是表示压力作用效果的物理量

B. 压强在数值上等于物体单位面积上受到的压力

C. 受力面积相同，重力越大压强越大

D. 压力越大、受力面积越小，压力作用效果越明显

2. 下图所示为某小组在做"探究压力的作用效果与哪些因素有关"的实验。

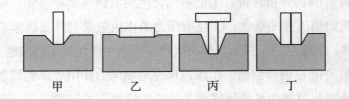

甲　　　乙　　　丙　　　丁

（1）实验中是通过比较海绵的_____来比较压力作用效果的大小的。这种实验方法叫作_____法。

（2）通过比较图甲和图乙两次实验，可以得出：当_____一定时，受力面积越小，压力作用效果越明显；通过比较图_____和图_____两次实验，探究压力的作用效果与压力大小的关系，这种实验方法是_____法。

（3）对比甲、丁两图，小强认为压力作用效果与压力大小无关，你认为他的观点_____（选填"正确"或"错误"）；理由是_____。

（4）为了方便地比较任意情况下的压力作用效果，我们引入了_____这一物理量。

3. 如图所示，一辆汽车在平直的公路上匀速向前行驶，它所受的阻力为3500N，此时汽车的动力是车重的0.1倍，车轮胎与地面接触的总面积约为0.4m^2，求：

（1）汽车的动力；

（2）地面对汽车的支持力；

（3）汽车对地面的压强。

【评价建议·质量水平】

课时测评试题SOLO分类细目表

题号	1				2									3		
SOLO分类	M	M	M	M	R	R	M	M	M	R	E	E	R	R	R	R
质量水平	L2	L2	L2	L2	L3	L3	L2	L2	L2	L3	L4	L4	L3	L3	L3	L3

第 40 课时　课题2：液体的压强（1）

【课标原文】

通过实验，探究并了解液体压强与哪些因素有关。

【核心素养】

1. 物理观念

（1）能根据液体对物体产生的作用效果来感知液体压强的存在；

（2）初步形成液体压强的概念，从影响液体压强大小的因素等角度理解液体压强，并应用其解释有关物理现象和解决相关问题。

2. 科学思维

（1）通过观察实例和实验，定性分析、归纳液体内部压强的大小和方向；

（2）能利用转换法表示液体压强的大小。

3. 科学探究

通过实验感知液体对物体产生的作用效果，作出影响液体压强大小因素的初步假设，能综合已有的经验设计科学的探究方案，并借助微小压强计等测量工具进行半定量测量。

4. 科学态度与责任

（1）通过大量的生活现象和实验活动来感知液体压强的存在，感悟物理与生活、社会的密切联系；

（2）通过探究影响液体压强大小的因素，养成良好的实验习惯和严谨的科学态度。

【核心认知】

1. 基本知识

（1）产生液体压强的原因；

（2）液体压强的特点。

2. 基本技能

（1）实验观察技能；

（2）作出科学猜想的技能；

（3）设计实验方案的技能。

3. 基本方法

（1）转换法；

（2）控制变量法；

（3）分析归纳法。

【关键能力】

1. 学业质量

（1）低阶B1：认识记忆。①知道液体压强的存在；②了解液体压强产生的原因；③能简单复述液体压强的特点。

（2）低阶B2：理解掌握。①理解液体压强产生的原因；②理解液体压强与液体深度和液体密度的关系，能准确陈述液体压强的特点；

（3）低阶&高阶B3：模仿应用。能利用液体压强知识解释实际生活中的常见现象。

（4）高阶B4：分析评价。①能运用转换法和控制变量法探究影响液体压强大小的因素；②能运用液体压强知识解释生产、生活中的相关问题。

（5）高阶B4：创新创造。①改进研究影响液体内部的压强的实验；②利用转换法、控制变量法研究陌生情境下的问题。

2. 测评标准

（1）低阶B1：认识记忆。①知道液体由于受到重力的作用，对容器底部有压强；②知道液体具有流动性，对容器的侧壁也有压强；③知道液体向各个方向都有压强。

（2）低阶B2：理解掌握。①理解液体压强产生的原因是液体受到重力的作用和液体具有流动性；②理解液体压强与液体深度和液体密度的关系，同种液体，深度越深，液体压强越大；在液体的深度相同时，液体的密度越大，液体压强就越大。

（3）低阶&高阶B3：模仿应用。能够利用液体的压强随深度的增加而增大的原理初步解释生活中的现象。

（4）高阶B4：分析评价。①会通过实验探究液体压强的大小与液体深度和液体密度有关；②能运用液体压强知识解释生产、生活中的相关问题。

（5）高阶B4：创新创造。①改进研究影响液体内部压强的实验；②利用转换法、控制变量法研究陌生情境下的问题。

【课时测评】

1. 下列关于液体内部的压强的说法中，错误的是（　　）。

A. 由于液体受到重力的作用，所以上层液体对下层液体有压强

B. 由于液体有流动性，所以液体不仅对容器底部有压强，对容器侧壁也有压强

C. 液体内部压强是液体重力产生的，而重力方向竖直向下，所以液体没有向上的压强

D. 由于液体具有流动性，所以液体内部不仅有向下的压强而且各个方向都有压强

2. 如图所示，液体压强使坝底的水喷射而出，那么决定坝底水的压强大小的是（　　）。

A. 坝的宽度

B. 水的体积

C. 水的深度

D. 坝的高度

3. 如图所示，在"探究液体内部压强与哪些因素有关"的实验中：

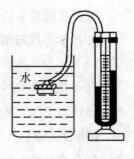

（1）液体压强的大小通过U形管两边液面高度差来显示，这里采用的实验方法是＿＿＿＿＿＿＿＿＿＿＿。

（2）若此装置的气密性很差，则用手指不论轻压还是重压橡皮膜，都会发现U形管两边液面的高度差变＿＿＿＿＿＿（选填"大"或"小"）；把调节好的压强计放到空气中时，U形管两边的液面应该＿＿＿＿＿＿。

（3）若保持压强计所处深度不变，将水换成酒精，则U形管两边液面的高度差＿＿＿＿＿＿（选填"变大""变小"或"不变"）。

【评价建议·质量水平】

课时测评试题SOLO分类细目表

题号	1				2				3			
SOLO分类	M	M	M	M	R	R	R	R	M	R	R	R
质量水平	L2	L2	L2	L2	L3	L3	L3	L3	L2	L3	L3	L3

第 ④ 课时　课题2：液体的压强（2）

【课标原文】

通过实验，探究并了解液体压强与哪些因素有关。

【核心素养】

1. 物理观念

（1）能运用液体压强公式，解决生活中液体压强的相关计算问题；

（2）认识压强的实际应用——连通器，了解生活中形形色色的连通器，能运用连通器的特点解释生活中常见连通器的功能。

2. 科学思维

（1）能建构理想的液柱模型，分析和推导液体压强的计算公式；

（2）通过观察实验现象，建立液柱模型，分析论证连通器的特点。

3. 科学探究

通过实验和生活实例，探究连通器水面相平的原因，加强实践体验。

4. 科学态度与责任

（1）在公式推导的过程中，养成严谨的学习态度和掌握科学的学习方法；

（2）通过生活中形形色色的连通器，感悟物理与社会的紧密联系，养成把物理知识应用于实践的习惯。

【核心认知】

1. 基本知识

（1）液体压强的公式；

（2）液体压强的实际应用：连通器。

2. 基本技能

（1）实验观察技能；

（2）证据收集和分析技能；

（3）计算能力。

3. 基本方法

（1）分析归纳法；

（2）建构模型法。

【关键能力】

1. 学业质量

（1）低阶B1：认识记忆。①会写出液体压强公式；②知道连通器的特点，并能举出一些常见的连通器的实例。

（2）低阶B2：理解掌握。①理解液体压强的公式；②理解连通器的原理和功能。

（3）低阶&高阶B3：模仿应用。①能利用液体压强公式进行简单计算；②能运用连通器的特点解释生活中常见连通器的功能。

（4）高阶B4：分析评价。①能建构理想的液柱模型，利用压强公式分析和推导液体压强公式；②能根据连通器的特点来识别生产、生活中不常见的连通器，并解释其功能；③能够利用液体压强公式等相关知识来解释生产、生活中的现象和解决相关问题。

（5）高阶B5：创新创造。①能够运用液体压强知识（如连通器）来解决生产、生活中的新问题；②能通过建构理想模型来研究陌生情境下的问题。

2. 测评标准

（1）低阶B1：认识记忆。①会写出液体压强公式；②知道连通器是上端开口、下端连通的容器。

（2）低阶B2：理解掌握。①理解液体压强的公式；②理解连通器的原理：液体不流动时，连通器各部分中的液面高度总是相同的。

（3）低阶&高阶B3：模仿应用。①利用液体压强公式进行简单计算；②运用连通器的特点解释生活中常见连通器的功能；③知道船闸是如何利用连通器的原理进行工作的。

（4）高阶B4：分析评价。①能根据连通器的特点来识别生产、生活中不常见的连通器，并解释其功能；②能够利用液体压强公式等相关知识来解释生产、生活中的现象和解决相关问题。

（5）高阶B5：创新创造。①运用液体压强知识（如连通器）来解决生产、生活中的新问题；②通过建构理想模型来研究陌生情境下的问题。

【课时测评】

1. 如图所示，一个容器内装有一定量的水，它的左边是开口的，而右边是密封的，容器标有a、b、c、d四个位置，则a、b、c、d四处所受液体压强大小的关系是（　　）。

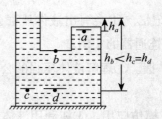

A. $p_c=p_d>p_b>p_a$

B. $p_b>p_c>p_d>p_a$

C. $p_d>p_b>p_c=p_a$

D. $p_a>p_b>p_c=p_d$

2. 下图所示的装置和物品中，不属于连通器的是（　　）。

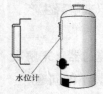 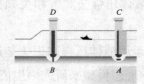

A. 锅炉水位计　　　　B. 船闸　　　　　C. U形反水弯　　　　D. 喷雾器

3. 如图所示，水平地面上有一底面积$S=0.1m^2$的圆柱形容器，容器中装有一定量的水，水对容器底部的压强$p=5000Pa$（g取10N/kg），求：

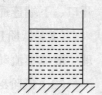

（1）水对容器底部的压力F；

（2）容器中水的深度h。

【评价建议·质量水平】

课时测评试题SOLO分类细目表

题号	1				2				3	
SOLO分类	R	R	R	R	R	R	R	R	E	E
质量水平	L3	L3	L3	L3	L3	L3	L3	L3	L4	L4

第 ㊷ 课时 课题3：大气压强

【课标原文】

知道大气压强及其与人类生活的关系。

【核心素养】

1. 物理观念

（1）通过验证大气压存在的实验和大气压的测量，认识大气压，并了解其在生产、生活中的应用；

（2）了解大气压随高度变化的规律；

（3）知道液体沸点与气压的关系及其应用。

2. 科学思维

（1）通过生活实例和实验，分析论证大气压的存在；

（2）会采用转换法测大气压的值；

（3）设计多种实验方案探究大气压的存在和大小，增强发散思维。

3. 科学探究

（1）设计简单的实验来验证大气压的存在；

（2）选择合适的仪器，综合已有经验，设计实验方案，粗略地测量大气压的大小，并评估交流各种实验方案；

（3）通过活塞式抽水机的模型来观察其工作过程，分析其原理。

4. 科学态度与责任

（1）通过感受大气压的存在，感悟物理与生活、社会的密切联系；

（2）利用托里拆利测量大气压等物理史实和其他科学家探索大气压的相关故事，养成严谨求实的科学态度；

（3）通过自主探究大气压的测量方案，渗透科学思想，提升科学素养和人文素养。

【核心认知】

1. 基本知识

（1）大气压的存在及其产生的原因；

（2）大气压的测量；

（3）大气压随高度的变化；

（4）大气压与沸点的关系；

（5）大气压的应用。

2. 基本技能

（1）实验观察技能；

（2）设计实验方案技能；

（3）实验分析技能。

3. 基本方法

（1）转换法；

（2）分析归纳法；

（3）模型法。

【关键能力】

1. 学业质量

（1）低阶B1：认识记忆。①通过实验和生活实例，认识大气压强的存在和大气压强的特点；②能说出大气压强产生的原因及其大小；③能复述大气压随高度变化的规律；④了解气压对液体沸点的影响。

（2）低阶B2：理解掌握。①理解托里拆利实验，掌握测量大气压强的方法；②理解大气压随高度变化的原因。

（3）低阶&高阶B3：模仿应用。会利用大气压知识初步解释生活中的现象。

（4）高阶B4：分析评价。①通过生活实例和实验，分析论证大气压的存在和特点；②选择合适的仪器，综合已有经验，设计实验方案，粗略地测量大气压的大小，并评估交流各种实验方案；③能够利用大气压解释生产、生活中的相关现象。

（5）高阶B5：创新创造。①能够设计新的方案，创新地测量大气压强的值；②能够运用大气压强的原理解决新问题。

2. 测评标准

（1）低阶B1：认识记忆。①知道覆杯实验、马德堡半球实验等能够证明大气压的存在，知道大气向各个方向都有压强；②知道大气压强产生的原因，知道一标准大气压的值大约是1.03×10^5Pa；③知道海拔越高，大气压越小；④知道气压越小，液体的沸点越低。

（2）低阶B2：理解掌握。①理解托里拆利实验，掌握测量大气压强的方法；②理解大气压随海拔的升高而减小。

（3）低阶&高阶B3：模仿应用。会利用大气压强知识初步解释生活中的现象。

（4）高阶B4：分析评价。①能分析证明大气压存在的生活实例和实验；②会选择合适的仪器，综合已有经验，设计实验方案，粗略地测量大气压的大小，并评估交流各种实验方案；③能够利用大气压解释生产、生活中的相关现象。

（5）高阶B5：创新创造。①能够设计新的方案，创新地测量大气压强的值；②能够运用大气压强的原理解决新问题。

【课时测评】

1. 下列情形与大气压强无关的是（　　）。

A. 高原上用普通锅不易煮熟米饭　　　　　　　B. 用吸管吸饮料

C. 用针筒将药液压入手臂　　　　　　　　　　D. 马德堡半球实验

2. 下图是托里拆利实验的规范操作过程，下列说法正确的是（　　）。

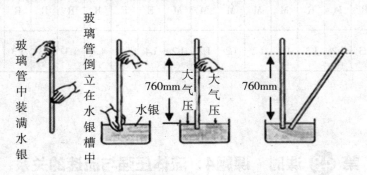

A. 玻璃管倾斜对实验测量结果有影响

B. 玻璃管越粗管内水银柱越低

C. 该装置从地面拿到高山上，水银柱会下降

D. 玻璃管内水银面上方是空气

3. 如图所示，把一根两端开口的细玻璃管，通过橡皮塞插入装有红色水的玻璃瓶中，从管口向瓶内吹入少量气体后，瓶内的水沿玻璃管上升的高度为h。把这个自制气压计从1楼带到5楼的过程中（对瓶子采取了保温措施），观察到管内水柱的高度发生了变化，见下表。根据实验现象，下列判断错误的是（　　　　）。

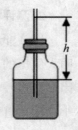

楼层	1	2	3	4	5
管内与瓶内水面的高度差/cm	5	5.3	5.7	6	6.3

A．水柱高度h越大，瓶内外的气体压强差越大

B．水柱高度h增大，说明大气压降低了

C．往瓶内吹气后，瓶内气压小于瓶外大气压

D．上楼的过程中，给瓶子保温是为了避免温度对测量结果的影响

4. 大气压与我们的生活息息相关，有以下一些仪器或装置：①船闸；②水银气压计；③密度计；④吸盘式挂衣钩；⑤高压锅。在这些仪器或装置中，利用大气压工作的是（　　　　）。

A．①②④ 　　　　 B．②③④ 　　　　 C．②④⑤ 　　　　 D．②④

【评价建议·质量水平】

课时测评试题SOLO分类细目表

题号	1				2				3				4			
SOLO 分类	R	M	R	M	M	M	M	M	E	E	R	R	R	R	R	R
质量 水平	L3	L2	L3	L2	L2	L2	L2	L2	L4	L4	L3	L3	L3	L3	L3	L3

第 ㊸ 课时　课题4：流体压强与流速的关系

【课标原文】

了解流体的压强与流速的关系及其在生活中的应用。

【核心素养】

1. 物理观念

通过探究流体的压强与流速的关系，知道在气体和液体中，流速越大的位置，压强越小，并能应用其解决一些实际问题。

2. 科学思维

能够结合生活实例与实验，分析归纳压强与流速的关系。

3. 科学探究

（1）通过体验吹硬币、吹纸条等实验，分析归纳出共性，得到流体流速与压强的关系；

（2）通过观察飞机，制作机翼模型，设计实验，探究飞机升力产生的原因。

4. 科学态度与责任

（1）通过模型，领略飞机机翼上下表面的压力差产生的奇妙现象，感悟物理与生活、社会等的密切联系；

（2）通过探究流体的压强与流速的关系，养成良好的实验习惯。

【核心认知】

1. 基本知识

流体压强与流速的关系。

2. 基本技能

（1）实验观察技能；

（2）实验分析技能。

3. 基本方法

（1）转换法；

（2）分析归纳法。

【关键能力】

1. 学业质量

（1）低阶B1：认识记忆。能够结合生活实例与实验，了解流体压强与流速的关系。

（2）低阶B2：理解掌握。理解在气体和液体中，流速越大的位置，压强越小。

（3）低阶&高阶B3：模仿应用。能够利用流体的压强与流速的关系初步解释生活中的实际问题。

（4）高阶B4：分析评价。①通过实验，分析总结出共性，得到流体流速与压强的关系；②通过制作机翼模型，设计实验来分析飞机的升力；③利用流体的压强与流速的关系解释生产、生活中的现象。

（5）高阶B5：创新创造。能够利用流体压强与流速的关系解决新情境中的问题。

2. 测评标准

（1）低阶B1：认识记忆。知道在气体和液体中，流速越大的位置，压强越小。

（2）低阶B2：理解掌握。①理解在气体和液体中，流速越大的位置，压强越小；②理解飞机机翼产生升力是由于机翼上下表面因为流速不同而存在压力差。

（3）低阶&高阶B3：模仿应用。能够利用流体的压强与流速的关系初步解释生活中的实际问题。

（4）高阶B4：分析评价。利用流体的压强与流速的关系解释生产、生活中的现象。

（5）高阶B5：创新创造。能够利用流体的压强与流速的关系解决新情境中的问题。

【课时测评】

1. 右图所示为一种动力滑翔伞，可长时间在空中滑翔而不会掉下来。其伞翼上下表面弯曲程度不同，上表面较凸，下表面较平，安装在飞行员背部的助推器可在滑翔时提供向前的动力。下列现象与滑翔伞产生升力的原理相同的是（　　）。

A. 吸盘挂钩被吸在墙上　　　　　B. 水库的大坝修成"上窄下宽"

C. 用吸管吸饮料　　　　　　　　D. 起风时，房门会自动关上

2. 几十吨的飞机为什么能够在空中飞行？下列有关飞机升力产生的说法中正确的是（　　）。

A. 飞机的升力如同气球在空气中受到向上的力，是空气对它的浮力

B. 是因为机翼上下方气流速度不同，使机翼上下表面存在压强差

C. 是飞机高速运动产生的，任何一个物体，只要在空气中高速运动都会

获得这样的升力

D. 是由于发动机的动力产生的

3．下列事例中与"流体压强与流速的关系"这个知识有关的现象是（　　　）。

A. 茶壶嘴和壶身一样高

B. 挂钩的吸盘贴在光滑的墙面上，能承受一定的拉力而不脱落

C. 人潜入水面下越深，呼吸越困难

D. 在地铁站等候地铁时，乘客必须站在安全线外

【评价建议·质量水平】

课时测评试题SOLO分类细目表

题号	1				2				3			
SOLO 分类	R	R	R	R	E	E	E	R	R	R	R	R
质量 水平	L3	L3	L3	L3	L4	L4	L4	L3	L3	L3	L3	L3

第十章　浮　力

第 ⑭ 课时　课题1：浮力

【课标原文】

通过实验，认识浮力；探究浮力大小与哪些因素有关。

【核心素养】

1. 物理观念

（1）根据生活体验感知浮力的存在，认识一切浸在气体或液体中的物体都受到浮力的作用；

（2）从浮力产生的原因、浮力的方向、影响浮力大小的因素等角度理解浮力的概念，并应用其解决实际问题。

2. 科学思维

（1）通过实验和生活实例，分析论证浮力的存在和其产生的原因；

（2）运用受力平衡的原理及转换法，使用弹簧测力计间接测量物体在液体中所受浮力的大小；

（3）结合生活实例和实验事实，推理论证影响浮力大小的因素。

3. 科学探究

（1）设计实验证明浮力的方向总是竖直向上的；

（2）能根据生活经验和实验现象，作出浮力大小与哪些因素有关的初步假设，并综合已有经验利用控制变量法设计科学的探究方案，选择合适的仪器进行实验，记录数据与分析交流。

4. 科学态度与责任

（1）结合生活实例，学习和应用浮力，加强物理与生活联系的意识；

（2）通过参与实验活动，体验科学探究的乐趣，学习科学研究的方法，培养实践能力并增强创新意识；

（3）通过用浮力知识解释生活和自然中的有关现象，养成把物理知识应用于实践的习惯。

【核心认知】

1. 基本知识

（1）浮力的概念；

（2）浮力的方向；

（3）浮力产生的原因；

（4）浮力的影响因素。

2. 基本技能

（1）设计实验的技能；

（2）实验操作、观察技能；

（3）证据分析技能。

3. 基本方法

（1）实验探究法；

（2）控制变量法；

（3）分类归纳法；

（4）转换法。

【关键能力】

1. 学业质量

（1）低阶B1：认识记忆。①知道浸在液体中的物体受到浮力的作用；②知道浮力的方向；③知道浮力大小的影响因素。

（2）低阶B2：理解掌握。从浮力产生的原因、浮力的方向、影响浮力大小的因素等角度理解浮力的概念。

（3）低阶&高阶B3：模仿应用。①会使用弹簧测力计间接测量物体在液体中所受浮力的大小；②能运用所学浮力知识解释生活中与浮力有关的常见现象和解决简单问题。

（4）高阶B4：分析评价。①通过实验和生活实例，分析论证浮力的存在及其产生的原因；②会画物体受到浮力的示意图；③经历探究浮力大小的影响因素的实验过程；④会运用浮力知识解释生活中的现象和解决生活中的问题。

（5）高阶B5：创新创造。①能利用浮力知识解决陌生情境中的新问题；②能综合已有经验和科学方法设计实验方案，创造性地解决实际遇到的新问题。

2. 测评标准

（1）低阶B1：认识记忆。①知道浸在液体中的物体受到浮力的作用；②知道浮力的方向；③知道浮力大小的影响因素。

（2）低阶B2：理解掌握。①理解浸在液体中的物体受到浮力的作用，浮力的方向是竖直向上的；②理解浮力产生的原因，会用浮力产生的原因求解浮力的大小；③理解影响浮力大小的因素，理解"浸在液体中的体积"不是"物体的体积"。

（3）低阶&高阶B3：模仿应用。①运用受力平衡原理及转换法，使用弹簧测力计间接测量物体在液体中所受浮力的大小；②能简单解释生活中与浮力有关的现象，初步运用所学的浮力知识解决实际问题。

（4）高阶B4：分析评价。①会画物体受到浮力的示意图；②探究浮力大小的影响因素；③能根据生活经验和实验现象，作出浮力大小与哪些因素有关的初步假设，并综合已有经验，利用控制变量法，设计科学的探究方案，选择合适的仪器进行实验、记录数据与分析交流；④运用浮力知识解释生活中的现象和解决生活中的问题。

（5）高阶B5：创新创造。①能利用浮力知识解决陌生情境中的新问题；②能综合已有经验和科学方法设计实验方案，创造性地解决实际遇到的新问题。

【课时测评】

1. *A*、*B*是能自由移动的物体，*C*、*D*是容器自身凸起的一部分，现往容器里注入一些水，则下列说法中错误的是（　　）。

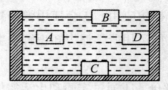

A. *A*物体一定受浮力作用　　　　　　B. *B*物体一定受浮力作用

C. *C*物体一定受浮力作用　　　　　　D. *D*物体一定受浮力作用

2. 如右图所示，将重为3N的物体挂在弹簧测力计下，当物体浸没在水中时，弹簧测力计的示数为2.4N，则物体受到的浮力为（　　　）。

A. 5.4N

B. 3N

C. 2.4N

D. 0.6N

3. 晓敏同学在探究影响浮力大小的因素时，做了以下实验，请你根据晓敏的实验探究回答以下题目。

（1）比较图_____说明浸在液体中的物体会受到液体对物体的浮力作用。

（2）比较图b和图c可得到的结论是_____。

（3）为探究浮力大小与物体浸没在液体中的深度的关系，应选用图_____来研究。

（4）在图d和图e中，保持了_____不变，探究_____和_____的关系，得到的结论是_____，这种方法叫作_____。

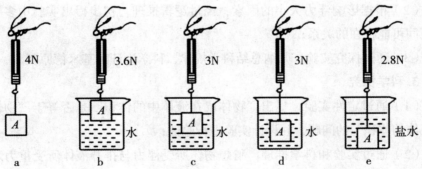

【评价建议·质量水平】

课时测评试题SOLO分类细目表

题号	1				2				3							
SOLO分类	R	R	R	R	R	R	R	R	R	R	R	R	R	R	R	M
质量水平	L3	L3	L3	L3	L3	L3	L3	L3	L3	L3	L3	L3	L3	L3	L3	L2

第 ④⑤ 课时　课题2：阿基米德原理

【课标原文】

知道阿基米德原理。

【核心素养】

1. 物理观念

能通过实验了解阿基米德原理及其数学表达式，并能应用其解决实际问题。

2. 科学思维

（1）通过阿基米德鉴定王冠的故事和实验事实，分析论证"物体浸在液体中的体积"等于"物体排开液体的体积"；

（2）根据影响浮力大小的因素，经过逻辑推理，初步得出实验中多个变量之间可能存在的关系；

（3）通过探究实验，归纳总结科学规律，科学论证阿基米德原理。

3. 科学探究

（1）通过定性实验，提出"物体浸在液体中的体积"是否等于"物体排开液体的体积"的问题，并设计实验进行验证；

（2）通过实验和科学推理，猜想物体所受浮力与排开液体所受重力之间的内在关系；

（3）根据已有的经验设计科学的实验方案，选择器材进行实验，收集实验数据并分析交流。

4. 科学态度与责任

（1）通过了解物理学史，利用阿基米德原理解释生活实例等，增强学习物理的兴趣，感悟物理与生活的联系，增强探究科学奥秘的意识；

（2）通过参与实验活动，学习科学研究的方法，养成实事求是的科学态度，增强实践能力及创新意识。

【核心认知】

1. 基本知识

阿基米德原理。

2. 基本技能

（1）作出科学猜想的技能；

（2）实验观察技能；

（3）数据收集、分析技能；

（4）运用公式进行简单计算的能力。

3. 基本方法

（1）实验探究法；

（2）科学推理法；

（3）分类归纳法。

【关键能力】

1. 学业质量

（1）低阶B1：认识记忆。①通过生活经验和实验，知道物体排开液体的体积等于物体浸在液体中的体积；②能复述阿基米德原理的内容，初步认识浮力的大小与排开液体所受重力的关系。

（2）低阶B2：理解掌握。通过实验探究，理解阿基米德原理。

（3）低阶&高阶B3：模仿应用。能运用阿基米德原理初步解决实际问题。

（4）高阶B4：分析评价。①通过阿基米德鉴定王冠的故事和实验，分析论证"物体浸在液体中的体积"等于"物体排开液体的体积"；②根据影响浮力大小的因素，经过逻辑推理，初步得出实验中多个变量之间可能存在的关系；③经历探究物体所受浮力大小与物体排开液体所受重力的关系的实验过程，归纳总结科学规律，科学论证阿基米德原理；④能够分析评价在阿基米德原理的实验中需要注意的问题，以及实验中误差产生的原因等。

（5）高阶B5：创新创造。①能够设计新的实验方案探究阿基米德原理；②能够综合运用阿基米德原理解决陌生情境下的浮力问题。

2. 测评标准

（1）低阶B1：认识记忆。①知道物体排开液体的体积等于物体浸在液体中的体积；②能写出阿基米德原理的内容，浸在液体中的物体受到向上的浮力，浮力的大小等于它排开的液体所受的重力。

（2）低阶B2：理解掌握。能理解阿基米德原理的内容。

（3）低阶&高阶B3：模仿应用。①能够设计合理的实验步骤探究阿基米德原理；②能运用阿基米德原理初步解决实际问题。

（4）高阶B4：分析评价。①设计"探究物体所受浮力大小与物体排开液体所受重力的关系"的实验方案，选择器材进行实验，收集实验数据，分析归纳实验结论；②能够分析评价探究在阿基米德原理的实验中需要注意的问题，以及实验中误差产生的原因等。

（5）高阶B5：创新创造。①能够设计新的实验方案探究阿基米德原理；②能够利用阿基米德原理知识解决陌生情境下的浮力问题。

【课时测评】

1. 将重6N的物体浸没在装满水的杯中，溢出了4N的水，物体受到的浮力是（　　　）。

A. 10N   B. 6N   C. 4N   D. 2N

2. 如右图所示，四个体积相同而材料不同的球甲、乙、丙、丁分别静止在水中的不同深度处，以下说法正确的是（　　　）。

A. 甲球所受的浮力最小

B. 乙球所受的浮力最小

C. 丙球所受的浮力最小

D. 丁球所受的浮力最小

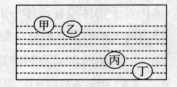

3. 某实验小组在探究"浮力大小与排开液体所受重力的关系"时，做了如图所示的四次测量，弹簧测力计的示数分别是F_1、F_2、F_3、F_4，则（　　　）。

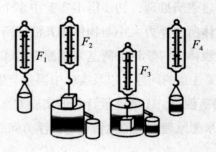

A. $F_{浮}=F_3-F_2$ B. $F_{浮}=F_4-F_1$

C. $F_{浮}=F_2-F_3$ D. $F_{浮}=F_2-F_4$

【评价建议·质量水平】

课时测评试题SOLO分类细目表

题号	1				2				3			
SOLO 分类	R	R	R	R	R	R	R	R	R	R	R	R
质量 水平	L3	L3	L3	L3	L3	L3	L3	L3	L3	L3	L3	L3

第 46 课时　课题3：物体的浮沉条件及应用

【课标原文】

（1）运用物体的浮沉条件说明生产、生活中的一些现象；

（2）了解潜水艇浮沉的原理。

【核心素养】

1. 物理观念

（1）能根据二力平衡条件和力与运动的关系描述物体的浮沉条件；

（2）能通过改变物体所受的重力或浮力的大小，使物体在液体或气体中处于不同的浮沉状态，并将其应用到生产、生活中。

2. 科学思维

（1）根据二力平衡条件和力与运动的关系推理得出物体的浮沉条件；

（2）通过实验事实和生活实例，分析归纳改变物体浮沉状态的方法；

（3）根据物体的浮沉条件，分析论证物体的浮沉状态。

3. 科学探究

通过实验（盐水浮鸡蛋、橡皮泥船、自制潜水艇模型、自制孔明灯、自制密度计等），探究物体在浮沉方面的工作原理，了解改变物体浮沉状态的方法，增强实践体验。

4. 科学态度与责任

（1）通过对轮船、潜水艇、气球、飞艇的浮沉原理的学习，体验科学、技术、社会的紧密联系；

（2）通过了解郑和下西洋时使用了当时世界上最大的木船、孔明灯、舟浮牛出等优秀传统文化，感受中华民族对人类进步与发展的贡献，增强民族自豪感和自信心。

【核心认知】

1. 基本知识

（1）物体的浮沉条件；

（2）物体浮沉条件的应用。

2. 基本技能

（1）设计实验技能；

（2）实验观察技能；

（3）实验操作技能。

3. 基本方法

（1）实验法；

（2）分析归纳法。

【关键能力】

1. 学业质量

（1）低阶B1：认识记忆。①认识物体的浮沉现象；②知道浮力的一些应用。

（2）低阶B2：理解掌握。①理解物体的浮沉条件，会判断物体的浮沉情况；②了解物体在浮沉方面的工作原理，以及改变浮沉状态的方法。

（3）低阶&高阶B3：模仿应用。①能利用物体的浮沉条件，解释生产、生活中的相关现象；②能利用物体的浮沉条件，解决实际生活中的一些常见问题。

（4）高阶B4：分析评价。①利用物体的浮沉条件分析物体所受重力和所受浮力的关系，利用物体的浮沉条件分析物体的密度和液体的密度的关系；②能利用物体的浮沉条件分析评价其在生活中的相关应用；③能利用物体的浮沉条件解决新情境下的一些相关问题。

（5）高阶B5：创新创造。①能利用物体的浮沉条件解决陌生情境中的问题；②能将物体的浮沉原理创新地运用于实际生活。

2. 测评标准

（1）低阶B1：认识记忆。①知道物体的浮沉条件；②知道浮力的一些应用，如轮船、潜水艇、气球、飞艇、密度计等。

（2）低阶B2：理解掌握。①理解物体的浮沉条件，会判断浸在液体中的物体的浮沉情况；②通过比较物体的密度和液体的密度的大小来判断浸在液体中的实心物体的浮沉情况；③了解物体在浮沉方面的工作原理，以及改变浮沉状态的方法，如轮船、潜水艇、热气球、飞艇、密度计等。

（3）低阶&高阶B3：模仿应用。①利用物体的浮沉条件，解释生产、生活中的相关现象；②利用物体的浮沉条件，解决实际生活中的一些常见问题，如改变物体的浮沉状态。

（4）高阶B4：分析评价。①利用物体的浮沉条件分析物体所受重力和所受浮力的关系，利用物体的浮沉条件分析物体的密度和液体的密度的关系；②能利用物体的浮沉条件分析评价其在生活中的一些应用；③能利用物体的浮沉条件解决新情境下的一些相关问题。

（5）高阶B5：创新创造。①利用物体的浮沉条件解决陌生情境中的问题；②将物体的浮沉原理创造性地运用于实际生活。

【课时测评】

1. 中国茶文化源远流长，"茶品"是我们最好的饮品。下图是小明给爸爸泡的一杯绿茶。观察水中起伏的茶叶，结合所学的物理知识，下列解释正确的是（　　）。

A. 茶叶漂浮在水面上时受到的浮力大于重力

B. 茶叶逐渐下沉时受到的浮力等于重力

C. 茶叶在逐渐下沉的过程中受到水的压强变大

D. 茶叶沉底后只受到重力和支持力的作用

2. 右图是小明同学制作的潜水艇模型，使用中下列现象可能发生的是（　　）。

A. 向管中吹气时，模型下沉

B. 从管中吸气时，模型上浮

C. 向管中吹气时，模型上浮

D. 向管中吹气和从管中吸气时，模型均上浮

3.关于物体浮沉条件及应用实例，下列分析合理的是（　　　）。

A.同一密度计在不同液体中漂浮时，所受浮力大小相同

B.轮船从长江驶入东海，吃水深度变大

C.橡皮泥捏成小船后可以漂浮在水面上，是通过改变自身重力实现的

D.潜水艇靠改变排开水的体积来改变浮力，从而实现上浮和下沉

4.小竹将质量为120g的物体放入盛满水的溢水杯中，当物体静止时，溢水杯中溢出了100cm³的水，则物体（　　　）。（g取10N/kg）

A.漂浮在水面上　　　　　　　　B.悬浮在水中

C.沉在溢水杯底部　　　　　　　D.受到1.2N的浮力

【评价建议·质量水平】

课时测评试题SOLO分类细目表

题号	1				2				3				4			
SOLO分类	R	R	R	R	E	E	E	E	R	R	R	R	E	E	E	E
质量水平	L3	L3	L3	L3	L4	L4	L4	L4	L3	L3	L3	L3	L4	L4	L4	L4

第十一章　功和机械能

第 ④⑦ 课时　课题1：功

【课标原文】

（1）知道机械功；

（2）用生活中的实例说明机械功的含义。

【核心素养】

1. 物理观念

（1）根据物理学史和生活实例，了解力学中功的物理意义，初步形成功的概念；

（2）通过生活实例，理解机械功的含义，认识做功的两个必要因素；

（3）理解功的计算公式 $W=Fs$，并应用其解决一些实际问题。

2. 科学思维

（1）对生产、生活中的做功实例进行分析，推理论证做功包含的两个必要因素；

（2）能在常见实例中，分析论证力是否做功。

3. 科学探究

能根据实例中力的方向和受力物体移动的方向，作出初步假设，并根据已有知识分析推理力对物体是否做功并交流。

4. 科学态度与责任

（1）通过功的物理学史和生活实例，感悟物理与生活、社会的密切联系；

（2）通过探究做功的条件和功的计算，养成良好的理性思维习惯以及实事求是、严谨认真的科学态度。

【核心认知】

1. 基本知识

（1）功的概念；

（2）做功的两个必要因素；

（3）功的计算公式。

2. 基本技能

（1）证据分析技能；

（2）交流表达能力。

3. 基本方法

（1）科学探究法；

（2）分析归纳法。

【关键能力】

1. 学业质量

（1）低阶B1：认识记忆。①认识力学中的功；②能说出做功的两个必要因素；③知道功的计算公式，以及公式中每个物理量的单位。

（2）低阶B2：理解掌握。①理解功的概念，明确力学中功的含义；②理解功的计算公式的内涵和外延，以及公式中每个物理量的物理意义。

（3）低阶&高阶B3：模仿应用。①能运用做功的两个必要条件判断物体是否做功；②能在简单模型中，用功的计算公式对单个力做功进行简单计算；③能初步运用功的概念和公式解释生活中的现象。

（4）高阶B4：分析评价。①对生产、生活中的做功实例进行分析，推理论证做功包含的两个必要因素；②能在常见实例中，分析论证力是否做功；③能将功的公式和速度、惯性、二力平衡等知识结合解决问题。

（5）高阶B5：创新创造。①能从生产、生活的实践中，经过分析归纳，引入新的物理量，解决新的问题；②能综合运用功的知识探究身边的实践问题。

2. 测评标准

（1）低阶B1：认识记忆。①知道力学中的功；②知道做功的两个必要因素；③知道功的计算公式：$W=Fs$，知道功的单位为焦耳（J）。

（2）低阶B2：理解掌握。①理解功是力在空间上的累积，理解力对物体不做功的三种情况；②理解功的计算公式的内涵和外延，理解力与距离具有同时性、同向性、同体性。

（3）低阶&高阶B3：模仿应用。①能运用做功的两个必要条件判断同一物体的连续不同运动状态的做功情况和不同物体做功多少的比较；②能用功的计算公式进行单个力做功的简单计算；③能用功的概念和表达式解释生活中的现象。

（4）高阶B4：分析评价。①能在常见实例中，分析论证力是否做功；②能够分析重力、摩擦力、支持力等力做功以及合力做功的情况；③能将功的公式和速度、惯性、二力平衡等知识结合解决问题。

（5）高阶B5：创新创造。①从生产、生活的实践中，经过分析归纳，引入新的物理量，解决新的问题；②综合运用功的知识探究身边的实践问题。

【课时测评】

1. 以下四种情境中，人对物体做功的是（　　　）。

A. 提着桶在水平地面上匀速前进

B. 将木箱推到斜面顶端

C. 用力搬石头但没有搬动

D. 举着杠铃在空中不动

2. 一辆起重机将重为 1.2×10^4N 的钢材匀速提起3m后，又沿水平方向匀速移动了5m，整个过程中起重机对钢材做的功为（　　　）。

A. 3.6×10^4J　　　　　　　　　　B. 9.6×10^4J

C. 2.4×10^4J　　　　　　　　　　D. 0J

3. 质量为50kg的雪橇上装载了350kg的货物，一匹马拉着它匀速运送到3000m以外的货场。如果雪橇行进过程中受到的摩擦力是800N，求马运货时所做的功。

【评价建议·质量水平】

课时测评试题SOLO分类细目表

题号	1				2				3
SOLO 分类	M	M	M	M	R	R	R	R	E
质量 水平	L2	L2	L2	L2	L3	L3	L3	L3	L4

第 **48** 课时　课题2：功率

【**课标原文**】

（1）知道功率；

（2）用生活中的实例说明功率的含义。

【**核心素养**】

1. 物理观念

（1）通过生产、生活实例，知道比较做功快慢的方法，初步形成功率的概念；

（2）从功率的定义、物理意义、单位、公式及其计算等角度理解功率，并能应用其解决一些实际问题。

2. 科学思维

（1）结合实例，利用控制变量法，分析比较物体做功的快慢；

（2）结合实例，类比速度，用比值定义法建构功率的概念。

3. 科学探究

（1）依据生活实例和实验事实，观察物体做功的快慢，提出如何比较做功快慢的问题；

（2）从功率的物理意义出发，利用功率的公式设计实验方案测量生活中功率的大小，并记录数据，分析交流。

4. 科学态度与责任

（1）在生产、生活事例分析中形成功率的概念，感悟物理与生活、社会的密切联系；

（2）经历建构功率概念的过程，养成学习科学方法的习惯和严谨认真的科学态度。

【**核心认知**】

1. 基本知识

（1）功率的概念；

（2）功率的公式。

2. 基本技能

（1）设计实验方案技能；

（2）实验操作技能；

（3）数据收集和分析技能。

3. 基本方法

（1）比值定义法；

（2）控制变量法；

（3）分析归纳法。

【关键能力】

1. 学业质量

（1）低阶B1：认识记忆。①知道比较做功快慢的方法；②能说出功率的物理意义；③能复述功率的概念，能写出功率的定义式，知道定义式中每个物理量的单位。

（2）低阶B2：理解掌握。①理解做功的快慢与做功多少和做功时间两个因素有关；②理解功率的物理意义；③理解功率的定义式，以及公式中每个物理量的物理意义。

（3）低阶&高阶B3：模仿应用。①能结合生活中的实例解释功率的含义；②能比较物体做功快慢，能运用功率的计算公式进行简单计算；③能运用功率的概念和表达式分析解决简单的问题。

（4）高阶B4：分析评价。①根据生活中的实例，利用控制变量法，分析归纳比较做功快慢的方法；②结合实例，通过类比速度，用比值定义法建构功率的概念；③利用功率的公式设计实验方案测量生活中功率的大小，并记录数据，分析交流；④能综合运用功率的定义式、功的公式、速度公式等计算解决生活中的相关问题。

（5）高阶B5：创新创造。①利用功率知识研究陌生情境下的问题；②通过类比的方法认识研究新事物；③用比值定义法建构新的概念。

2. 测评标准

（1）低阶B1：认识记忆。①知道功率表示做功的快慢；②能复述功率的概念，能写出功率的定义式，知道定义式中每个物理量的单位。

（2）低阶B2：理解掌握。①理解做功的快慢与做功多少和做功时间两个

187

因素有关，能区分功和功率；②理解功率的物理意义，功率大，做功快；③理解功率的定义式以及公式中每个物理量的物理意义。

（3）低阶&高阶B3：模仿应用。①会比较物体做功的快慢；②运用功率的定义式进行简单计算；③运用功率的概念和定义式分析解决简单的问题。

（4）高阶B4：分析评价。①利用功率的公式设计实验方案测量生活中功率的大小，能够分析估测生活实例中功率的大小；②能够分析比较功和功率两个不同的概念，做功多不一定做功快，功率大不一定做功多；③综合运用功率的定义式、功的公式、速度公式等推导公式，计算解决生活中的问题。

（5）高阶B5：创新创造。①能利用功率知识研究陌生情境下的问题；②会通过类比的方法认识研究新事物；③能用比值定义法建构新的概念。

【课时测评】

1. 关于功率概念的理解，下列说法中正确的是（　　　）。

A. 功率大的机械做功多

B. 功率大的机械做功时用的时间少

C. 完成的功越多，则功率越大

D. 物体做功越快，功率越大

2. 甲同学在1s内用50N的水平推力推动重100N的箱子在水平地面上前进1m，而乙同学将这个箱子匀速举高1m，所用时间为2.4s，用W_1、P_1和W_2、P_2来表示甲、乙两同学对箱子做功的功和功率，则（　　　）。

A. $W_1 > W_2$、$P_1 > P_2$　　　　　　　　B. $W_1 > W_2$、$P_1 < P_2$

C. $W_1 < W_2$、$P_1 > P_2$　　　　　　　　D. $W_1 < W_2$、$P_1 < P_2$

3. 在学习了功率知识后，三位同学比较爬楼时谁的功率比较大。以下是他们讨论后得出的三套方案，其中可行的是（　　　）。

① 用相同的时间爬楼，测量各自的体重和爬上楼的高度，即可比较功率的大小。

② 都爬到楼顶，测量出各自的体重和爬楼用的时间，即可比较功率的大小。

③ 爬楼后，测量出各自的体重、爬楼所用的时间和爬上楼的高度，算出功率进行比较。

A. 只有③　　　　　B. ①②　　　　　C. ①③　　　　　D. ①②③

4. 某人驾驶汽车到单位，途经5000m的平直大道。若汽车以25m/s的速度匀速行驶，汽车所受牵引力做功的功率为80kW。求：

（1）汽车通过此段平直大道所需的时间t；

（2）此过程中牵引力所做的功W；

（3）汽车受到的牵引力F。

【评价建议·质量水平】

课时测评试题SOLO分类细目表

题号	1				2				3				4		
SOLO分类	M	M	M	M	R	R	R	R	E	E	E	E	E	E	E
质量水平	L2	L2	L2	L2	L3	L3	L3	L3	L4	L4	L4	L4	L4	L4	L4

第 49 课时　课题3：动能和势能

【课标原文】

知道动能、势能和机械能。

【核心素养】

1. 物理观念

（1）通过实例，从能量与做功的关系出发，初步形成能量的概念；

（2）利用实例和实验，初步形成动能、势能的概念，并能从影响动能、势能的大小因素等角度理解动能、势能，并应用其解决一些实际问题；

（3）具有从能量的角度分析物理问题的意识。

2. 科学思维

（1）从生活实例出发，分析比较物体对外做功的物理过程，归纳、总结实例中的共同本质特征，初步形成动能、重力势能、弹性势能的概念；

（2）利用转换法，比较动能、势能的大小；

（3）结合生活与实验事实，推理与论证影响动能、势能大小的因素；

（4）通过实验器材一物多用，根据一个问题多种实验方案，形成质疑创新的思维。

3. 科学探究

（1）通过生活经验和实验事实，作出影响动能、势能大小因素的初步假设；

（2）根据已有经验，利用控制变量法设计科学的探究方案，选择实验器材进行实验，记录实验数据等信息并分析、交流、评价。

4. 科学态度与责任

（1）在生活实例分析中形成能量的概念，感悟物理与生活、社会等的密切联系；

（2）通过探究影响动能、势能大小的因素，养成良好的实验习惯、严谨的科学态度和勇于创新的品质；

（3）运用动能、势能的知识解释生产、生活中的相关现象，增强把科学知识应用于实践的意识。

【核心认知】

1. 基本知识

（1）能量的概念；

（2）动能和势能的概念；

（3）动能和势能的影响因素。

2. 基本技能

（1）设计实验方案技能；

（2）实验操作技能；

（3）实验分析技能。

3. 基本方法

（1）控制变量法；

（2）转换法；

（3）分析归纳法；

（4）分类法。

【关键能力】

1. 学业质量

（1）低阶B1：认识记忆。①知道能量的概念及其单位；②知道动能、势能的概念；③能说出影响动能、势能大小的因素。

（2）低阶B2：理解掌握。①理解功和能的关系；②理解动能和势能的概念及其影响因素。

（3）低阶&高阶B3：模仿应用。①能从生活中举例说明功和能的关系；②能初步运用影响动能和势能的因素解释生活中的现象。

（4）高阶B4：分析评价。①能结合生产、生活等事例与实验事实，理解功和能的关系；②能用控制变量法和转换法研究影响动能和势能大小的因素；③能够分析生产、生活中的动能和势能的变化问题。

（5）高阶B5：创新创造。①能自制仪器，设计实验探究影响物体动能、势能大小的因素；②能运用能量知识解决新问题。

2. 测评标准

（1）低阶B1：认识记忆。①知道能量的概念及其单位；②能说出影响动能、势能大小的因素。

（2）低阶B2：理解掌握。①理解功和能的关系，理解功是能量变化的量度；②会判断物体具有的能量形式，如动能、重力势能、弹性势能等；③理解物体的动能大小与物体质量和运动速度有关，物体重力势能与物体的质量和高度有关，物体的弹性势能与物体本身的材料和弹性形变的程度有关。

（3）低阶&高阶B3：模仿应用。①能从生活中举例说明功和能的关系；②能初步运用影响动能和势能的因素解释生活中的现象。

（4）高阶B4：分析评价。①能够分析、评价研究动能、势能的大小因素的有关实验，能进行科学猜想，设计记录实验数据的表格，进行实验检验，分析论证得出结论，并对实验过程进行评估和反思；②能够分析生产、生活中的动能和势能的变化问题。

（5）高阶B5：创新创造。①能自制仪器，设计实验探究影响物体动能、势能大小的因素；②能运用能量知识解决新问题。

【课时测评】

1. 关于功和能的关系，下列说法中正确的是（　　　　）。

A. 具有能的物体一定在做功

B. 物体具有的能越大，它做的功越多

C. 物体做的功越多，它具有的能越大

D. 物体能够做的功越多，它具有的能越大

2. 小明同学从1楼匀速走到4楼，则下列说法中正确的是（　　　　）。

A. 动能与重力势能都不变

B. 动能与重力势能都变大

C. 动能变小，重力势能变大

D. 动能不变，重力势能变大

3. 如右图所示，抗疫防控期间，防疫部门利用雾炮车对城区街道喷洒消毒液进行消毒和除尘，雾炮车在水平路面匀速前进喷洒消毒液的过程中，雾炮车的动能_____（选填"变大""不变"或"变小"）。

4. 下图是"探究物体动能的大小与哪些因素有关"的实验装置。

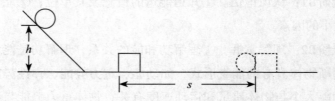

（1）该实验利用了转换法，通过观察_____来判断_____（选填"小球"或"木块"）动能的大小。

（2）让同一小球从斜面的不同高度由静止滚下，推动木块做功，目的是探究动能的大小与_____的关系。

（3）换用质量不同的小球，使它们从斜面的_____（选填"相同"或"不同"）高度由静止滚下，推动木块做功，目的是探究动能的大小与_____的关系。

【评价建议·质量水平】

课时测评试题SOLO分类细目表

题号	1				2				3	4				
SOLO分类	M	M	M	M	R	R	R	R	R	R	R	R	R	R
质量水平	L2	L2	L2	L2	L3	L3	L3	L3	L3	L3	L3	L3	L3	L3

第 ㊿ 课时　课题4：机械能及其转化

【课标原文】

（1）通过实验，了解动能和势能的相互转化；

（2）举例说明机械能和其他形式能量的相互转化。

【核心素养】

1. 物理观念

（1）初步形成机械能的概念，从定义、机械能的分类、动能和势能之间的相互转化、机械能守恒等角度理解机械能，并应用其解决一些实际问题；

（2）知道能量的转化是通过做功来实现的，功是能量转化的量度；

（3）通过水能和风能的利用，具有运用机械能转化与守恒观点分析力学问题的意识。

2. 科学思维

（1）通过实验或实例，从影响物体动能、重力势能、弹性势能大小因素的角度分析论证物体机械能的变化；

（2）通过分析、讨论生活现象，归纳总结动能和势能的转化规律；

（3）通过实验事实和生活实例，科学推理如果只有动能和势能相互转化，机械能的总和不变。

3. 科学探究

通过观察动能和势能相互转化的现象，根据已有的实验方案，使用单摆、滚摆等简单器材进行实验，分析得到初步的结论，并交流评价。

4. 科学态度与责任

（1）认识到物理学是对自然现象的描述与解释，对自然界有好奇心，知道物理与生活、社会的密切联系；

（2）通过对水能和风能的利用，介绍当今世界人类面临的能源问题，激发节能、开发能源的意识，增强社会责任感。

【核心认知】

1. 基本知识

（1）机械能的概念；

（2）机械能的转化；

（3）机械能守恒；

（4）风能和水能的利用。

2. 基本技能

（1）实验观察技能；

（2）实验操作技能；

（3）实验分析技能。

3. 基本方法

（1）实验探究法；

（2）科学推理法；

（3）分析归纳法。

【关键能力】

1. 学业质量

（1）低阶B1：认识记忆。①知道机械能的概念；②通过实验，初步认识动能和势能的相互转化；③能复述机械能守恒定律的内容，知道机械能守恒的条件；④了解风能和水能的利用。

（2）低阶B2：理解掌握。①理解生活中动能和势能的相互转化；②理解机械能守恒定律，会判断机械能是否变化；③理解风能和水能的本质是天然的机械能；④能够理解人造卫星的机械能转化。

（3）低阶&高阶B3：模仿应用。①运用机械能转化知识解释生产、生活中的相关现象；②能从生活中举例说明能量可以从一个物体转移到另一个物体，不同形式的能量可以互相转化。

（4）高阶B4：分析评价。①通过实验或实例，从影响物体动能、重力势能、弹性势能大小因素的角度分析动能和重力势能、弹性势能之间的转化；②通过分析、讨论生活现象，归纳总结动能和势能的转化规律；③通过实验事实和生活实例，科学推理如果只有动能和势能相互转化，机械能的总和不变；④能够根据具体情境分析机械能守恒或不守恒的原因。

（5）高阶B5：创新创造。①能创造新的情境或者设计新的实验方案探究机械能转化的问题；②能用机械能转化和守恒知识解决新问题。

2. 测评标准

（1）低阶B1：认识记忆。①知道动能、重力势能和弹性势能统称为机械能；②初步认识动能和势能在一定的条件下可以相互转化；③复述机械能守恒定律的内容，如果只有动能和势能相互转化，机械能的总和不变，即机械能守恒；④了解风能和水能的利用。

（2）低阶B2：理解掌握。①理解生活中动能和势能的相互转化；②理解机械能守恒定律，会判定机械能是否守恒；③理解风能和水能的本质是天然的机械能；④能够解释人造卫星的机械能转化。

（3）低阶&高阶B3：模仿应用。①运用机械能转化知识解释生产、生活中的相关现象；②能从生活中举例说明能量可以从一个物体转移到另一个物体，不同形式的能量可以互相转化。

（4）高阶B4：分析评价。①能通过实验观察，分析归纳动能和重力势能、弹性势能之间的转化；②能够根据具体情境分析机械能守恒或不守恒的原因。

（5）高阶B5：创新创造。①能创造新的情境或者设计新的实验方案探究机械能转化的问题；②能用机械能转化和守恒知识解决新问题。

【课时测评】

1. 下图所示的情景中，重力势能转化为动能的过程是（　　　　）。

A. 箭离开弓的过程　　　　　　　　B. 运动员撑起的过程

C. 杠铃被举起的过程　　　　　　　D. 运动员下落的过程

2. 如右图所示，捻动滚摆的轴使它升高后释放，可以观察到滚摆沿着悬线向下运动，此过程中，它的_____能减小，_____能增加。滚摆到最低点后又上升，每次上升的高度逐渐减小，这说明滚摆具有的机械能_____（填"减小""增大"或"不变"）。

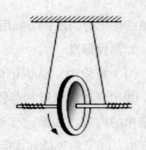

3. 1970年4月24日，我国成功发射了第一颗人造地球卫星。如右图所示，已知人造地球卫星沿椭圆轨道运行。其近地点距离地面高439km，远地点距离地面高2384km，卫星在近地点时动能_____，在远地点时势能_____（前两空选填"最大"或"最小"），从近地点向远地点运动的过程中，_____转化为_____（选填"动能"或"势能"）。卫星的机械能是否守恒？_____（选填"是"或"否"）。

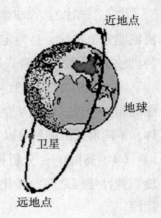

【评价建议·质量水平】

课时测评试题SOLO分类细目表

题号	1				2			3			
SOLO分类	M	M	M	M	R	R	E	R	R	R	E
质量水平	L2	L2	L2	L2	L3	L3	L4	L3	L3	L3	L4

第十二章　简单机械

第 51 课时　课题1：杠杆（1）

【课标原文】

（1）知道简单机械；

（2）通过实验，探究并了解杠杆的平衡条件。

【核心素养】

1. 物理观念

（1）通过生产、生活实例，寻找杠杆的共同特征，初步认识杠杆，且从杠杆的五要素（支点、动力、阻力、动力臂和阻力臂）来加深对杠杆的认识；

（2）经历探究杠杆平衡条件的过程，理解杠杆平衡的概念及条件，能应用杠杆的平衡条件进行相关计算，分析解决实际问题。

2. 科学思维

（1）通过观察生产、生活中的实例，抽象出杠杆的物理模型，归纳、概括、描述出杠杆的共同特征；

（2）通过实验，分析对比大量的实验数据，归纳总结杠杆平衡的条件。

3. 科学探究

能在"杠杆的平衡"这一物理情境中提出问题，作出合理的猜想，并能设计实验方案来探究杠杆平衡的条件，会设计记录数据的表格，能从数据中分析归纳实验结论，并对实验过程进行交流评估。

4. 科学态度与责任

（1）通过了解杠杆在我国古代和现代生活中的广泛应用，认识科学、技术、社会的关系，激发对科学的求知欲；

（2）通过探究杠杆平衡的条件，养成实事求是的科学态度和团结协作的科学精神。

【核心认知】

1. 基本知识

（1）杠杆的概念；

（2）杠杆的共同特征（支点、动力、阻力、动力臂、阻力臂）；

（3）杠杆的平衡条件。

2. 基本技能

（1）设计实验方案技能；

（2）实验操作技能；

（3）数据分析技能。

3. 基本方法

（1）分析归纳法；

（2）作图法；

（3）实验探究法。

【关键能力】

1. 学业质量

（1）低阶B1：认识记忆。①知道杠杆在生活中的广泛应用，初步了解机械历史的发展进程；②知道杠杆的概念，认识生活中常见的杠杆；③知道杠杆平衡的概念和条件。

（2）低阶B2：理解掌握。①理解杠杆的共同特征包括支点、动力、阻力、动力臂、阻力臂；②理解杠杆的平衡条件。

（3）低阶&高阶B3：模仿应用。①能初步应用杠杆平衡的条件解决实际问题；②能准确画出杠杆的动力臂和阻力臂。

（4）高阶B4：分析评价。①能通过观察生产、生活中的实例，抽象出杠杆的物理模型，归纳、概括、描述出杠杆的共同特征；②经历探究杠杆平衡条件的过程，能在"杠杆的平衡"这一物理情境中提出问题，作出合理的猜想，能设计实验方案，会设计记录数据的表格，能从数据中分析归纳实验结论，并对实验过程进行交流评估。

（5）高阶B5：创新创造。①能忽略次要因素，把实际问题抽象为物理问题，建立物理模型；②能基于实验证据，经过推理论证，解决新问题；③能利用杠杆知识解决陌生情境中的问题。

2. 测评标准

（1）低阶B1：认识记忆。①认识生活中常见的杠杆；②知道杠杆的平衡状态为静止状态或匀速转动状态；③能写出杠杆平衡的条件。

（2）低阶B2：理解掌握。理解杠杆的共同特征，能在杠杆上确认支点、动力、阻力、动力臂、阻力臂的位置。

（3）低阶&高阶B3：模仿应用。①能准确画出杠杆的动力臂和阻力臂；②能简单应用杠杆平衡的条件知识解释相关问题。

（4）高阶B4：分析评价。①能通过观察生产、生活中的实例，抽象出杠杆的物理模型，归纳、概括、描述出杠杆的共同特征；②能设计实验方案来探究杠杆的平衡条件，会设计记录数据的表格，能从数据中分析归纳实验结论，并对实验过程进行交流评估。

（5）高阶B5：创新创造。①能忽略次要因素，把实际问题抽象为物理问题，建立物理模型；②能基于实验证据，经过推理论证，解决新问题；③利用杠杆知识解决陌生情境中的问题。

【**课时测评**】

1. 下列关于杠杆的说法中正确的是（　　　）。

A. 杠杆只可以是直的

B. 作用在杠杆上的力越大，力臂越大

C. 杠杆一定有支点

D. 杠杆的总长度等于动力臂与阻力臂之和

2. 如右图所示，小明在按压式订书机的N点施加压力，将订书针钉入M点下方的纸张中，下列选项中能正确表示他使用该订书机时的杠杆示意图的是（　　　）。

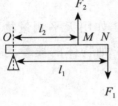

A.

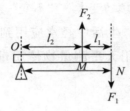

B.

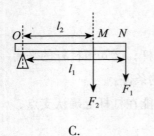
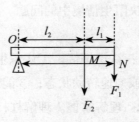

C.   D.

3. 在探究"杠杆平衡的条件"实验中，所用的实验器材有杠杆（每小格均等长）、铁架台、刻度尺、细线和若干个重为1N的钩码。

（1）先将图甲所示的杠杆调节在水平位置平衡，应将平衡螺母适当往_____（选填"左"或"右"）调。

（2）杠杆调节好后，进行三次实验，实验情境如图乙、丙、丁所示，两边钩码的重力分别为动力F_1和阻力F_2，对应的力臂为L_1和L_2，由此可得杠杆的平衡条件为_____。实验中进行多次实验的目的是_____（选填"A"或"B"）。

A. 取平均值减少误差   B. 使实验结论具有普遍性

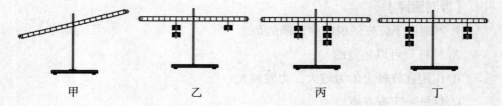

甲   乙   丙   丁

（3）将图丁所示的杠杆两边的钩码各撤掉1个，则杠杆_____（选填"保持平衡""左端下沉"或"右端下沉"）。

（4）如图1所示，用细绳竖直向上拉，使杠杆在水平位置平衡，则拉力F为_____N；保持杠杆平衡，将细绳转到虚线位置时，拉力F大小将_____（选填"变大""不变"或"变小"）。

（5）在生产、生活中经常应用到杠杆的平衡条件，如用天平测量物体的质量。某次用天平测量物体质量时，如图2所示，则物体的质量为_____g。

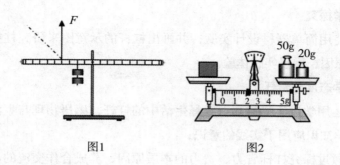

图1   图2

【评价建议·质量水平】

课时测评试题SOLO分类细目表

题号	1				2				3						
SOLO分类	M	M	M	M	R	R	R	R	M	M	M	R	R	E	M
质量水平	L2	L2	L2	L2	L3	L3	L3	L3	L2	L2	L2	L3	L3	L4	L2

第 52 课时　课题1：杠杆（2）

【课标原文】

（1）知道简单机械；

（2）了解人类使用机械的历程；

（3）了解机械的使用对社会发展的作用。

【核心素养】

1. 物理观念

（1）认识生产、生活中的各种杠杆，能根据杠杆在使用中的作用效果，初步形成省力杠杆、费力杠杆和等臂杠杆的概念；

（2）从生活实例中进一步理解杠杆的平衡条件，且能应用杠杆的平衡条件分析杠杆省力、费力的本质，并能根据实际需要选择合适的杠杆。

2. 科学思维

通过观察各种杠杆的使用情境，分析人们使用杠杆的目的，画示意图对各种杠杆进行比较，发现共同特征，结合杠杆平衡的条件，分析归纳杠杆的种类。

3. 科学探究

通过使用简单器材设计实验，并画出杠杆的示意图来研究杠杆省力、费力的本质原因，增强实践体验。

4. 科学态度与责任

（1）运用学过的科学知识解释生活中的杠杆，感悟物理与生活的联系，养成把科学知识应用于实践的意识；

（2）通过探究杠杆省力、费力的本质原因，养成合作交流的习惯和严谨认真的科学态度。

【核心认知】

1. 基本知识

（1）省力杠杆的特点；

（2）费力杠杆的特点；

（3）等臂杠杆的特点。

2. 基本技能

（1）实验观察技能；

（2）数据计算技能；

（3）作图技能。

3. 基本方法

（1）实验法；

（2）作图法；

（3）分析归纳法。

【关键能力】

1. 学业质量

（1）低阶B1：认识记忆。①知道杠杆的平衡条件；②能说出杠杆的分类。

（2）低阶B2：理解掌握。①理解杠杆的平衡条件；②理解杠杆的分类，能识别生活中各种类别的杠杆。

（3）低阶&高阶B3：模仿应用。①能运用杠杆平衡的条件公式进行简单的计算；②能抽象出生活中杠杆的模型，并根据杠杆平衡的条件分析归纳杠杆分类的本质。

（4）高阶B4：分析评价。①能分析评价具体情境中杠杆的选择和使用是否合理；②能用杠杆平衡的条件知识解释生活中的现象和解决生活中的问题。

（5）高阶B5：创新创造。能识别新情境中各种变形杠杆，利用杠杆知识解决新情境中的问题。

2. 测评标准

（1）低阶B1：认识记忆。①知道杠杆的平衡条件：动力×动力臂=阻力×阻力臂；②知道杠杆分为省力杠杆、费力杠杆、等臂杠杆。

（2）低阶B2：理解掌握。①理解杠杆的平衡条件；②理解杠杆的分类，能识别生活中各种类别的杠杆。

（3）低阶&高阶B3：模仿应用。①能准确找出杠杆的动力臂和阻力臂，并结合杠杆平衡的条件分析杠杆省力、费力的本质；②能运用杠杆平衡的条件进行相关计算。

（4）高阶B4：分析评价。①能用杠杆平衡的条件知识解释生活中的现象；②能根据实际需要选择合适的杠杆解决生活中的问题。

（5）高阶B5：创新创造。能识别生产、生活中的变形杠杆，并利用杠杆知识解决新情境中的问题。

【课时测评】

1. 下图所示的生活用具，在使用中属于省力杠杆的是（   ）。

A. 筷子　　　　　B. 钓鱼竿　　　　　C. 扳手　　　　　D. 食品夹

2. 右图所示为园艺工人修剪树枝使用的剪刀。在用它剪断较粗的树枝时，园艺工人应当让树枝尽量（   ）。

A. 靠近剪刀轴O以减小阻力臂，达到省力的目的

B. 靠近剪刀轴O以增大阻力臂，达到省距离的目的

C. 远离剪刀轴O以增大动力臂，达到省力的目的

D. 远离剪刀轴O以减小动力臂，达到省距离的目的

3. 下图是用羊角锤撬起钉子的示意图。为了撬起钉子，分别用四个力作用在锤柄的末端，其中最小的力是（   ）。

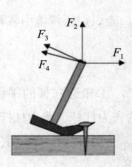

A. F_1 B. F_2 C. F_3 D. F_4

4. 如图所示，独轮车和车内的煤的总质量为100kg，其重力可视为作用于A点，车轴O为支点。（g取10N/kg）

（1）这辆独轮车使用时是省力杠杆还是费力杠杆？

（2）独轮车和车内的煤的总重力为多少？

（3）将车把抬起时，作用在车把向上的力为多少？

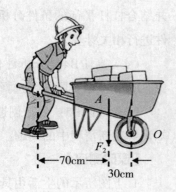

【评价建议·质量水平】

课时测评试题SOLO分类细目表

题号	1				2				3				4		
SOLO 分类	M	M	M	M	R	R	R	R	E	E	E	E	M	R	R
质量 水平	L2	L2	L2	L2	L3	L3	L3	L3	L4	L4	L4	L4	L2	L3	L3

第 ⑤③ 课时　课题2：滑轮（1）

【课标原文】

（1）知道简单机械；

（2）了解人类使用机械的历程；

（3）了解机械的使用对社会发展的作用。

【核心素养】

1. 物理观念

（1）根据生活实例和实验，初步形成滑轮、动滑轮、定滑轮的概念；

（2）能通过实验，认识定滑轮、动滑轮的特点和实质，并能根据需要选择合适的滑轮解决实际问题。

2. 科学思维

（1）通过观察分析一些简单机械的工作实例，抽象出其共同的本质属性，建构滑轮的模型，归纳得出滑轮的概念；

（2）根据生活实例和实验，对滑轮进行分类；

（3）通过实验探究，结合平衡力的知识，分析论证定滑轮和动滑轮的特点；

（4）通过建构模型，利用杠杆平衡知识，科学推理定滑轮、动滑轮的实质。

3. 科学探究

经历探究定滑轮、动滑轮的特点和实质的实验过程，能根据生活经验和实验事实作出科学的假设，综合已有经验设计科学的探究方案，选择合适的器材进行实验，获得实验数据，形成结论并评估交流。

4. 科学态度与责任

（1）通过了解生产、生活中定滑轮、动滑轮的实际应用，养成利用简单机械改善劳动条件的意识，初步认识科学技术对人类社会发展的作用；

（2）在探究定滑轮、动滑轮的特点的实验过程中，养成实事求是和严谨认真的科学态度；

（3）通过对比定滑轮、动滑轮的优缺点，养成辩证地认识事物的意识和习惯。

【核心认知】

1. 基本知识

（1）滑轮、定滑轮、动滑轮的概念；

（2）定滑轮、动滑轮的特点与实质。

2. 基本技能

（1）实验观察技能；

（2）实验操作技能；

（3）数据收集和分析技能；

3. 基本方法

（1）实验法；

（2）模型法；

（3）对比归纳法。

【关键能力】

1. 学业质量

（1）低阶B1：认识记忆。①通过生活实例和实验，感知滑轮并能识别定滑轮和动滑轮；②知道定滑轮和动滑轮的特点。

（2）低阶B2：理解掌握。①通过实验探究，结合平衡力的知识，理解定滑轮和动滑轮的特点；②根据实验和杠杆平衡知识，理解定滑轮、动滑轮的实质。

（3）低阶&高阶B3：模仿应用。①能根据定滑轮和动滑轮的特点，选择合适的滑轮解决实际问题；②会按要求组装滑轮，并在图像中画出绕线方法，规范作图。

（4）高阶B4：分析评价。①通过观察分析一些简单机械的工作实例，抽象出其共同的本质属性，建构滑轮的模型，归纳得出滑轮的概念，并能对滑轮进行分类；②经历探究定滑轮、动滑轮的特点的实验过程；③通过实验探究和模型建构，运用平衡力、杠杆平衡知识，分析定滑轮和动滑轮的特点和实质；④能够根据生活实例，结合定滑轮和动滑轮的特点，分析拉力的大小及其做功的情况。

（5）高阶B5：创新创造。能够运用定滑轮和动滑轮等简单机械解决陌生情境中的问题。

2. 测评标准

（1）低阶B1：认识记忆。①识别定滑轮和动滑轮；②知道定滑轮、动滑轮各自的特点。

（2）低阶B2：理解掌握。①能理解定滑轮和动滑轮的特点；②理解定滑轮的实质是等臂杠杆，动滑轮的实质是动力臂为阻力臂2倍的杠杆；③会分析动滑轮和定滑轮的优缺点。

（3）低阶&高阶B3：模仿应用。①能根据定滑轮和动滑轮的特点，选择合适的滑轮解决简单的问题；②会按要求组装滑轮，并在图像中画出绕线方法，规范作图。

（4）高阶B4：分析评价。①探究定滑轮、动滑轮的特点，会综合已有经验设计科学的探究方案，选择合适的器材进行实验，获得实验数据，归纳总结实验结论，并对实验过程和结果进行评估交流；②能够根据生活实例，并结合定滑轮和动滑轮的特点，分析拉力的大小及其做功的情况。

（5）高阶B5：创新创造。能够运用定滑轮和动滑轮等简单机械解决陌生情境中的问题。

【课时测评】

1. 如图所示学校升国旗的旗杆顶上有一个滑轮，升旗时往下拉动绳子，国旗就会上升。关于这个滑轮的说法，正确的是（　　）。

A. 这是一个动滑轮，可省力

B. 这是一个定滑轮，可省力

C. 这是一个动滑轮，可改变力的方向

D. 这是一个定滑轮，可改变力的方向

2. 如图所示，沿不同方向拉同一重物。关于四个拉力大小关系的说法中正确的是（　　）。

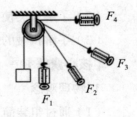

A. $F_1 > F_2 > F_3 > F_4$　　　　　B. $F_1 > F_2 = F_3 > F_4$

C. $F_1 > F_2 = F_3 = F_4$　　　　　D. $F_1 = F_2 = F_3 = F_4$

3. 如图所示，某同学用$F=20N$的拉力拉着重为100N的物体M在水平面上做匀速直线运动。不计滑轮受到的重力及滑轮与绳间的摩擦，则M受到的摩擦力为（　　）。

A. 40N　　　　　　　　　　B. 50N

C. 100N　　　　　　　　　　D. 20N

4. 如图所示，动滑轮重1N，在竖直向上的拉力$F=4N$的作用下，物体G随滑轮一起匀速上升0.5m，由此可知（不计摩擦）（　　）。

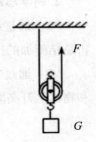

A. 物体G重8N，拉力F做功4J

B. 物体G重8N，拉力F做功2J

C. 物体G重7N，拉力F做功4J

D. 物体G重7N，拉力F做功3.5J

【评价建议·质量水平】

课时测评试题SOLO分类细目表

题号	1				2				3				4			
SOLO 分类	U	U	U	U	M	M	M	M	R	R	R	R	R	R	R	R
质量 水平	L1	L1	L1	L1	L2	L2	L2	L2	L3	L3	L3	L3	L3	L3	L3	L3

第 54 课时　课题2：滑轮（2）

【课标原文】

（1）知道简单机械；

（2）了解人类使用机械的历程；

（3）了解机械的使用对社会发展的作用。

【核心素养】

1. 物理观念

（1）通过组装简单的滑轮组，知道滑轮组的结构、特点和相关应用；

（2）了解其他简单机械，能够结合生活与实验事实，认识轮轴和斜面的工作原理和使用方法。

2. 科学思维

（1）通过组装简单的滑轮组，观察绳子不同的绕法，结合平衡力知识分析总结施加的拉力大小与物重的关系；

（2）通过实验，寻找数据之间的关联，分析推理绳子自由端通过的距离和物体上升高度的关系；

（3）能忽略次要因素，运用实验证据，完成实验分析，论证滑轮组的特点。

3. 科学探究

根据滑轮组不同的绕线方法，结合平衡力知识作出绳子自由端的拉力与物体重力之间关系的初步假设，能够根据已有经验设计实验方案，收集数据，分析论证得出结论并交流评价。

4. 科学态度与责任

（1）通过了解简单机械如滑轮组、斜面、轮轴在生活中的应用，初步认识科学技术对人类社会发展的作用，增强学习物理的兴趣和学习科学的求知欲；

（2）在探究实验中组装滑轮组，正确使用弹簧测力计和刻度尺，养成良好的实验习惯和严谨的科学态度。

【核心认知】

1. 基本知识

（1）滑轮组的结构与特点；

（2）滑轮组的相关计算；

（3）轮轴和斜面的工作原理和使用方法。

2. 基本技能

（1）实验操作技能；

（2）实验观察技能；

（3）数据分析技能；

（4）简单运算技能。

3. 基本方法

（1）观察法；

（2）作图法；

（3）实验探究法；

（4）分析归纳法。

【关键能力】

1. 学业质量

（1）低阶B1：认识记忆。①知道滑轮组的结构、特点；②知道滑轮组的组装方法；③了解其他简单机械在生活中的应用。

（2）低阶B2：理解掌握。①理解滑轮组的特点；②领会滑轮组的省力情况决定于吊重物绳子的段数；③理解轮轴和斜面的工作原理。

（3）低阶&高阶B3：模仿应用。①会判断滑轮组中物体由几段绳子承担，知道绳子自由端通过的距离s与物体上升的高度h的关系；②会安装简单的滑轮组，会测量物重、拉力、绳子自由端通过的距离和物体上升的高度；③能简单应用滑轮组解决实际问题。

（4）高阶B4：分析评价。①通过组装简单的滑轮组，观察绳子不同的绕法，结合平衡力知识分析总结施加的拉力大小与物重的关系；②能忽略次要因素，运用实验证据，完成实验分析，论证滑轮组的特点；③会根据实际需要，组装合适的滑轮组；④能利用滑轮组的特点进行相关计算，解决实际问题。

（5）高阶B5：创新创造。①能够对现实生活中简单机械的应用是否合理进行相关评价和改进；②能采用严谨的科学态度，运用充足的实验证据，完成新问题的分析论证；③能利用滑轮组等简单机械，或通过组装新的机械，解决陌生情境下的问题。

2. 测评标准

（1）低阶B1：认识记忆。①知道简单机械发展的进程，了解人类对机械的不断探索，知道滑轮、轮轴、斜面也是简单机械的一种；②知道使用定滑轮可以改变力的方向，使用动滑轮可以省力，把二者的优点都利用起来，定滑轮和动滑轮组合在一起就是滑轮组。

（2）低阶B2：理解掌握。①理解滑轮组的工作特点，只要绕法合适，滑轮组既可以省力，又可以改变拉力的方向；②通过确定动滑轮上绳子的段数，理解滑轮组吊重物绳子段数的判断方法；③理解轮轴和斜面组成的简单机械的特点及工作原理。

（3）低阶&高阶B3：模仿应用。①会判断滑轮组中物体由几段绳子承担，知道绳子自由端通过的距离s与物体上升的高度h的关系；②会安装简单的滑轮组，用弹簧测力计测量物重和拉力，用刻度尺测量绳子自由端通过的距离和物体上升的高度；③能简单应用滑轮组解决实际问题，达到省力、改变力的方向，或既省力又改变力的方向的效果。

（4）高阶B4：分析评价。①能探究滑轮组的特点，分析绳子自由端通过的距离与物体上升高度的关系、绳子自由端移动的速度与物体上升速度的关系、绳子自由端的拉力大小与物重的关系等；②会根据实际需要组装合适的滑轮组，并能画出滑轮组的示意图；③能利用滑轮组的特点进行相关计算，解决实际问题。

（5）高阶B5：创新创造。①对现实生活中简单机械的应用是否合理进行相关评价和改进；②能够采用严谨的科学态度，运用充足的实验证据，完成新问题的分析论证；③能够利用滑轮组等简单机械，或通过组装新的机械，解决陌生情境下的问题。

【课时测评】

1. 下列关于简单机械的说法中不正确的是（   ）。

A. 利用斜面运送货物虽然省力但是增加了距离

B. 使用滑轮组有时既能省力，又能改变力的方向

C. 通过改进可以制造出既省力又省距离的杠杆

D. 滑轮实质上是变形的杠杆

2. 在水平地面上放置一个重360N的物体，用图中所示的装置匀速拉动物体（不计绳子与滑轮的摩擦），拉力F等于30N，则物体与地面间的摩擦力应为（   ）。

A. 60N

B. 120N

C. 90N

D. 360N

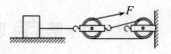

3. 右图是某工地施工时用于提升重物的滑轮组，工人用大小为160N的拉力，在10s内将重400N的重物在竖直方向上匀速提升2m。若不计绳重和滑轮转轴处的摩擦，则下列判断错误的是（   ）。

A. 绳子自由端移动的距离为6m

B. 动滑轮的重力为80N

C. 物体上升的速度为0.6m/s

D. 工人做的功为960J

4. 请在图中用笔画线代替绳子，将两个滑轮连成滑轮组，要求人用力往下拉绳使重物升起。

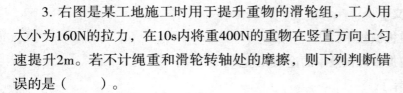

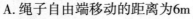

【评价建议·质量水平】

课时测评试题SOLO分类细目表

题号	1				2				3				4
SOLO 分类	M	M	M	M	R	R	R	R	R	R	R	R	E
质量 水平	L2	L2	L2	L2	L3	L3	L3	L3	L3	L3	L3	L3	L4

第 55 课时　课题3：机械效率（1）

【课标原文】

（1）知道机械效率；

（2）了解提高机械效率的途径和意义。

【核心素养】

1. 物理观念

（1）能根据实例认识有用功、额外功、总功，理解有用功、额外功、总功之间的联系和区别；

（2）初步形成机械效率的概念，从其物理意义、定义、影响因素等角度理解机械效率，并应用其解决一些实际问题。

2. 科学思维

（1）通过生活实例，从工作目的出发，分析对比有用功和额外功，明确其含义；

（2）通过使用动滑轮提升重物是否省功的实验，对比两次做功的不同之处，评估使用动滑轮提升重物做功多的原因，归纳总结有用功、额外功、总功的概念；

（3）能够结合生活与实验事实，推理论证机械效率$\eta < 1$。

3. 科学探究

根据学过的物理知识，作出使用动滑轮是否省功的初步假设，设计实验，记录实验数据，分析论证和评估交流。

4. 科学态度与责任

（1）在分析生产、生活实例和实验探究的过程中形成物理概念，感悟物理与生活的联系，养成动手实验的习惯；

（2）通过对起重机等机械效率的了解，理解提高机械效率对节约能源、保护环境的重要意义，具有推动社会可持续发展的责任感。

【核心认知】

1. 基本知识

（1）有用功、额外功和总功的概念；

（2）机械效率的概念和公式。

2. 基本技能

（1）实验操作技能；

（2）实验分析技能；

（3）运算技能。

3. 基本方法

（1）实验探究法；

（2）对比法；

（3）分析归纳法。

【关键能力】

1. 学业质量

（1）低阶B1：认识记忆。①通过生活实例和实验，认识有用功、额外功和总功；②能说出机械效率的概念和计算公式。

（2）低阶B2：理解掌握。①理解有用功、额外功、总功的概念；②理解机械效率的概念和计算公式。

（3）低阶&高阶B3：模仿应用。①能计算出简单情境中的有用功、总功、额外功；②能简单应用机械效率的公式计算机械做功的效率。

（4）高阶B4：分析评价。①根据学过的物理知识，作出使用动滑轮是否省功的初步假设，设计实验，记录实验数据，分析论证和评估交流；②能通过实验观察、数据等分析论证有用功、额外功、总功之间的关系；③能通过生活经验和大量事实分析论证机械效率小于1的原因；④能利用机械不能省功的原理解释生产、生活中的有关现象。

（5）高阶B5：创新创造。①能运用数学运算的方法分析论证新的物理结论；②能利用机械效率知识解决陌生情境中的问题。

2. 测评标准

（1）低阶B1：认识记忆。①认识有用功、额外功和总功；②知道机械效率的概念和物理意义；③知道机械效率的计算公式。

（2）低阶B2：理解掌握。①理解有用功、额外功、总功之间的联系和区别，会判断具体情境中的有用功、额外功、总功；②理解额外功产生的原因，理解机械效率的概念，理解机械效率是一个比值，没有单位，且$\eta<1$；③能从多角度区分功率和机械效率。

（3）低阶&高阶B3：模仿应用。①能判定简单情境中力做的功，并能计算出有用功、额外功、总功；②应用机械效率的计算公式计算机械做功的效率。

（4）高阶B4：分析评价。①能通过实验探究使用动滑轮是否省功，并分析论证、交流评估使用动滑轮不能省功的原因；②能通过实验观察、数据等分析论证有用功、额外功、总功之间的关系；③能通过生活经验和大量事实分析论证机械效率小于1的原因；④能利用机械不能省功的原理解释生产、生活中的有关现象。

（5）高阶B5：创新创造。①运用数学运算的方法分析论证新的物理结论；②利用机械效率知识解决陌生情境中的问题。

【课时测评】

1. 下列关于机械效率的说法中正确的是（　　　）。

A. 越省力的机械，机械效率越高

B. 做功越少的机械，机械效率越低

C. 做功越慢的机械，机械效率越低

D. 总功相同，有用功越大的机械，机械效率越高

2. 用右图所示的滑轮组，将重为10N的物体匀速提升0.1m，拉力$F=6$N，在这一过程中，下列说法正确的是（　　　）。

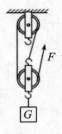

A. 所做的有用功为4J

B. 所做的额外功为0.8J

C. 所做的总功为1.2J

D. 此滑轮组的机械效率为50%

3. 如图所示，小新分别用甲、乙两个滑轮把质量相同的两袋沙子从地面提到二楼（$G_{滑轮}<G_{沙子}$），若不计绳重与摩擦，则下列说法中正确的是（　　　）。

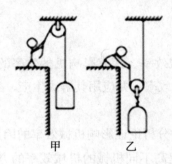

甲　　　　　乙

A. 两次所用的拉力大小相等

B. 甲中绳子自由端移动的距离比乙大

C. 使用甲滑轮拉力做的总功多

D. 甲的机械效率比乙高

4. 一台起重机将质量为420kg的货物提高了5m，如果额外功是9000J，求：

（1）起重机做的有用功和总功；

（2）在此过程中起重机的机械效率。（取$g=10$N/kg）

【评价建议·质量水平】

课时测评试题SOLO分类细目表

题号	1				2				3				4	
SOLO 分类	M	M	M	M	R	R	R	R	R	R	R	R	R	R
质量 水平	L2	L2	L2	L2	L3	L3	L3	L3	L3	L3	L3	L3	L3	L3

第 ⑤⑥ 课时　课题3：机械效率（2）

【课标原文】

（1）了解提高机械效率的途径和意义；

（2）测量某种简单机械的机械效率。

【核心素养】

1. 物理观念

从测量滑轮组的机械效率、探究影响机械效率的因素、提高机械效率的方法等角度加深理解机械效率，并应用其解决生产、生活中的实际问题。

2. 科学思维

（1）能用控制变量法分析论证影响机械效率的因素；

（2）通过分析比较提高不同机械的机械效率的方法，归纳总结提高机械效率的基本途径。

3. 科学探究

通过已有物理知识和测量滑轮组的机械效率的实验，作出影响机械效率大小因素的初步假设，综合已有经验设计科学的探究方案，选择合适的仪器进行实验，收集证据，分析数据得出结论，交流评估。

4. 科学态度与责任

（1）通过探究测量滑轮组的机械效率，养成严谨认真、实事求是和持之以恒的科学态度；

（2）通过了解有关简单机械的历史发展情况，养成改进机械和可持续发展的意识。

【核心认知】

1. 基本知识

（1）滑轮组机械效率的测量原理；

（2）影响滑轮组机械效率的因素；

（3）提高机械效率的有效途径。

2. 基本技能

（1）弹簧测力计与刻度尺的使用操作技能；

（2）设计实验方案技能；

（3）证据收集与处理技能。

3. 基本方法

（1）控制变量法；

（2）分析归纳法。

【关键能力】

1. 学业质量

（1）低阶B1：认识记忆。①知道测量滑轮组机械效率的实验原理；②通过实验，进一步认识有用功、额外功、总功、机械效率；③知道滑轮组中有用功、总功、机械效率的计算公式。

（2）低阶B2：理解掌握。①理解测量滑轮组机械效率的实验原理；②通过实验和理论分析，理解影响机械效率的因素和提高机械效率的途径。

（3）低阶&高阶B3：模仿应用。①能应用机械效率的计算公式进行计算；②能够设计实验测量斜面、滑轮组、杠杆等简单机械的机械效率。

（4）高阶B4：分析评价。①能用控制变量法探究影响机械效率的因素；②能通过实验数据等实验信息分析论证同一机械的机械效率不是固定不变的；③通过分析比较提高不同机械的机械效率的方法，归纳总结提高机械效率的基本途径；④能根据生产、生活的实际需要，选择合适的机械。

（5）高阶B5：创新创造。①能利用机械效率知识解决新情境中机械效率的问题；②能改进原有机械，提升机械效率。

2. 测评标准

（1）低阶B1：认识记忆。①知道测量滑轮组机械效率的实验原理、所需的实验器材、实验过程等；②知道滑轮组中有用功、总功、机械效率的计算公式 $\eta = \dfrac{W_{有}}{W_{总}} = \dfrac{G_{物}h}{Fs}$。

（2）低阶B2：理解掌握。①理解测量滑轮组机械效率的实验原理，理解滑轮组中有用功、总功、机械效率的计算公式；②理解影响滑轮组机械效率的因素；③掌握提高机械效率的途径，如改进机械的结构、减小动滑轮的重力、减小摩擦等；④理解机械省力的多少和机械效率的高低是两个不同的衡量机械的指标（省力的机械不一定机械效率高，二者没有必然联系）。

（3）低阶&高阶B3：模仿应用。①应用机械效率的计算公式计算实验中不同情况下滑轮组的机械效率；②设计实验测量斜面、滑轮组、杠杆等简单机械的机械效率。

（4）高阶B4：分析评价。①用控制变量法探究影响机械效率的因素：综合已有经验设计科学的探究方案，选择合适的仪器进行实验，收集证据，分析数据得出结论，交流评估；②通过实验数据等实验信息分析论证同一机械的机械效率不是固定不变的，同一机械的机械效率的高低不仅与装置本身有关，还与机械的具体使用条件有关；③能根据生产、生活实际需要，选择合适的机械；④能根据实际情况，找到提高该机械的机械效率的方法。

（5）高阶B5：创新创造。①利用机械效率知识解决新情境中机械效率的问题；②改进原有机械，提高机械效率。

【课时测评】

1. 如图所示，用相同的滑轮不同的绕法提起相同的重物，绳重、摩擦忽略不计，在物体匀速上升的过程中（　　）。

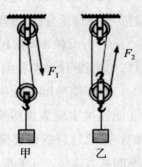

A. 甲图省力，机械效率甲图大

B. 甲图省力，机械效率一样大

C. 乙图省力，机械效率乙图大

D. 乙图省力，机械效率一样大

2. 通过测量滑轮组机械效率的实验，可得出下列各措施中能提高机械效率的是（　　）。

A. 增加提升重物的重力

B. 改用质量小的定滑轮

C. 降低提升高度，减少做功

D. 增加动滑轮，减小拉力

3. 如图所示，在斜面上将一个质量为5kg的物体匀速拉到高处，沿斜面向上的拉力为40N，斜面长2m、高1m，（g取10N/kg）。下列说法中正确的是（　　）。

A. 物体只受重力、拉力和摩擦力三个力的作用

B. 做的有用功是80J

C. 此斜面的机械效率为62.5%

D. 物体受到的摩擦力大小为10N

4. 小明在测量滑轮组机械效率的实验中，所用装置如图所示，实验中每个钩码重2N，测得的数据见下表。

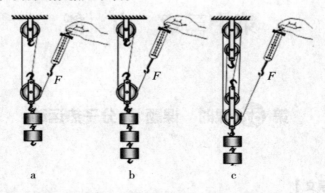

实验次数	钩码总重G/N	钩码上升的高度h/m	测力计示数F/N	测力计移动的距离s/m	机械效率η/%
1	4	0.1	1.8	0.3	
2	6	0.1	2.4	0.3	83
3	4	0.1	1.4	0.5	57
4	4	0.2	1.4	1.0	57

（1）测绳端拉力为F时，应尽量竖直向上____拉动弹簧测力计。

（2）第1次实验测得的机械效率为____。（结果保留两位有效数字）

（3）分析表中数据可知：第2次实验是用____图做的，第4次实验是用____图做的。（均选填"a""b"或"c"）

（4）由1、2次实验数据可知，使用同一滑轮组，物体越重，机械效率越____；由1、3次实验数据可知，使用不同的滑轮组，提升相同的重物，动滑轮个数越多（动滑轮总重越重），滑轮组的机械效率____。（选填"越高""越低"或"不变"）

【评价建议·质量水平】

课时测评试题SOLO分类细目表

题号	1				2				3				4					
SOLO分类	U	U	M	M	M	M	M	M	R	R	R	R	M	R	R	R	R	R
质量水平	L1	L1	L2	L2	L2	L2	L2	L2	L3	L3	L3	L3	L2	L3	L3	L3	L3	L3

第十三章 内 能

第 ⑤⑦ 课时 课题1：分子热运动

【课标原文】

（1）知道常见的物质是由分子、原子构成的；

（2）通过自然界和生活中的一些简单热现象，了解分子热运动的一些特点；

（3）知道分子动理论的基本观点；

（4）观察扩散现象，能用分子动理论的观点加以说明。

【核心素养】

1. 物理观念

基于生活现象和实验观察，初步了解物质的构成、分子热运动、分子间的作用力等分子动理论的初步知识，并能应用其解释生活中的相关现象。

2. 科学思维

（1）通过观察气体、液体、固体的扩散等宏观现象，推测一切物质的分子都在不停地做无规则的运动；

（2）通过实验，分析论证分子之间存在空隙；

（3）通过大量的实验与生活现象，推理、总结和归纳出关于分子动理论的基本观点。

3. 科学探究

能根据不同的扩散现象，作出影响扩散快慢因素的初步假设，综合已有经验设计探究方案，选择合适的仪器进行实验，记录数据与分析交流。

4. 科学态度与责任

（1）通过生活实例理解分子动理论的基本观点，感悟物理与生活的密切联系；

（2）通过实验，养成严谨的科学态度和良好的实验习惯；

（3）通过运用分子动理论知识解释生活中的相关现象，养成将物理知识应用于实践的意识。

【核心认知】

1. 基本知识

（1）物质的构成；

（2）分子热运动；

（3）分子间的作用力。

2. 基本技能

（1）设计实验的能力；

（2）实验观察技能；

（3）证据收集和分析技能。

3. 基本方法

（1）实验探究法；

（2）科学推理法；

（3）分析归纳法。

【关键能力】

1. 学业质量

（1）低阶B1：认识记忆。①知道常见物质是由分子、原子构成的，以及通常以10^{-10}m为单位来量度分子；②通过生活实例和实验，认识扩散现象，知道分子在做无规则的运动；③知道分子热运动的快慢与温度的关系；④知道分子之间存在相互作用力。

（2）低阶B2：理解掌握。①通过自然界和生活中的一些简单热现象，理解扩散现象的本质以及分子热运动的一些特点；②理解分子之间的相互作用力。

（3）低阶&高阶B3：模仿应用。①能用分子动理论知识解释生活中的相关现象；②能通过实例呈现分子间存在的引力和斥力。

（4）高阶B4：分析评价。①通过观察气体、液体、固体的扩散等宏观现

221

象，推测一切物质的分子都在不停地做无规则的运动；②能通过实验，分析论证分子之间存在空隙；③探究影响分子热运动快慢的因素；④能用分子动理论知识解决生产、生活中的问题。

（5）高阶B5：创新创造。①能设计新的实验探究分子热运动的问题；②能运用分子热运动、分子间相互作用力知识解决陌生情境中的相关问题。

2. 测评标准

（1）低阶B1：认识记忆。①知道常见物质是由分子、原子构成的，尺寸在10^{-10}m量级的分子微观世界，肉眼不可见；②知道一切物质的分子都在不停地做无规则的运动；③知道分子热运动越剧烈，物体温度越高；④知道分子之间既有引力又有斥力，物体被压缩时分子间表现为斥力，物体被拉伸时分子间表现为引力。

（2）低阶B2：理解掌握。①能够识别扩散现象，理解扩散现象的实质是一切物质的分子都在不停地做无规则的运动；②理解分子之间的相互作用力，了解物体不容易压缩时，分子间相互作用力表现为斥力，不容易拉伸时，表现为引力等。

（3）低阶&高阶B3：模仿应用。①能用分子热运动的观点解释生活中的有关现象；②能用分子间的相互作用力解释生活和自然中的有关现象。

（4）高阶B4：分析评价。①能根据不同的扩散现象，作出影响扩散快慢因素的初步假设，综合已有经验设计探究方案，选择合适的仪器进行实验，记录数据并分析交流；②能用分子动理论知识解决生产、生活中的问题。

（5）高阶B5：创新创造。①能设计新的实验探究分子热运动的问题；②能运用分子热运动、分子间相互作用力知识解决陌生情境中的相关问题。

【课时测评】

1. 下列现象中，不能说明分子在做无规则运动的是（　　）。

A. 大风吹起沙尘暴，漫天飞舞

B. 远处的田野里飘来花的清香

C. 烹饪时加盐等烹饪佐料，佳肴变得更加美味

D. 墨水滴进水池，池水变黑

2. 下列关于分子的说法中，正确的是（　　）。

A. 所有物质的分子都是规则排列的

B. 温度为0℃时，所有物质的分子都停止了运动

C. 固体因为形状规则所以它的分子不会运动

D. 一切物质的分子都在做无规则的运动

3. 如图所示，一个铁丝圈中间较松弛地系着一根棉线，浸过肥皂水后，用手指轻碰一下棉线的左边，棉线左边的肥皂膜破了，棉线被拉向右边。上述实验说明（   ）。

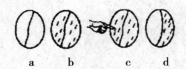

a   b   c   d

A. 分子间有空隙 　　　　　　　　　　B. 分子间有引力

C. 分子间有斥力 　　　　　　　　　　D. 分子在永不停息地做无规则运动

4. 如右图所示，两个相同瓶子的瓶口相对，中间用一块玻璃板隔开，上面的瓶中装有空气，下面的瓶中装有密度比空气大的红棕色二氧化氮气体。抽掉玻璃板后，我们观察到红棕色气体逐渐进入上瓶，下瓶中气体颜色逐渐变淡，最后两瓶中气体颜色变得均匀。

空气
玻璃板
二氧化氮

（1）此实验中的二氧化氮的作用是＿＿＿＿＿＿＿＿＿＿＿＿＿＿＿＿＿。

（2）此现象表明：＿＿＿＿＿＿＿＿＿＿＿＿＿＿＿＿＿＿＿＿＿＿＿。

（3）实验结束后，小阳建议把装有二氧化氮气体的瓶子放在装有空气的瓶子的上面也可以完成此实验。你认为他的建议＿＿＿＿＿＿＿（选填"可以"或"不可以"）采纳，因为＿＿＿＿＿＿＿＿＿＿＿＿＿＿＿＿＿＿＿＿＿＿。

【评价建议·质量水平】

课时测评试题SOLO分类细目表

题号	1				2				3				4		
SOLO 分类	M	M	M	M	M	M	M	M	R	R	R	R	R	E	E
质量 水平	L2	L2	L2	L2	L2	L2	L2	L2	L3	L3	L3	L3	L3	L4	L4

第 58 课时　课题2：内能

【课标原文】

了解内能和热量。

【核心素养】

1. 物理观念

基于生活实例和实验，初步形成内能和热量的概念，并从定义、影响内能大小的因素、改变内能的两种方式等角度理解内能，并应用其解决生活中的实际问题。

2. 科学思维

（1）通过类比机械能中的动能和势能，建立内能的概念；

（2）通过实验现象，推理并论证内能与温度的关系；

（3）通过实验和生活实例，分析归纳改变物体内能的两种方式。

3. 科学探究

（1）设计实验方案使一段软铁丝的温度升高，选择合适的仪器进行实验，分析交流，归纳总结得出实验结论；

（2）演示压缩气体做功内能增大和气体做功内能减小的实验，记录实验现象，分析推理得出实验结论，交流评价；

（3）通过打气筒给自行车打气的活动，增强实践体验；

（4）通过互联网、报刊等收集关于温室效应的资料，交流评价，认识温室效应产生的原因和带来的危害，得出减轻温室效应的可行性方法。

4. 科学态度与责任

（1）通过各种小实验，养成良好的实验探究习惯；

（2）从生活现象中认识改变内能的两种方式，感悟物理与生活之间的联系；

（3）通过了解温室效应对地球的影响，养成爱护环境、低碳出行的好习惯。

【核心认知】

1. 基本知识

（1）内能的概念；

（2）影响内能大小的因素；

（3）热传递的条件以及热量的概念；

（4）改变物体内能的方法。

2. 基本技能

（1）设计实验的能力；

（2）实验操作技能；

（3）实验观察技能；

（4）资料的收集、分析技能。

3. 基本方法

（1）实验探究法；

（2）分析归纳法。

【关键能力】

1. 学业质量

（1）低阶B1：认识记忆。①通过类比机械能中的动能和势能，认识内能的概念；②知道热传递的条件、热量的概念及单位；③知道热传递、做功可以改变物体的内能。

（2）低阶B2：理解掌握。①理解内能的概念及影响内能大小的因素，了解内能的普遍性；②理解热传递、做功都可以改变物体的内能。

（3）低阶&高阶B3：模仿应用。①能运用内能知识解释生活中的有关现象；②能运用内能知识解决生活中的相关问题。

（4）高阶B4：分析评价。①通过实验现象，推理并论证内能与温度的关系；②经历探究改变物体内能的方法的过程；③对改变物体内能的两种方式进行分析评价，认识到做功和热传递在改变物体内能的效果上是一样的；④能利用内能知识分析解决新情境下的相关问题。

（5）高阶B5：创新创造。①能利用内能知识解决陌生情境下的相关问题；②能设计新实验探究改变物体内能的方法。

2. 测评标准

（1）低阶B1：认识记忆。①能复述内能的概念；②知道热传递的条件和热传递的方向；③知道热量的概念；④知道内能和热量的单位都是焦耳；⑤知道热传递、做功可以改变物体的内能。

（2）低阶B2：理解掌握。①理解内能的概念，理解"所有分子"和"总和"的意义，理解物体的温度、质量、状态、种类对物体内能的影响。②理解外界对物体做功，物体的内能增加；物体对外界做功，物体的内能减小。③理解热传递传递的是热量，不是温度，也不是内能。热量的转移才导致物体内能和物体温度的改变。物体吸收热量，内能增加；物体放出热量，内能减小。④理解热量是内能改变时通过热传递的方式转移的能量，是内能的变化量。⑤能区分温度、热量、内能的关系。

（3）低阶&高阶B3：模仿应用。①能正确判断物体内能改变是通过哪种方式达到的；②能运用内能变化解释生活中的有关现象；③能运用内能知识解决生活中的相关问题。

（4）高阶B4：分析评价。①通过实验现象，推理并论证内能与温度的关系；②会设计压缩气体做功内能增大和气体对外做功内能减小的实验，能根据记录的实验现象，分析推理得出实验结论，能对实验的优点与不足进行评价并提出改进措施；③对改变物体内能的两种方式进行分析评价，认识到做功和热传递在改变物体内能的效果上是一样的；④能利用内能知识分析解决新情境下的相关问题。

（5）高阶B5：创新创造。①能利用内能变化创造性地解决新问题；②能利用内能知识解决地球的温室效应及其带来的危害；③能设计新实验探究改变物体内能的方法。

【课时测评】

1. 下列与物体的内能有关的认识正确的是（　　　　）。

A. 物体有机械能可能没有内能

B. 物体有内能可能没有机械能

C. 内能是物质内部所有分子做无规则运动的动能的总和

D. 温度高的物体内能一定比温度低的物体内能大

2. 关于热现象下列说法正确的是（　　　　）。

A. 温度相同的两个物体间也能发生热传递

B. 0℃的冰变成0℃的水，温度与质量不变，所以内能不变

C. 热量只能由内能多的物体转移到内能少的物体

D. 任何物体都具有内能，通过摩擦可增大冰块的内能

3. 下列现象中，通过做功改变内能的是（　　　）。

A. 做饭时，用炉火对锅里的水加热

B. 把铁丝反复弯折，弯折处变热

C. 把勺子放到热汤里，勺子变热

D. 嘴向手"哈气"，手变暖和

4. 下图是探究改变物体内能的实验。

（1）烧瓶内盛少量水，向瓶内打气，在瓶塞未跳起前，瓶内气体的内能_____（选填"增大""减小"或"不变"），这是通过_____（选填"热传递"或"做功"）改变了瓶内气体的内能。

（2）继续打气，当瓶塞跳起时，观察到瓶口有"白雾"出现。这是因为瓶内气体对外做功后，内能_____（选填"增大""减小"或"不变"），温度_____（选填"升高""降低"或"不变"），瓶内气体中所含的水蒸气放热_____形成了小水珠，这一过程中，瓶内气体的内能转化为瓶塞的_____能，这是通过_____（选填"热传递"或"做功"）改变了瓶内气体的内能。

【评价建议·质量水平】

课时测评试题SOLO分类细目表

题号	1				2				3					4				
SOLO 分类	M	M	U	M	M	R	M	R	R	R	R	R	R	R	E	E	E	E
质量 水平	L2	L2	L1	L2	L2	L3	L2	L3	L3	L3	L3	L3	L3	L3	L4	L4	L4	L4

第 ⑤⑨ 课时 课题3：比热容（1）

【课标原文】

通过实验，了解比热容。

【核心素养】

1. 物理观念

基于自然现象和实验事实，初步形成比热容的概念，知道比热容是物质的一种特性，并能利用其解释简单的自然现象。

2. 科学思维

（1）能够结合生活实例与实验事实，运用转换法和控制变量法，分析论证不同的物质吸热能力不同；

（2）类比密度的定义方式，运用控制变量法、比值定义法，分析归纳比热容的定义。

3. 科学探究

（1）能根据生活经验和自然现象，作出影响物质吸热情况的初步假设；

（2）能综合已有经验设计科学的探究方案，选择合适的仪器进行实验，记录数据，得出结论，进行交流评估。

4. 科学态度与责任

（1）通过记录实验数据等实验过程，养成实事求是、严谨认真的科学态度；

（2）会用比热容解释简单的自然现象，感受物理知识与生活的密切联系。

【核心认知】

1. 基本知识

（1）比热容的概念；

（2）比热容是物质的一种特性。

2. 基本技能

（1）设计实验的技能；

（2）实验操作技能；

（3）实验观察技能；

（4）实验分析技能；

（5）绘制图像的技能。

3. 基本方法

（1）实验探究法；

（2）转换法；

（3）控制变量法；

（4）比值定义法；

（5）分析归纳法；

（6）类比法。

【关键能力】

1. 学业质量

（1）低阶B1：认识记忆。①基于实验事实，知道不同的物质吸热能力不同；②知道比热容的概念、单位、意义；③知道比热容是物质的一种特性；④能说出水的比热容及其物理意义。

（2）低阶B2：理解掌握。①掌握比热容的概念和意义；②理解比热容是物质的一种特性。

（3）低阶&高阶B3：模仿应用。能运用比热容解释生活中的有关现象。

（4）高阶B4：分析评价。①能结合生活实例与实验事实分析、归纳比热容的概念；②能够运用转换法和控制变量法探究影响不同物质吸热能力的因素；③运用比热容知识解决生产、生活中的问题。

（5）高阶B5：创新创造。①能尝试改进、优化探究物质比热容的实验；②能把比热容知识运用到陌生情境中解决新问题。

2. 测评标准

（1）低阶B1：认识记忆。①知道比热容的概念、单位、意义；②知道比热容是物质的一种特性，不同的物质比热容一般不同；③知道水的比热容是4.2×10^3J/（kg·℃），它表示使质量为1kg的水温度升高或降低1℃所需要吸收或放出的热量为4.2×10^3J。

（2）低阶B2：理解掌握。①理解不同物质的吸热能力不相同，是因为它们的比热容不相同；②会根据实例，判断物质吸热能力的强弱，即比热容的大小；③理解比热容是物质的一种特性，不同的物质比热容一般不同，一般情况下物质的比热容不变。

（3）低阶&高阶B3：模仿应用。能运用比热容解释生活中的有关现象。

（4）高阶B4：分析评价。①能够运用转换法和控制变量法探究影响不同物质吸热能力的因素；②运用比热容知识解决生产、生活中的问题。

（5）高阶B5：创新创造。①能尝试改进、优化探究物质比热容的实验；②能把比热容知识运用到陌生情境中解决新问题。

【课时测评】

1. 关于比热容，下列说法正确的是（　　）。

A. 比热容与物体的质量、吸热多少、温度变化大小有关

B. 将一铁块等分为两块，每一半的比热容变为原来的一半

C. 质量相等的水和煤油，吸收相同的热量，水的温度升得更高

D. 沙子的比热容小，所以沙漠地区昼夜温差大

2. "秋叶未尽，寒意初起。"太原市在11月1日开始冬季供暖。供暖系统中采用水作介质是利用了水的（　　）。

A. 比热容大

B. 热值大

C. 热量多

D. 内能多

3. 下表列出一些物质的比热容，根据表中数据，下列判断正确的是（　　）。

物质	水	煤油	冰	铝	铜
比热容/[J/（kg·℃）]	4.2×10^3	2.1×10^3	2.1×10^3	0.88×10^3	0.39×10^3

A. 不同物质的比热容一定不同

B. 物质的物态发生变化，比热容不变

C. 质量相等的铝和铜升高相同的温度，铝吸收的热量更多

D. 物质的比热容越大，吸收的热量就越多

4. 在"比较不同物质吸热能力"的实验中，将甲、乙两种不同的液体分别放入两个相同的烧杯内，用相同的电加热器同时加热，记录相关数据，并绘制出如图所示的图像（不计热量损失）。

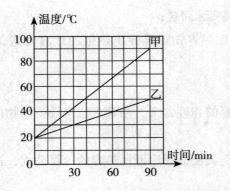

（1）实验时，选用初温和_____相等的甲、乙两种液体（选填"体积"或"质量"）。

（2）加热20min，甲吸收的热量_____（选填"大于""小于"或"等于"）乙吸收的热量。

（3）甲液体的比热容_____（选填"大于""小于"或"等于"）乙液体的比热容。

【评价建议·质量水平】

课时测评试题SOLO分类细目表

题号	1				2				3				4		
SOLO分类	U	U	R	M	R	R	R	R	U	U	R	M	R	R	E
质量水平	L1	L1	L3	L2	L3	L3	L3	L3	L1	L1	L3	L2	L3	L3	L4

第 60 课时　课题3：比热容（2）

【课标原文】

了解比热容，尝试用比热容说明简单的自然现象。

【核心素养】

1.物理观念

（1）从比热容的定义、单位、物理含义、计算等角度加强对比热容的理解，并能应用其解决实际问题；

（2）能够运用比热容知识推导出热量的计算公式，会简单的吸热、放热计算。

2. 科学思维

（1）分析比热容的物理含义，用算术法推导得出物体在温度变化时热量的计算公式；

（2）利用比值定义法推理论证比热容的计算公式，进一步加强对比热容概念的理解。

3. 科学探究

（1）通过温度传感器采集数据输入计算机，用计算机软件描绘实验数据图线并进行实验数据处理，分析比较不同物质的比热容；

（2）通过计算物质吸收热量或放出热量的多少，探究不同物质吸热的能力。

4. 科学态度与责任

（1）经历用传感器比较不同物质的比热容的过程，体会物理与生活、科技的紧密联系；

（2）通过计算物质吸收热量或放出热量的多少，养成严谨认真的科学态度。

【核心认知】

1. 基本知识

（1）比热容的概念和含义；

（2）物质吸热、放热的计算公式。

2. 基本技能

（1）实验操作技能；

（2）绘制图像的技能；

（3）物理计算能力。

3. 基本方法

（1）比值定义法；

（2）控制变量法；

（3）算术法。

【关键能力】

1. 学业质量

（1）低阶B1：认识记忆。知道物体吸热、放热的计算公式。

（2）低阶B2：理解掌握。理解物体吸热、放热的计算公式的物理意义。

（3）低阶&高阶B3：模仿应用。①能用比热容进行热量的有关计算或只做一次公式变形的应用；②能够运用比热容知识和热量计算公式解释简单的生活现象和解决简单的相关问题。

（4）高阶B4：分析评价。①能利用吸热、放热的计算公式分析、评价、比较不同物质吸热的情况和温度变化情况；②能够运用比热容和热量的计算公式解决实际生产、生活中的新问题。

（5）高阶B5：创新创造。能运用比热容和热量的计算公式解决陌生情境下的问题。

2. 测评标准

（1）低阶B1：认识记忆。知道物体吸收热量的计算公式 $[Q_{吸}=cm(t-t_0)]$ 和放出热量的计算公式 $[Q_{放}=cm(t_0-t)]$。

（2）低阶B2：理解掌握。①理解物体吸热、放热的计算公式的物理意义；②掌握热量计算公式中各物理量的含义和单位；③能根据热量的计算公式比较物体温度的变化值Δt、比热容c、热量Q的大小。

（3）低阶&高阶B3：模仿应用。①用比热容进行简单的热量计算；②运用热量的计算公式，计算物质的比热容、物体温度的变化值；③运用比热容知识和热量计算公式解释简单的生活现象和解决简单的相关问题。

（4）高阶B4：分析评价。①能利用吸热、放热的计算公式分析、评价、比较不同物质吸热的情况和温度变化情况；②能够运用比热容和热量的计算公式解决实际生产、生活中的新问题。

（5）高阶B5：创新创造。能运用比热容和热量的计算公式解决陌生情境下的问题。

【课时测评】

1. 用酒精灯烧水，当质量为1kg的水的温度从10℃升高到20℃时，消耗了15g酒精，则水吸收的热量为＿＿＿＿＿＿＿＿J。［水的比热容为$4.2×10^3$J／（kg·℃）］

2. 如图甲所示，将盛有凉牛奶的瓶子放在热水中。图乙是300g牛奶与热水的温度随时间变化的图像。[$c_{牛奶}=c_{水}=4.2 \times 10^3$J/（kg·℃），不计热损失]请回答：

（1）通过_____方式改变了牛奶的内能。

（2）牛奶在加热过程中吸收的热量是_____J。

（3）水的质量是_____g。

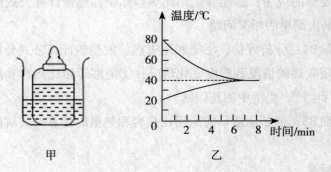

甲　　　　　　　　　　乙

【评价建议·质量水平】

课时测评试题SOLO分类细目表

题号	1		2	
SOLO分类	M	R	E	E
质量水平	L2	L3	L4	L4

第十四章　内能的利用

第 61 课时　课题1：热机

【课标原文】

（1）了解热机的工作原理；

（2）知道内能的利用在人类社会发展史上的重要意义。

【核心素养】

1. 物理观念

根据生活实例和实验事实，初步形成热机的概念，了解热机的工作原理，认识汽油机和柴油机的构造和工作过程，体会内能的利用对人类社会发展的重要作用，具有能量观。

2. 科学思维

（1）通过观察内能利用的实验，分析归纳热机的原理，建构简易热机的模型，并能对热机进行初步分类；

（2）分析对比汽油机和柴油机的主要构造、工作过程、优缺点，加深对热机的认识。

3. 科学探究

（1）通过观察内能利用的实验，分析热机的原理，进行交流评价，不断完善热机的结构，构建简易热机的模型；

（2）通过自制简易热机，增强实践体验。

4. 科学态度与责任

（1）通过自制简易热机，提升学习物理的兴趣，养成实践创新的意识；

（2）了解热机在人类社会发展史上的重要意义，关注人类探索社会的重大活动，感受科学技术对社会和人类生活的影响。

【核心认知】

1. 基本知识

（1）热机的概念和工作原理；

（2）汽油机的构造及工作过程；

（3）柴油机的构造及工作过程。

2. 基本技能

（1）实验观察技能；

（2）交流评估能力；

（3）制作简易热机模型的操作技能。

3. 基本方法

（1）分析归纳法；

（2）对比法；

（3）模型法；

（4）分类法。

【关键能力】

1. 学业质量

（1）低阶B1：认识记忆。①通过实验，认识热机及其工作原理；②知道汽油机和柴油机的主要构造和工作过程。

（2）低阶B2：理解掌握。①理解汽油机四个冲程的特点；②理解柴油机四个冲程的特点；③理解内燃机压缩冲程、做功冲程的能量转化。

（3）低阶&高阶B3：模仿应用。①能运用相关知识，区分汽油机、柴油机；②能运用能量转化知识分析内燃机的压缩冲程、做功冲程。

（4）高阶B4：分析评价。①通过观察内能利用的实验，分析归纳热机的原理，建构简易热机的模型，并能对热机进行初步分类；②分析对比汽油机和柴油机的主要构造、工作过程、优缺点，加深对热机的认识；③能运用热机知识解决生产、生活中的新问题。

（5）高阶B5：创新创造。①能优化不同种类的热机；②能运用内能和热机知识解决陌生情境下的相关问题。

2. 测评标准

（1）低阶B1：认识记忆。①通过实验，认识热机及其工作原理；②知道汽油机和柴油机的主要构造和工作过程。

（2）低阶B2：理解掌握。①理解汽油机、柴油机的吸气冲程、压缩冲程、做功冲程、排气冲程的特点；②理解内燃机压缩冲程、做功冲程的能量转化。

（3）低阶&高阶B3：模仿应用。①能从热机的主要结构和工作过程方面区分汽油机、柴油机；②能运用能量转化知识分析内燃机的压缩冲程、做功冲程。

（4）高阶B4：分析评价。①能分析汽油机、柴油机的优缺点并说明两者的设计原理；②能运用热机知识解决生产、生活中的新问题。

（5）高阶B5：创新创造。①能对不同种类的热机提出改进建议或进行优化设计；②运用内能和热机知识解决陌生情境下的相关问题。

【课时测评】

1. 从拖拉机、轮船、火车到现在的概念车等生活中常见的交通工具，其动力大都来源于内燃机。下面对内燃机的有关叙述中，不合理的是（　　　）。

A. 内燃机靠产生的高温、高压燃气做功

B. 柴油机、汽油机都属于内燃机

C. 汽油机压缩冲程中燃料的温度升高，内能增加

D. 四冲程内燃机的吸气、压缩和做功冲程靠飞轮的惯性完成

2. 下图是汽油机工作时的四个冲程，下列说法正确的是（　　　）。

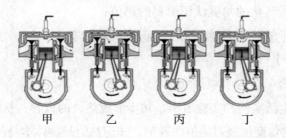

甲　　　乙　　　丙　　　丁

A. 甲是压缩冲程，将内能转化为机械能

B. 丁是做功冲程，将机械能转化为内能

C. 该车内燃机的四个冲程正确的工作顺序是乙→甲→丁→丙

D. 活塞在气缸内往复运动一次，该汽油机对外做功一次

3. 下列关于汽油机和柴油机的主要区别，说法正确的是（　　　）。

A. 构造上，汽油机气缸顶部有喷油嘴，柴油机气缸顶部有火花塞

B. 吸气冲程，柴油机吸入气缸的是柴油和空气的混合物，汽油机吸入气缸的是空气

C. 压缩冲程末，柴油机的点火方式是点燃式，汽油机的点火方式是压燃式

D. 做功冲程，柴油机的燃气温度和压强比汽油机的高

【评价建议·质量水平】

课时测评试题SOLO分类细目表

题号	1				2				3			
SOLO 分类	U	U	M	M	M	M	R	M	M	M	M	M
质量 水平	L1	L1	L2	L2	L2	L2	L3	L2	L2	L2	L2	L2

第 62 课时　课题2：热机的效率

【课标原文】

（1）从能量转化的角度认识燃料的热值；

（2）从能量的转化和转移角度认识热机的效率。

【核心素养】

1. 物理观念

（1）基于生活实例和实验事实，初步形成热值的概念，从定义、单位、意义、能量转化的角度加强对热值的理解，知道热值是物体本身的一种特性；

（2）从能量的转化和转移的角度，认识热机的效率，并能进行简单的相关计算。

2. 科学思维

（1）通过实验，运用控制变量法和转换法比较不同燃料燃烧放出热量的能力；

（2）利用比值定义法建立热值的概念；

（3）在热值概念的基础上，推导归纳燃料完全燃烧的放热公式；

（4）从能量转化和转移的角度分析热机工作时燃料释放能量的主要流向，归纳总结提高热机效率的方法。

3. 科学探究

根据生活实例作出不同燃料燃烧释放热量的能力不同的初步假设，设计实验方案，选用合适的器材进行实验，记录实验数据，分析论证，得出实验结论并进行交流评价。

4. 科学态度与责任

（1）通过比较不同燃料燃烧释放热量的能力不同的探究实验，养成良好的实验习惯；

（2）了解热机的效率，养成可持续发展的意识。

【核心认知】

1. 基本知识

（1）燃料的热值；

（2）燃料完全燃烧释放热量的计算公式；

（3）热机效率的概念和计算公式。

2. 基本技能

（1）设计实验方案技能；

（2）实验观察技能；

（3）数据记录与分析技能；

（4）物理计算能力。

3. 基本方法

（1）类比法；

（2）比值定义法；

（3）分析归纳法；

（4）转换法；

（5）控制变量法。

【关键能力】

1. 学业质量

（1）低阶B1：认识记忆。①从生活中体会不同燃料燃烧释放热量的本领不同，知道燃料热值的定义、单位、符号；②知道燃料完全燃烧释放热量的计算公式；③能说出热机工作时燃料释放能量的主要流向，认识热机的效率。

（2）低阶B2：理解掌握。①理解燃料的热值的概念和物理意义；②理解热机的效率。

（3）低阶&高阶B3：模仿应用。①能利用热值进行燃料完全燃烧放出热量的相关计算；②能联系实际情况，简单计算热机的效率。

（4）高阶B4：分析评价。①通过实验，运用控制变量法和转换法比较不同燃料燃烧放出热量的能力；②利用比值定义法建立热值的概念；③在热值概念的基础上，推导归纳燃料完全燃烧的放热公式；④从能量转化和转移的角度分析热机工作时燃料释放能量的主要流向，归纳总结提高热机效率的方法。

（5）高阶B5：创新创造。能结合生产、生活实例找到提高热机效率的新方法，提高能源的利用率。

2. 测评标准

（1）低阶B1：认识记忆。①知道燃料热值的定义、单位、符号；②知道燃料完全燃烧释放热量的计算公式；③能说出热机工作时燃料释放能量的主要流向。

（2）低阶B2：理解掌握。①理解燃料的热值的概念和物理意义；②理解热机的效率。

（3）低阶&高阶B3：模仿应用。①能利用热值，根据$Q=mq$或$Q=Vq$进行简单计算；②能联系实际情况，简单计算热机的效率。

（4）高阶B4：分析评价。①根据生活实例作出不同燃料燃烧释放热量的能力不同的初步假设，设计实验方案，选用合适的器材进行实验，记录实验数据，分析论证，得出实验结论并进行交流评价；②从能量转化和转移的角度，分析热机工作时燃料释放能量的主要流向，归纳总结提高热机效率的方法；③能运用热机的效率知识解决新情境下的相关问题。

（5）高阶B5：创新创造。能结合生产、生活实例找到提高热机效率的新方法，提高能源的利用率。

【课时测评】

1. 关于热值和热机效率，下列说法正确的是（　　　）。

A. 使燃料燃烧更充分，可以增大燃料的热值

B. 使燃料燃烧更充分，可以提高热机的效率

C. 使用热值更大的燃料，可以提高热机的效率

D. 火箭使用液氢燃料，主要是利用了液氢的比热容大的特点

2. 汽车发动机一般是汽油机，汽油的热值为4.6×10^7J/kg，某同学阅读了某汽车发动机的说明书后，将内燃机的能量流向制成下图，下列回答错误的是（　　）。

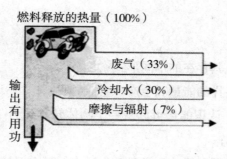

A. 该内燃机的效率为30%

B. 大量使用热机会造成环境污染

C. 收集废气的能量，能使热机效率达到100%

D. 1kg的汽油完全燃烧能够释放4.6×10^7J的热量

3. 某型号汽车使用乙醇汽油作燃料，在水平路面上匀速行驶时，每行驶100km耗油8kg，汽车牵引力做功为9.2×10^7J。已知乙醇汽油热值$q=4.6 \times 10^7$J/kg，试求下列问题：

（1）8kg乙醇汽油完全燃烧放出的热量；

（2）汽车在行驶过程中受到的牵引力；

（3）该汽车将乙醇汽油完全燃烧获得的内能转化为汽车牵引力做功的效率。

【评价建议·质量水平】

课时测评试题SOLO分类细目表

题号	1				2				3		
SOLO分类	U	U	M	E	R	R	M	R	R	E	E
质量水平	L1	L1	L2	L4	L3	L3	L2	L3	L3	L4	L4

第 ⑥③ 课时　课题3：能量的转化和守恒

【课标原文】

（1）了解能量及其存在的不同形式；

（2）描述各种各样的能量和生产、生活的联系；

（3）通过实验，认识能量可以从一个物体转移到另一个物体，不同形式的能量可以相互转化；

（4）知道能量守恒定律，列举日常生活中能量守恒的实例；

（5）有用能量转化与守恒的观点分析问题的意识。

【核心素养】

1. 物理观念

结合生活实例和实验事实，认识能量及其存在的多种形式，认识能量的转移和转化，知道能量守恒定律，并能够利用其解释一些常见的现象和解决相关的实际问题。

2. 科学思维

根据生活实例与实验现象，分析物理规律，科学推理、论证能量守恒定律。

3. 科学探究

通过实验，探究能量的转化和转移，记录实验现象和数据，分析、归纳总结能量守恒定律，进行交流评价。

4. 科学态度与责任

通过学习能量的转化与守恒，形成科学的世界观和可持续发展的意识。

【核心认知】

1. 基本知识

（1）能量的转化、转移；

（2）能量守恒定律。

2. 基本技能

（1）实验操作技能；

（2）实验分析技能。

3. 基本方法

（1）实验法；

（2）分析归纳法；

（3）科学推理法。

【关键能力】

1. 学业质量

（1）低阶B1：认识记忆。①通过实例，认识能量及其存在形式；②通过实验，认识能量的转移和转化及其方向；③能复述能量守恒定律的内容。

（2）低阶B2：理解掌握。①理解能量的转化、转移；②理解能量守恒定律。

（3）低阶&高阶B3：模仿应用。①能列举各种能量转化和转移的生活实例；②能运用能量的转移、转化与守恒的观点解释一些常见的相关现象。

（4）高阶B4：分析评价。①通过实验，探究能量的转化和转移；②根据生活实例与实验现象，分析物理规律，科学推理、论证能量守恒定律；③能用能量守恒的观点分析生活实例中能量的转化和转移过程，解决生产、生活中的实际问题。

（5）高阶B5：创新创造。结合生产、生活中的实例，利用能量转化与守恒知识分析解决陌生情境下的相关问题。

2. 测评标准

（1）低阶B1：认识记忆。①认识能量及其存在形式；②知道能量的转移和转化及其方向；③能复述能量守恒定律的内容。

（2）低阶B2：理解掌握。①理解各种实例中的能量转化、转移；②理解能量守恒定律。

（3）低阶&高阶B3：模仿应用。①能列举各种能量转化和转移的生活实例；②能运用能量的转移、转化与守恒的观点解释一些常见的相关现象。

（4）高阶B4：分析评价。①通过实验，探究能量的转化和转移；②根据生活实例与实验现象，分析物理规律，科学推理、论证能量守恒定律；③能用能量守恒的观点分析生活实例中能量的转化和转移过程，解决生产、生活中的实际问题；④用能量守恒定律解释永动机是不存在的。

（5）高阶B5：创新创造。结合生产、生活中的实例，利用能量转化与守恒知识分析解决陌生情境下的相关问题。

【课时测评】

1. 下列说法中正确的是（　　　）。

A. 钻木取火，是将内能转化为机械能

B. 酒精燃烧，是将化学能转化为内能

C. 太阳能电池是将太阳能转化为化学能

D. 对手机电池充电，是将化学能转化为电能

2. 右图是小球在地面弹跳的频闪照片，关于此过程中小球的能量转化，下列说法中正确的是（　　　）。

A. 小球弹跳的最大高度越来越低，说明小球在此过程中能量不守恒

B. 小球在图中乙点比丙点位置的内能大

C. 在不考虑热量散失的情况下，小球在甲点时的内能最大

D. 小球在丙点位置动能、机械能都比在乙点位置时小

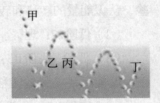

3. 人类的祖先钻木取火，为人类文明揭开了新的一页。钻木取火的一种方法是将削尖的木棒伸到木板的洞里，用力压住木棒来回拉动钻弓。木棒在木板的洞里转动时，板与棒互相摩擦，机械能转化为内能，而热集中在洞内，不易散发，提高了木棒尖端的温度，当达到约260℃时木棒便开始燃烧。因木头是热的不良导体，故受热厚度很薄，木棒受热部分的质量只有0.25g。已知，来回拉一次钻弓需1.0s，弓长为$s=0.25m$，人拉弓的力为16N，木头比热容为$c=2.1 \times 10^3$J/（kg·℃），室温为20℃。问：

（1）人来回拉一次钻弓克服摩擦力所做的功为多少？

（2）人克服摩擦力做功使机械能转化为内能，若其中有25%被木棒尖端吸收，则1.0s内可使木棒尖端温度提高多少摄氏度？

（3）请你估算用多长时间才能使木棒燃烧起来。

【评价建议·质量水平】

课时测评试题SOLO分类细目表

题号	1				2			3		
SOLO分类	M	M	M	M	M	R	R	R	E	E	E
质量水平	L2	L2	L2	L2	L2	L3	L3	L3	L4	L4	L4

第十五章　电流和电路

第 64 课时　课题1：两种电荷

【课标原文】

（1）观察摩擦起电现象，探究并了解同种电荷相互排斥，异种电荷相互吸引；

（2）举例说明生活中的静电现象。

【核心素养】

1. 物理观念

（1）基于生活实例和实验事实，认识摩擦起电现象，认识两种电荷及电荷间的相互作用规律，并能运用其解释相关现象；

（2）知道电荷量及其单位，知道原子及其结构，了解摩擦起电的原因；

（3）认识导体和绝缘体，了解电荷的定向移动和自由电子。

2. 科学思维

（1）在实验的基础上分析推理，归纳总结出"只有两种电荷"以及电荷之间相互作用的规律；

（2）通过摩擦起电的原理图，建立电子转移的微观图景，了解摩擦起电的原因；

（3）根据是否容易传导电荷，把物质分为导体和绝缘体。

3. 科学探究

（1）通过观察摩擦起电的现象，对微观世界进行大胆的猜想，并能够作出合理的假设，能够综合已有的经验设计科学的探究方案，选择合适的仪器进行实验，记录实验现象并进行分析交流；

（2）设计实验，探究验电器的工作原理；

（3）通过实验，认识导体和绝缘体，了解电荷的定向移动，增强实践体验。

4. 科学态度与责任

（1）通过研究摩擦起电现象，养成科学探索的习惯；

（2）通过列举摩擦起电的生活实例，感悟物理与生活、社会的密切联系；

（3）通过探究电荷间相互作用的规律，养成良好的实验习惯和严谨的科学态度。

【核心认知】

1. 基本知识

（1）两种电荷及电荷之间相互作用的规律；

（2）原子及其结构；

（3）摩擦起电；

（4）导体和绝缘体的概念。

2. 基本技能

（1）实验操作技能；

（2）实验观察技能；

（3）实验分析技能。

3. 基本方法

（1）实验探究法；

（2）科学推理法；

（3）分析归纳法；

（4）模型法。

【关键能力】

1. 学业质量

（1）低阶B1：认识记忆。①通过生活实例和实验，认识摩擦起电现象，知道摩擦起电的原因；②知道自然界只存在两种电荷及电荷间的相互作用规律；③知道导体和绝缘体；④知道验电器的构造、作用及其工作原理；⑤知道原子及其结构，知道电荷的单位和一个自由电子所带的电量。

（2）低阶B2：理解掌握。①理解摩擦起电的实质；②理解电荷间的相互作用规律；③理解导体和绝缘体的区别；④理解验电器的工作原理。

（3）低阶&高阶B3：模仿应用。①能简单应用摩擦起电解释生活中的常见现象；②能用电荷间的相互作用规律解释生活和自然中的有关现象；③能利用摩擦起电和电荷间相互作用的规律等知识解决生活中简单的相关问题。

（4）高阶B4：分析评价。①能通过观察摩擦起电的基本现象，简单分析总结摩擦起电的条件；②能通过实验加推理的科学方法分析归纳出电荷间的相互作用规律；③能从微观方面解释导体容易导电的原因，建立电荷定向移动的抽象模型；④能利用摩擦起电和电荷间相互作用的规律等知识解决新情境下的相关问题。

（5）高阶B5：创新创造。①能利用控制变量法探究生产、生活中的新问题；②能运用分析推理的方法解决新问题；③能综合利用摩擦起电和电荷间相互作用的规律等知识解决陌生情境中的相关问题。

2. 测评标准

（1）低阶B1：认识记忆。①认识摩擦起电现象；②知道自然界只存在两种电荷——正电荷和负电荷；③知道电荷间的相互作用规律——同种电荷相互排斥，异种电荷相互吸引；④知道验电器的作用是检验物体是否带电；⑤知道原子是由原子核和核外电子构成的，知道电荷的单位和一个自由电子所带的电量；⑥知道导体是容易导电的物体，绝缘体是不容易导电的物体。

（2）低阶B2：理解掌握。①理解摩擦起电的实质是电子的转移，而不是创造了电荷；②理解同种电荷相互排斥，异种电荷相互吸引的规律；③理解导体和绝缘体的区别，会判断物体是否是导体，理解导体含有大量自由移动的电荷，容易导电；④理解物体容易导电和容易带电的区别，绝缘体不容易导电，容易带电；⑤理解验电器的工作原理是同种电荷相互排斥。

（3）低阶&高阶B3：模仿应用。①简单应用摩擦起电解释生活中的常见现象；②用电荷间的相互作用的规律解释生活和自然中的有关现象；③利用摩擦起电和电荷间相互作用的规律等知识解决生活中简单的相关问题。

（4）高阶B4：分析评价。①通过观察摩擦起电的基本现象，简单分析总结摩擦起电的条件；②通过实验加推理的科学方法分析归纳出电荷间的相互作用规律；③从微观方面解释导体容易导电的原因，建立电荷定向移动的抽象模型；④利用摩擦起电和电荷间相互作用的规律等知识解决新情境下的相关问题。

（5）高阶B5：创新创造。①利用控制变量法探究生产、生活中的新问题；②运用分析推理的方法解决新问题；③综合利用摩擦起电和电荷间相互作用的规律等知识解决陌生情境中的相关问题。

【课时测评】

1. 下列说法中正确的是（　　　）。

A. 自然界只存在正、负两种电荷

B. 同种电荷相互吸引，异种电荷相互排斥

C. 摩擦起电创造了电荷

D. 摩擦起电中带正电的物体是因为得到正电荷

2. 用丝线悬吊着A、B、C三个轻质小球，相互作用情况如图所示，下列说法中正确的是（　　　）。

A. 若A带正电，则C一定带正电

B. 若A带负电，则C一定带正电

C. A、B一定带同种电荷，C可能不带电

D. B、C一定带异种电荷，A可能不带电

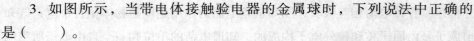

3. 如图所示，当带电体接触验电器的金属球时，下列说法中正确的是（　　　）。

A. 若带电体带正电荷，则这些正电荷就会通过金属杆全部转移到金属箔上

B. 若带电体带负电荷，则这些负电荷就会通过金属杆全部转移到金属箔上

C. 若带电体带正电荷，则验电器就有一部分电子转移到带电体上

D. 若带电体带负电荷，则验电器就有一部分正电荷转移到带电体上

4. 下图所示的物品中，通常情况下属于导体的是（　　　）。

A. 陶瓷茶杯　　　B. 橡胶棒　　　C. 不锈钢水桶　　　D. 玻璃杯

【评价建议·质量水平】

课时测评试题SOLO分类细目表

题号	1				2				3				4			
SOLO分类	U	U	M	M	E	E	E	E	E	E	E	E	U	U	U	U
质量水平	L1	L1	L2	L2	L4	L4	L4	L4	L4	L4	L4	L4	L1	L1	L1	L1

第 65 课时　课题2：电流和电路（1）

【课标原文】

（1）知道电流；

（2）从能量转化的角度认识电源和用电器的作用。

【核心素养】

1. 物理观念

（1）通过实验，初步形成电流的概念，从电流的形成条件、电流的方向等角度理解电流；

（2）从能量转化的角度认识电源和用电器在电路中的作用。

2. 科学思维

（1）用"人流"或者"水流"类比电流，建立电流的概念；

（2）通过实验，分析论证电流的形成条件；

（3）从具体的线路连接抽象出电路的概念，从实验中分析归纳电路各组成部分的作用。

3. 科学探究

通过实验，合作探究电路的基本组成、电流的形成条件，增强实践体验。

4. 科学态度与责任

通过实验探究电路的基本组成、电流的形成条件，养成良好的实验习惯和勇于探索的科学精神。

【核心认知】

1. 基本知识

（1）电流的定义及方向；

（2）电路的构成及其作用。

2. 基本技能

（1）连接电路等实验操作技能；

（2）实验观察技能；

（3）实验分析技能。

3. 基本方法

（1）实验探究法；

（2）类比法。

【关键能力】

1. 学业质量

（1）低阶B1：认识记忆。①知道电流的概念；②知道电流的形成条件；③知道电流方向的规定；④知道电路的基本组成。

（2）低阶B2：理解掌握。①理解电流形成的原因；②理解电流的方向是正电荷定向移动的方向，电子定向移动的方向与电流的方向相反；③理解电路各组成部分的作用；④理解发光二极管的单向导电性。

（3）低阶&高阶B3：模仿应用。①会根据电路判断电路中电流的方向；②会运用发光二极管的单向导电性，判断电流的方向；③会连接简单的串联电路。

（4）高阶B4：分析评价。①用"人流"或者"水流"类比电流，建立电流的概念；②通过实验，分析论证电流的形成条件；③从具体的线路连接抽象出电路的概念，从实验中分析归纳电路各组成部分的作用；④会利用电流和电路知识分析电路，解决新情境下的实际问题。

（5）高阶B5：创新创造。①能够利用简单电路和发光二极管进行创新性设计；②能综合运用电流和电路知识分析解决陌生情境下的相关问题。

2. 测评标准

（1）低阶B1：认识记忆。①知道电流是电荷的定向移动形成的；②知道电路中形成持续电流的条件：一是有电源，二是电路必须是闭合的；③知道正电荷定向移动的方向为电流方向；④知道电路的基本组成：电源、导线、开关、用电器。

（2）低阶B2：理解掌握。①会判断电路中是否有电流以及电流的方向，知道在电源外部电流从电源正极出发回到电源负极；②理解金属导电是靠自由电子的定向移动，电子定向移动的方向与电流的方向相反；③理解电路中电源的作用是提供电能，用电器的作用是消耗电能，方便我们的生产、生活；④理解发光二极管的单向导电性。

（3）低阶&高阶B3：模仿应用。①会运用发光二极管的单向导电性判断电流的方向；②会连接简单的串联电路。

（4）高阶B4：分析评价。①通过实验，分析论证电流的形成条件；②分析简单的串联电路；③利用电流和电路知识分析电路，解决新情境下的实际问题。

（5）高阶B5：创新创造。①利用简单电路和发光二极管进行创新性设计；②综合运用电流和电路知识分析解决陌生情境下的相关问题。

【课时测评】

1. 下列说法中正确的是（　　　　）。

A. 电源是将机械能转化为电能的装置

B. 在闭合电路中，如果没有电源就不会有持续电流

C. 用电器工作时，将电能转化为内能

D. 电荷运动就会形成电流

2. 下列有关电流形成的说法中正确的是（　　　　）。

A. 只有正电荷定向移动才能形成电流

B. 电路中有持续电流时就一定有电源

C. 正、负电荷同时向相反方向定向移动不能形成电流

D. 金属导体中，自由电子定向运动的方向，就是电流的方向

3. 如图甲所示，验电器A带正电，B不带电。用带有绝缘柄的金属棒把A、B两个金属球连接起来的瞬间（图乙），金属棒中（　　　　）。

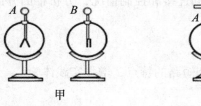
甲

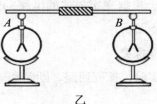
乙

A. 正电荷从A流向B B. 自由电子从B流向A

C. 电流方向由B流向A D. 形成持续的电流

【评价建议·质量水平】

课时测评试题SOLO分类细目表

题号	1				2				3			
SOLO 分类	U	U	U	U	M	M	M	M	R	R	R	R
质量 水平	L1	L1	L1	L1	L2	L2	L2	L2	L3	L3	L3	L3

第 66 课时　课题2：电流和电路（2）

【课标原文】

会看、会画简单的电路图。

【核心素养】

1. 物理观念

通过实验，认识断路、通路、短路，能连接简单的电路且能画简单的电路图，并应用其解决一些实际问题。

2. 科学思维

（1）通过实验，形成感性认识，分析推理，归纳总结电路的三种状态及其特点；

（2）能利用电路图分析电路；

（3）会分析实物图，画出电路图；

（4）会根据文字描述的电路的连接和控制情况，分析推断并画出电路图或连接实物图。

3. 科学探究

通过实验，探究通路、断路和短路的特点，增强实践体验。

4. 科学态度与责任

（1）通过画电路图和连接电路，养成良好的实验习惯和严谨认真的科学态度；

（2）能根据生活实例分析电路故障带来的危害，形成安全用电的社会责任感。

【核心认知】

1. 基本知识

（1）电路图；

（2）通路、断路、短路的特点。

2. 基本技能

（1）连接电路的实验操作技能；

（2）实验观察技能；

（3）实验分析技能；

（4）画电路图的作图技能；

（5）识图技能。

3. 基本方法

（1）实验探究法；

（2）分析、分类归纳法。

【关键能力】

1. 学业质量

（1）低阶B1：认识记忆。①知道电路元件的符号，知道电路图的组成；②通过实验，认识通路、断路、短路。

（2）低阶B2：理解掌握。①理解断路、通路、短路的特点；②能读懂电路图和实物图。

（3）低阶&高阶B3：模仿应用。①能根据电路图连接简单的实物图；②会根据实物图画出简单的电路图；③能运用断路、通路、短路的特点解释生活中的有关电学现象；④能运用电路知识解决生产、生活中常见的问题。

（4）高阶B4：分析评价。①通过实验，形成感性认识，分析推理，归纳总结电路的三种状态及其特点；②能利用电路图分析比较复杂的电路；③会分析比较复杂的实物图，画出电路图；④会根据文字描述的电路的连接和控制情况，分析推断并画出电路图或连接实物图；⑤会运用电路知识分析解决新情境下电路中出现的问题。

（5）高阶B5：创新创造。①能利用图形结合的方式去描述复杂的物理问题；②能运用电路知识分析解决陌生情境下的相关问题。

2. 测评标准

（1）低阶B1：认识记忆。①知道电路元件的符号，知道电路图的基本组成（电源、导线、开关、用电器）；②知道通路、断路、短路的概念。

（2）低阶B2：理解掌握。①理解通路、断路、短路的特点，能识别断路和短路；②能读懂电路图和实物图。

（3）低阶&高阶B3：模仿应用。①根据电路图连接简单的实物图；②根据实物图画出简单的电路图；③能运用断路、通路、短路的特点解释生活中有关的电学现象；④能运用电路知识解决生产、生活中常见的问题，能解除简单的电路故障。

（4）高阶B4：分析评价。①通过实验，形成感性认识，分析推理，归纳总结电路的三种状态及其特点；②利用电路图分析比较复杂的电路；③分析比较复杂的实物图，画出对应的电路图；④会根据文字描述的电路的连接和控制情况，分析推理，并画出电路图或连接实物图；⑤会运用电路知识分析解决电路中出现的问题；⑥会分析电路中存在的故障，并改进电路，解决问题。

（5）高阶B5：创新创造。①利用图形结合的方式描述复杂的物理问题；②运用电路知识分析解决陌生情境下的相关问题，能根据实际情况设计电路解决新问题。

【课时测评】

1. 下列的电路图中结构完整、能正常工作的是（　　　）。

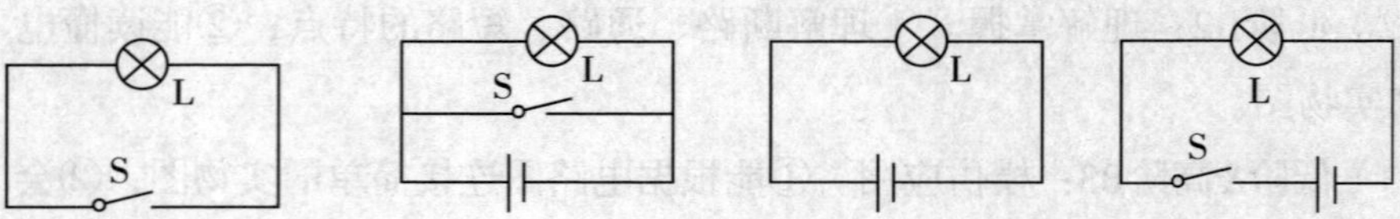

A.　　　　　　B.　　　　　　C.　　　　　　D.

2. 小明正确连接如图所示的电路，闭合开关S，发现灯L₁不发光，灯L₂发光。由此判定电路可能（　　　）。

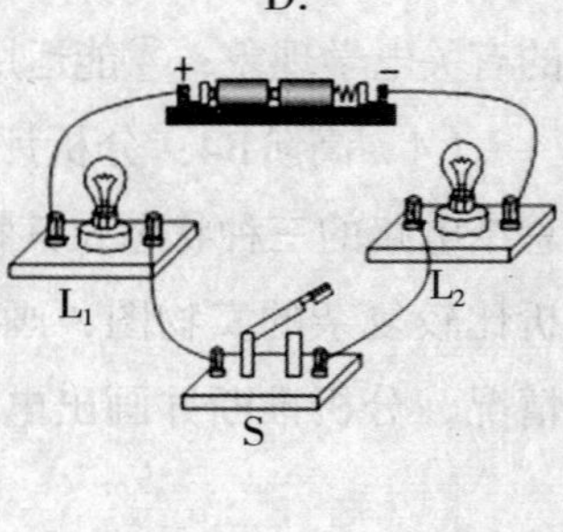

A. 灯L₁短路　　　　B. 灯L₂短路

C. 灯L₁断路　　　　D. 灯L₂断路

3. 下列选项中的电路图与实物图一致的是（ 　　 ）。

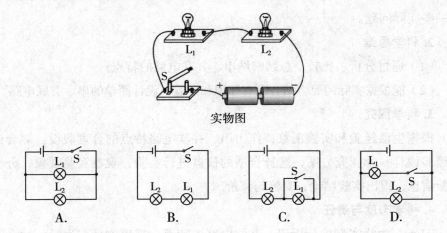

实物图

A.　　　　B.　　　　C.　　　　D.

【评价建议·质量水平】

课时测评试题SOLO分类细目表

题号	1				2				3			
SOLO 分类	M	M	M	M	E	E	E	E	E	E	E	E
质量水平	L2	L2	L2	L2	L4	L4	L4	L4	L4	L4	L4	L4

第 67 课时　课题3：串联和并联

【课标原文】

（1）会连接简单的串联电路和并联电路；

（2）说出生产、生活中采用简单串联或并联电路的实例；

（3）通过实验连接简单的串、并联电路。

【核心素养】

1. 物理观念

基于生活实例和实验事实，初步形成串联电路和并联电路的概念，从其定义、特点、区别、应用等方面理解串联电路和并联电路，并能够利用其解决一些实际问题。

2. 科学思维

（1）通过分析、比较，总结归纳串、并联电路的特点；

（2）能根据实际需要，结合已有知识和经验，设计简单的串、并联电路。

3. 科学探究

根据生活经验和实验现象，作出串、并联电路特点的合理假设，综合已有经验设计科学探究方案，选择合适的仪器进行实验，观察实验现象，分析实验信息，得出实验结论，交流与评价。

4. 科学态度与责任

（1）在生活实例中分析串、并联电路的特点，感悟物理与生活、社会等的密切联系；

（2）通过探究实验养成良好的实验习惯和严谨的科学态度；

（3）根据生产、生活要求设计简单的串、并联电路，增强科技创新的意识。

【核心认知】

1. 基本知识

（1）串、并联电路的概念；

（2）串、并联电路的特点；

（3）生活中的电路。

2. 基本技能

（1）连接串、并联电路的实验操作技能；

（2）画电路图的作图技能；

（3）电路分析技能；

（4）设计电路的技能。

3. 基本方法

（1）实验探究法；

（2）对比法；

（3）分析归纳法。

【关键能力】

1. 学业质量

（1）低阶B1：认识记忆。①通过生活实例和实验事实，初步认识串、并联电路；②知道串、并联电路的特点；③能列举生活中的串、并联电路。

（2）低阶B2：理解掌握。理解串、并联电路的概念和特点。

（3）低阶&高阶B3：模仿应用。①能按照要求连接简单的串、并联电路；②能利用串、并联电路的特点解释生活中相关的常见问题。

（4）高阶B4：分析评价。①经历探究串、并联电路的特点的实验过程，分析、比较，总结归纳串、并联电路的特点；②能结合已有知识和经验分析电路，能按照要求设计合适的串、并联电路；③能利用串、并联电路的特点分析解决生产、生活中的实际问题。

（5）高阶B5：创新创造。①能利用分类、对比等方法研究身边的问题；②能运用串、并联电路知识解决陌生情境中的问题。

2.测评标准

（1）低阶B1：认识记忆。①知道串、并联电路中开关的具体作用；②知道串、并联电路的特点；③能列举生活中的串、并联电路。

（2）低阶B2：理解掌握。①理解串、并联电路的特点；②会辨别串联电路和并联电路；③理解并联电路中干路开关和支路开关的作用。

（3）低阶&高阶B3：模仿应用。①能按照要求连接简单的串、并联电路；②能利用串、并联电路的特点解释生活中相关的常见问题。

（4）高阶B4：分析评价。①能设计科学的探究方案，选择合适的仪器探究串、并联电路的特点；②能利用串、并联电路的特点，分析电路的连接形式；③能结合已有知识和经验按照要求设计适合的串、并联电路；④能利用串、并联电路的特点排除电路故障，分析解决生产、生活中的实际问题。

（5）高阶B5：创新创造。①能利用分类、对比等方法研究身边的问题；②能运用串、并联电路知识解决陌生情境中的问题。

【课时测评】

1. 关于马路上路灯的连接，下列说法中正确的是（　　　）。

A. 看不见电线，无法判断

B. 用一个总开关控制这些灯，串、并联都可以

C. 一定是并联，否则一盏灯坏了，其他灯也不亮

D. 一定是串联，否则不会同时亮同时灭

2. 下图所示的四个电路中，闭合开关S，三盏灯是并联的是（　　）。

 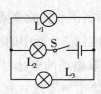 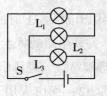 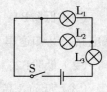

  A.   B.   C.   D.

3. 如图所示的电路，要使灯泡L_1、L_2组成串联电路，应进行的操作是（　　）。

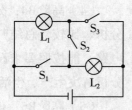

A. 只闭合S_1 B. 只闭合S_2

C. 闭合S_1和S_2 D. 闭合S_1、S_2和S_3

4. 下图为实验电路图，某同学画出的对应的电路图中正确的是（　　）。

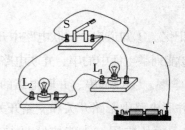

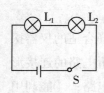

  A.   B.   C.   D.

【评价建议·质量水平】

课时测评试题SOLO分类细目表

题号	1		2				3				4			
SOLO 分类	U	U	M	M	M	M	M	M	R	R	R	R	R	R	R	R
质量 水平	L1	L1	L2	L2	L2	L2	L2	L2	L3	L3	L3	L3	L3	L3	L3	L3

第 ⑥⑧ 课时 课题4：电流的测量

【课标原文】

会使用电流表。

【核心素养】

1. 物理观念

通过实验和生活实例，从电流的单位、符号、测量等角度认识电流的大小，加强对电流的理解，并能应用其解释相关的电学现象和解决实际问题。

2. 科学思维

（1）通过对比实验中灯泡亮度的变化，引入电流强弱的概念；

（2）通过实际操作，归纳总结电流表的使用方法和注意事项。

3. 科学探究

（1）观察实验中灯泡亮度的变化，作出电流有大有小的合理猜想；

（2）设计实验方案，连接电路，使用电流表测量通过灯泡电流的大小，交流评价，归纳总结电流表的正确使用方法。

4. 科学态度与责任

（1）通过了解生活中常见用电器工作时的电流，感悟物理与生活的紧密联系；

（2）通过探究电流表的正确使用方法，养成良好的实验习惯和严谨的科学态度，增强安全用电的意识；

（3）通过对物理学家安培的介绍，提升人文素养和科学素养。

【核心认知】

1. 基本知识

（1）电流的强弱；

（2）电流的测量。

2. 基本技能

（1）实验观察技能；

（2）电流表的使用技能；

（3）作电路图的技能。

3. 基本方法

（1）实验探究法；

（2）对比分析法；

（3）归纳法。

【关键能力】

1. 学业质量

（1）低阶B1：认识记忆。①通过实验和生活实例，初步感知电流的强弱；②知道电流的符号、单位及其换算关系；③了解生活中常见用电器工作时的电流；④认识电流表，了解电流表的用途及符号。

（2）低阶B2：理解掌握。①理解电流强弱对用电器工作的影响；②理解电流表的正确使用方法，会正确读出电流表的示数。

（3）低阶&高阶B3：模仿应用。①正确使用电流表测量电路中的电流；②能把研究电流表构造和使用方法的过程应用到研究其他电学元件上；③用电流表的测量结果解释有关现象，解决简单的电路问题。

（4）高阶B4：分析评价。①通过对比分析实验中灯泡亮度的变化，引入电流强弱的概念；②经历探究电流表的使用方法，归纳总结使用电流表的注意事项；③能利用电流表测量电流解决新情境中的相关问题。

（5）高阶B5：创新创造。①能运用学过的知识，设计新的仪器或者新的实验方案来测量电流的大小；②能够利用电流表设计电路解决陌生情境下的新问题。

2. 测评标准

（1）低阶B1：认识记忆。①知道电流的符号、单位及其换算关系；②了解生活中常见用电器工作时的电流大小；③知道电流表的用途及符号；④知道电流表的基本构造，认识电流表的刻度盘、三个接线柱等；⑤知道电流表的使用方法，即要选择合适的量程，使用前要校零，串联在电路中，电流从正接线柱流进，从负接线柱流出，不允许把电流表直接接在电源的两极。

（2）低阶B2：理解掌握。①理解并能估测生活中常见用电器正常工作时的电流值；②理解电流表的量程、分度值、接线柱之间存在的联系；③理解使用电流表测量电流的注意事项；④会正确读出电流表的示数。

（3）低阶&高阶B3：模仿应用。①正确使用电流表测量电路中的电流；②能把研究电流表构造和使用方法的过程应用到研究其他电学元件上；③用电流表的测量结果解释有关现象，解决简单的电路问题。

（4）高阶B4：分析评价。①会根据灯泡亮度的变化，分析电流的强弱；②能通过电流表在测量中出现的实验现象（指针不转、指针反向偏转、指针偏转角度不大等），分析得出电流表在使用过程中可能存在的问题；③能对电流表测量电流的过程进行评价和交流；④会分析电流表两个量程之间的定量关系；⑤能利用电流表测量电流解决新情境中的相关问题。

（5）高阶B5：创新创造。①能运用学过的知识，设计新的仪器或者新的实验方案来测量电流的大小；②能利用电流表设计电路解决陌生情境下的新问题。

【课时测评】

1. 下列家用电器在正常工作时，通过的电流最大的是（　　　）。

A. 电熨斗　　　　　　B. 电风扇　　　　　　C. 电视机　　　　　　D. 手电筒

2. 下列有关电流表的使用的说法中，正确的是（　　　）。

A. 在使用时，电流表有示数时立刻进行读数

B. 可以将电流表直接连接到电源的两极进行读数

C. 实验前，电流表的指针指在0刻度线的左侧，说明电流表的正负接线柱接反了

D. 在用电流表测量电路中电流的实验中，将0~0.6A的量程接入电路，而一位同学却按0~3A的量程读数，读得2A，则电路中实际电流为0.4A

3. 如图所示，电流表能直接测量通过灯泡L_2的电流的电路是（　　　）。

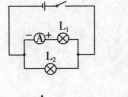 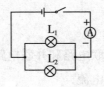 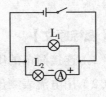

A.　　　　　　　　B.　　　　　　　　C.　　　　　　　　D.

4. 在如图所示的电路中，电流表测量的是（　　　）。

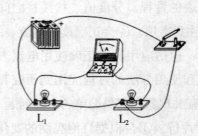

A. 通过灯L$_1$的电流

B. 通过灯L$_2$的电流

C. 通过灯L$_1$和灯L$_2$的电流

D. 以上三种都有可能

5. 小明在一次读某电流表的示数时，如果表的指针如右图所示，那么小明的正确读数是_____A。

【评价建议·质量水平】

课时测评试题SOLO分类细目表

题号	1				2			3				4				5
SOLO 分类	U	U	U	U	M	M	M	R	R	R	R	R	R	R	R	M
质量 水平	L1	L1	L1	L1	L2	L2	L2	L3	L3	L3	L3	L3	L3	L3	L3	L2

第 ⑥⑨ 课时　课题5：串、并联电路中电流的规律

【课标原文】

（1）连接简单的串联电路和并联电路；

（2）用电流表测量电流；

（3）了解串、并联电路电流的特点。

【核心素养】

1. 物理观念

通过实验，了解串、并联电路中电流的规律，并能应用其解决实际问题。

2. 科学思维

（1）根据实验现象和实验数据，分析、归纳串、并联电路中电流的规律；

（2）实验中要改用不同型号的灯泡多做几次实验，收集多组实验数据，探寻普遍规律；

（3）类比水流，加深理解串、并联电路中电流的规律。

3. 科学探究

基于实验，提出问题，并能根据实验现象作出串、并联电路中电流关系的合理猜想，设计实验方案，画出电路图，选择实验器材，按照实验步骤进行实验，收集实验数据，分析数据，得出实验结论并进行交流评估。

4. 科学态度与责任

（1）通过探究串、并联电路中电流规律的实验，养成严谨的科学作风；

（2）通过记录和分析实验数据，养成实事求是的科学态度；

（3）在实验中进一步学会正确使用电流表，养成良好的实验操作习惯。

【核心认知】

1. 基本知识

（1）电流表的使用；

（2）串、并联电路中电流的规律。

2. 基本技能

（1）设计实验方案的技能；

（2）连接电路和测量电流的实验操作技能；

（3）数据分析与处理技能；

（4）合作交流技能。

3. 基本方法

（1）实验探究法；

（2）分析归纳法；

（3）类比法。

【关键能力】

1. 学业质量

（1）低阶B1：认识记忆。①认识串、并联电路；②知道电流表的使用方法；③通过实验，知道串、并联电路中电流的规律。

（2）低阶B2：理解掌握。①能够读懂电路图；②能识别在串、并联电路中电流表的测量对象；③理解串、并联电路中电流的规律。

（3）低阶&高阶B3：模仿应用。①会正确使用电流表测量串、并联电路中的电流；②会运用串、并联电路的电流规律解决简单的相关问题。

（4）高阶B4：分析评价。①经历探究串、并联电路中电流的规律的全过程；②会运用串、并联电路的电流规律，分析生活中的电学现象，解决新情境下的相关问题。

（5）高阶B5：创新创造。①能结合串、并联电路中电流的规律提出新的问题；②能对探究实验的合作学习过程提出改进意见；③会综合运用串、并联电路中的电流规律等电学知识解决陌生情境下的新问题。

2. 测评标准

（1）低阶B1：认识记忆。①知道电流表要和测量对象串联，电流要从电流表的正接线柱流进，负接线柱流出；②知道串联电路中电流处处相等，并联电路中各支路电流之和等于干路电流。

（2）低阶B2：理解掌握。①能够读懂电路图；②能识别在串、并联电路中电流表的测量对象，会读出电流表的读数；③理解串、并联电路中电流的规律，会根据实际情况，计算串、并联电路中电流的大小。

（3）低阶&高阶B3：模仿应用。①会正确使用电流表测量串、并联电路中的电流；②会运用串、并联电路的电流规律解决简单的相关问题。

（4）高阶B4：分析评价。①能设计实验方案选择合适的仪器探究串、并联电路中的电流规律；②能根据电路中的电流特点分析判断电路的连接方式；③会运用串、并联电路的电流规律，分析生活中的电学现象，解决新情境下的相关问题。

（5）高阶B5：创新创造。①能结合串、并联电路中电流的规律提出新的问题；②能对探究实验的合作学习过程提出改进意见；③会综合运用串、并联电路中的电流规律等电学知识解决陌生情境下的新问题。

【课时测评】

1. 为探究串联电路中电流的特点，小华设计了如图所示的电路。下列关于实验的说法，正确的是（　　　）。

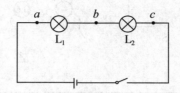

A. 最好选用型号相同、量程相同的三个电压表测量

B. 最好选用型号相同、量程相同的三个电流表测量

C. L_1和L_2应为型号不同的灯泡，通过灯泡亮暗判断电流大小

D. L_1和L_2应为型号相同的灯泡，通过灯泡亮暗判断电流大小

2. 将两个电流表分别接入如图甲所示的两个位置测量电流，此时电流表A_1和A_2指针的偏转如图乙所示，下列说法正确的是（　　　）。

A. 电流表A_2测量电灯L_2的电流

B. 电流表A_1的示数可能为0.24A

C. 电流表A_2的示数一定为2A

D. 通过灯L_2的电流可能为0.12A

3. 在"探究并联电路的电流规律"的实验中，图甲是实验的电路图。

（1）若要测量干路中的电流，则电流表应接在甲图中的_____点。

（2）小明同学准备测量A处的电流，开关闭合后发现电流表的指针偏转如图乙所示，出现该现象的原因是_____；排除故障后，他用电流表分别在A、B、C处测得的电流值见下表。

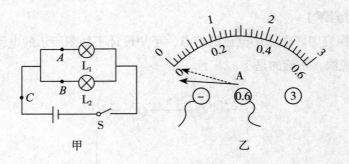

甲　　　　　　　　乙

测量处	*A*	*B*	*C*
电流/A	0.28	0.24	0.52

比较表中数据，可以初步得出结论：＿＿＿＿＿＿＿＿＿＿。（用含I_A、I_B、I_C的式子表示）

（3）在表格中记录数据后，接下来应该做的是＿＿＿＿＿＿＿＿。

A. 整理器材，结束实验

B. 分析数据，得出结论

C. 换用不同规格的小灯泡，再测出几组数据

D. 换用电流表的另一量程，再测出一组数据

（4）某小组在测量*C*处的电流时，L_1灯泡发生断路，L_2亮度＿＿＿＿＿＿（选填"变亮""变暗"或"不变"），电流表示数＿＿＿＿＿＿（选填"变大""不变"或"变小"）。

【评价建议·质量水平】

课时测评试题SOLO分类细目表

题号	1				2				3					
SOLO分类	M	M	M	M	R	R	R	R	U	R	R	R	E	E
质量水平	L2	L2	L2	L2	L3	L3	L3	L3	L1	L3	L3	L3	L4	L4

第十六章　电压　电阻

第 70 课时　课题1：电压

【课标原文】

知道电压，会使用电压表。

【核心素养】

1. 物理观念

（1）通过生活实例和实验现象，感知电压的存在，认识电压与电源和用电器的关系，认识电压的高低，初步形成电压的概念；

（2）从电压的作用、单位、测量等角度加深对电压的理解，并能应用其解决生活中的相关问题。

2. 科学思维

（1）通过类比水压，认识电压的作用；

（2）通过实验，类比电流表的使用方法，分析归纳电压表的使用方法；

（3）对比分析电流表和电压表的外部结构、用途、使用方法等的异同，熟练掌握电流和电压的测量方法。

3. 科学探究

利用电压表设计实验测量用电器两端的电压，交流合作，归纳总结电压表的使用方法，编制电压表的使用说明，增强实践体验。

4. 科学态度与责任

（1）了解干电池、家庭电路等生活中常见的几种电压值，感悟物理与生活、社会的密切联系；

（2）通过实验探究电压表的使用方法，养成良好的实验操作习惯和严谨

267

的科学态度。

【核心认知】

1. 基本知识

（1）电压的作用；

（2）电压的单位和符号；

（3）电压的测量。

2. 基本技能

（1）使用电压表测量电压的操作技能；

（2）实验观察技能；

（3）实验分析技能。

3. 基本方法

（1）实验探究法；

（2）类比法；

（3）对比法；

（4）分析归纳法。

【关键能力】

1. 学业质量

（1）低阶B1：认识记忆。①通过生活实例和实验，感知电压，初步认识电压；②知道电压的作用及电源是提供电压的装置；③知道电压的符号、单位及其换算关系；④能记住干电池、家庭电路的电压值；⑤认识电压表，了解电压表的用途及符号。

（2）低阶B2：理解掌握。①理解电压的作用；②理解电压表的使用方法，会正确读出电压表的读数。

（3）低阶&高阶B3：模仿应用。①会正确使用电压表测量电路中用电器两端的电压；②能运用电压的知识解释有关电学现象；③能利用电压表测量电压，分析解决简单的电路问题。

（4）高阶B4：分析评价。①通过类比水压，认识电压的作用；②经历探究电压表的使用方法的过程，归纳总结使用电压表的注意事项；③对比分析电流表和电压表的外部结构、用途、使用方法等的异同，熟练掌握电流和电压的测量方法；④能利用电压表测量电压，解决新情境中的相关问题。

（5）高阶B5：创新创造。①能运用学过的知识，设计新的仪器或者新的实验方案来测量电压的大小；②能够利用电压表设计电路，解决陌生情境下的新问题。

2. 测评标准

（1）低阶B1：认识记忆。①知道电压的作用及电源是提供电压的装置；②知道电压的符号、单位及其换算关系；③知道干电池、家庭电路的电压值；④知道电压表的用途及符号；⑤知道电压表的基本构造，认识电压表的刻度盘、三个接线柱等；⑥知道电压表的使用方法，即要选择合适的量程，使用前要校零，并联在电路中，电压表的正接线柱接电源的正极，其负接线柱接电源的负极。

（2）低阶B2：理解掌握。①理解电压的作用；②理解电源的作用是为用电器两端提供电压；③理解并能估测生活中常见用电器正常工作时的电压值；④理解电压表的量程、分度值、接线柱之间存在的联系；⑤理解使用电压表测量电压的注意事项；⑥会正确读出电压表的示数。

（3）低阶&高阶B3：模仿应用。①正确使用电压表测量电路中用电器两端的电压；②运用电压知识解释有关电学现象；③利用电压表测量电压，分析解决简单的电路问题。

（4）高阶B4：分析评价。①会根据灯泡亮度的变化，分析灯泡两端电压的大小；②能通过电压表在测量中出现的实验现象（指针不转、指针反向偏转、指针偏转角度不大等），分析得出电压表在使用过程中可能存在的问题；③能对电压表测量电压的过程进行评价和交流；④会分析电压表两个量程之间的定量关系；⑤能利用电压表测量电压，解决新情境中的相关问题。

（5）高阶B5：创新创造。①运用学过的知识，设计新的仪器或者新的实验方案来测量电压的大小；②利用电压表设计电路解决陌生情境下的新问题。

【课时测评】

1. 现代人的生活已经离不开电了，为了安全用电，我们对生活中的一些"电"常识的了解必不可少。下列有关常见电压值的表述错误的是（　　　）。

A. 一节新的干电池的电压是1.5V

B. 对人体安全的电压是36V

C. 手机锂电池电压约为3.6V

D. 家庭电路的电压是220V

2. 下图所示的电路图中，能用电压表正确测出灯L_1两端电压的是（　　　）。

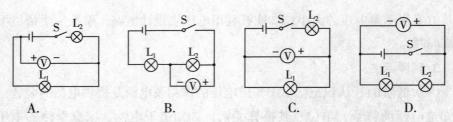

A.　　　　　　B.　　　　　　C.　　　　　　D.

3. 在右图所示的电路中，若在闭合开关S后，两只灯泡都能发光，应在图甲、乙两处连入的元件是（　　　）。

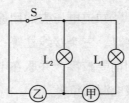

A. 甲是电压表，乙是电池

B. 甲是电池，乙是电流表

C. 甲是电流表，乙是电池

D. 甲是电压表，乙是电流表

4. 右图所示的电压表，若选0～3V的量程，读数是_____V；若选0～15V的量程，读数是_____V。

【评价建议·质量水平】

课时测评试题SOLO分类细目表

题号	1				2				3				4	
SOLO 分类	U	U	U	U	E	E	R	R	R	R	E	R	M	M
质量 水平	L1	L1	L1	L1	L4	L4	L3	L3	L3	L3	L4	L3	L2	L2

第 ㉛ 课时　课题2：串、并联电路中电压的规律（1）

【课标原文】

（1）了解串联电路中电压的特点；

（2）连接简单的串联电路；

（3）用电压表测量电压。

【核心素养】

1. 物理观念

通过实验，了解串联电路中电压的规律，并能应用其解决实际问题。

2. 科学思维

（1）分析实验数据，推理与论证串联电路中电压的规律；

（2）实验中要改用不同型号的灯泡多做几次实验，收集多组实验数据，探寻普遍规律。

3. 科学探究

（1）基于实验，提出问题，并能根据实验现象作出串联电路中电压关系的合理猜想，初步设计实验方案，画出电路图，交流评价，完善实验方案和实验数据表格，选择实验器材，按照实验步骤进行实验，收集实验数据，分析数据，得出实验结论并进行交流评估；

（2）通过实验探究电池组两端电压与各电池两端电压的关系，增强实践体验。

4. 科学态度与责任

（1）在生活实例中分析串联电路中电压的规律，感悟物理与生活、社会等的密切联系；

（2）通过实验探究串联电路中电压的规律，养成良好的实验习惯和严谨的科学态度；

（3）在实验中进一步学会正确使用电压表，养成良好的实验操作习惯。

【核心认知】

1. 基本知识

（1）电压表的使用；

（2）串联电路中电压的规律。

2. 基本技能

（1）设计实验方案的技能；

（2）连接电路和测量电压的实验操作技能；

（3）数据分析与处理技能；

（4）合作交流技能。

3. 基本方法

（1）实验探究法；

（2）分析归纳法。

【关键能力】

1. 学业质量

（1）低阶B1：认识记忆。①知道电压表的使用方法；②通过实验，知道串联电路中电压的规律。

（2）低阶B2：理解掌握。①能识别在串联电路中电压表的测量对象，能读懂电路图；②理解电池组两端电压与各电池两端电压的关系；③理解串联电路中电压的规律。

（3）低阶&高阶B3：模仿应用。①会用电压表测量串联电路中各用电器两端的电压；②会运用串联电路中电压的规律解决简单的相关问题。

（4）高阶B4：分析评价。①经历探究串联电路中电压的规律的全过程；②会运用串联电路中电压的规律分析生活中的电学现象，解决新情境下的相关问题。

（5）高阶B5：创新创造。①能够对探究串联电路中电压规律的实验进行改进；②能够综合运用串联电路中电压的规律等电学知识解决陌生情境下的新问题。

2. 测评标准

（1）低阶B1：认识记忆。①知道电压表要和测量对象并联，电压表的正接线柱接电源的正极，其负接线柱接电源的负极；②知道串联电路中电源电压等于各用电器两端电压之和；③知道串联电池组两端电压等于各电池两端电压之和。

（2）低阶B2：理解掌握。①能够读懂电路图；②能识别在串联电路中电压表的测量对象，会读出电压表的读数；③理解串联电路中电压的规律，会根据实际情况，计算串联电路中用电器两端电压的大小。

（3）低阶&高阶B3：模仿应用。①会正确使用电压表测量串联电路中用电器两端的电压；②会运用串联电路中电压的规律解决简单的相关问题。

（4）高阶B4：分析评价。①能设计实验方案探究串联电路中的电压规律，会画出电路图，会设计实验数据表格，会选择实验器材，按照实验步骤进行实验，收集实验数据，分析数据，交流合作，归纳总结得出实验结论并交流评估；②能根据电路中的电压特点分析判断电路的连接方式；③会运用串联电路中电压的规律，分析生活中的电学现象，解决新情境下的相关问题。

（5）高阶B5：创新创造。①能够对探究串联电路中电压规律的实验进行改进；②能够综合运用串联电路中电压的规律等电学知识解决陌生情境下的新问题。

【课时测评】

1. 小明按图甲所示的电路进行实验，当闭合开关用电器正常工作时，电压表V_1和V_2的指针完全一样，如图乙所示，则L_1、L_2两端的电压分别为（　　）。

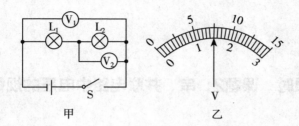

A. 6V　1.5V　　　　B. 7.5V　1.5V　　　　C. 1.5V　7.5V　　　D. 1.5V　6V

2. 在"探究串联电路电压的特点"活动中，电路图如下图所示，电压表三处的测量值见下表。

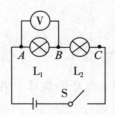

U_{AB}/V	U_{BC}/V	U_{AC}/V
2.6	1.8	4.4

（1）在连接电路时开关应_____。

（2）小芳在测完L_1两端的电压后，保持电压表的B连接点不动，只断开A连接点，并改接到C连接点上，测量L_2两端电压。她_____（选填"能"或"不能"）测L_2两端电压，理由是：_____。

（3）改进实验后，本实验结论是：串联电路总电压等于_____。

（4）这个实验在设计方案上还存在的不足之处是_____。

（5）为了让结论具有普遍性，小芳还应该_____。

【评价建议·质量水平】

课时测评试题SOLO分类细目表

题号	1				2					
SOLO 分类	R	R	R	R	U	R	R	M	M	R
质量 水平	L3	L3	L3	L3	L1	L3	L3	L2	L2	L3

第 72 课时　课题2：串、并联电路中电压的规律（2）

【课标原文】

（1）了解并联电路中电压的特点；

（2）连接简单的并联电路；

（3）用电压表测量电压。

【核心素养】

1. 物理观念

通过实验，了解并联电路中电压的规律，并能应用串、并联电路中电压的规律解决实际问题。

2. 科学思维

（1）分析实验数据，推理与论证并联电路中电压的规律；

（2）实验中要改用不同型号的灯泡多做几次实验，收集多组实验数据，探寻普遍规律；

（3）通过对比，加深对串、并联电路中电压的规律的认识。

3. 科学探究

基于实验，提出问题，根据实验现象作出并联电路中电压关系的合理猜想，设计实验方案，画出电路图，选择实验器材，进行实验，收集实验数据，分析数据，得出实验结论并交流评估。

4. 科学态度与责任

（1）在生活实例中分析并联电路中电压的规律，感悟物理与生活、社会等的密切联系；

（2）通过实验探究并联电路中电压的规律，养成良好的实验习惯和严谨的科学态度。

【核心认知】

1. 基本知识

（1）电压表的使用；

（2）并联电路中电压的规律。

2. 基本技能

（1）设计实验方案的技能；

（2）连接电路和测量电压的实验操作技能；

（3）数据分析与处理技能；

（4）合作交流技能。

3. 基本方法

（1）实验探究法；

（2）分析归纳法；

（3）对比分析法。

【关键能力】

1. 学业质量

（1）低阶B1：认识记忆。通过实验，知道并联电路中电压的规律。

（2）低阶B2：理解掌握。①能识别在并联电路中电压表的测量对象，能读懂电路图；②理解并联电路中电压的规律。

（3）低阶&高阶B3：模仿应用。①会用电压表测量并联电路中各用电器两端的电压；②会运用并联电路中电压的规律解决简单的相关问题。

（4）高阶B4：分析评价。①经历探究并联电路中电压的规律的全过程；②会运用并联电路中电压的规律分析生活中的电学现象，解决新情境下的相关问题。

（5）高阶B5：创新创造。①能够对探究并联电路电压规律的实验进行改进；②能够综合运用串、并联电路中电压的规律等电学知识解决陌生情境下的新问题。

2. 测评标准

（1）低阶B1：认识记忆。①知道电压表要和测量对象并联，电压表的正接线柱接电源的正极，其负接线柱接电源的负极；②知道并联电路中各用电器两端的电压等于电源电压。

（2）低阶B2：理解掌握。①能够读懂电路图；②能识别电路中电压表的测量对象，会读出电压表的读数；③理解串、并联电路中电压的规律，会根据实际情况，计算电路中用电器两端电压的大小。

（3）低阶&高阶B3：模仿应用。①会正确使用电压表测量串、并联电路中的电压；②会运用串、并联电路的电压规律解决简单的相关问题。

（4）高阶B4：分析评价。①能设计实验方案探究并联电路中的电压规律，会画出电路图，会设计实验数据表格，会选择实验器材，按照实验步骤进行实验，收集实验数据，分析数据，交流合作，归纳总结得出实验结论并交流评估；②能根据电路中电压的特点分析判断电路的连接方式；③会运用串、并联电路中电压的规律分析生活中的电学现象，解决新情境下的相关问题。

（5）高阶B5：创新创造。①能够对探究并联电路中电压的规律的实验进行改进；②能够综合运用串、并联电路中电压的规律等电学知识解决陌生情境下的新问题。

【课时测评】

1. 如图所示，开关S闭合，两个灯均正常发光，电流表A_1的示数为0.8A，电流表A_2的示数为0.5A，电压表的示数为8V。下列判断不正确的是（　　）。

 A. 通过灯L_1的电流为0.3A

 B. 灯L_1两端的电压为8V

 C. 灯L_2两端的电压为8V

 D. 电源两端的电压为16V

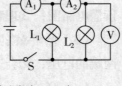

2. 如图所示，当电压表的示数为2.5V时，灯L_2两端的电压（　　）。

 A. 有可能大于2.5V

 B. 有可能小于2.5V

 C. 一定等于2.5V

 D. 无法判断

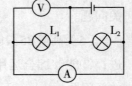

3.探究"并联电路电压的关系"的实验如下图所示。

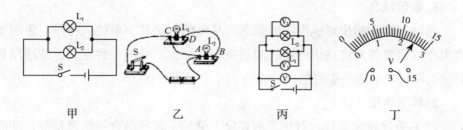

甲　　　　　乙　　　　　丙　　　　　丁

（1）小明按照图甲所示的电路连成图乙所示的实物图，电压表尚未连接。如果直接闭合开关将出现_____（选填"开路"或"短路"）现象，小灯泡L_1、L_2都不会亮，还可能造成_____损坏。

（2）为了使电路连接正确，只需更改跟L_1、L_2的四个接线柱A、B、C、D相连的某根导线的一端，请在需要改动的导线上打"×"并改正。选用一种方法即可。

（3）接下来，他们按图丙所示的电路图连接了三个电压表，实验过程中，电压表V_2的示数如图丁所示，则电压表V的示数是_____V。

【评价建议·质量水平】

课时测评试题SOLO分类细目表

题号	1				2				3			
SOLO分类	R	R	R	R	R	R	R	R	R	R	E	E
质量水平	L3	L3	L3	L3	L3	L3	L3	L3	L3	L3	L4	L4

第 73 课时　课题3：电阻

【课标原文】

知道电阻。

【核心素养】

1. 物理观念

通过实验，初步形成电阻的概念，从电阻的定义、单位、符号、影响电阻大小的因素等角度认识电阻，知道电阻是导体本身的一种性质，能应用其解决实际生活中的一些问题。

2. 科学思维

（1）通过观察实验，对比实验现象，分析发现所隐含的物理特征，从而认识电阻对电流的作用，建立电阻的概念；

（2）通过类比的方法，作出影响电阻大小因素的科学猜想；

（3）利用转换法，通过观察小灯泡的亮度或电流表的示数来判断导体电阻的大小；

（4）运用控制变量法探究影响电阻大小的因素。

3. 科学探究

能根据生活实例和实验现象，作出影响电阻大小因素的初步假设，能综合已有经验设计科学的探究方案，选择合适的仪器进行实验，记录实验数据，分析交流，得出实验结论并评估反思。

4. 科学态度与责任

（1）展示生活中的材料，进一步认识导体，感悟物理与生活的密切联系；

（2）通过探究影响电阻大小因素的实验，养成良好的实验习惯和严谨的科学态度；

（3）通过了解半导体和超导体的一些知识，启发思维，增强学习兴趣。

【核心认知】

1. 基本知识

（1）电阻的概念、符号、单位及其单位换算的关系；

（2）决定电阻大小的因素。

2. 基本技能

（1）作出科学猜想的技能；

（2）设计简单实验方案的技能；

（3）电流测量等实验操作技能；

（4）实验分析技能。

3. 基本方法

（1）实验法；

（2）转换法；

（3）控制变量法；

（4）对比法；

（5）类比法。

【关键能力】

1. 学业质量

（1）低阶B1：认识记忆。①通过实验，认识电阻；②知道电阻的符号、单位及单位换算关系；③会画出电阻在电路图中的符号；④利用电阻知识，进一步认识导体和绝缘体的区别。

（2）低阶B2：理解掌握。①理解电阻的概念；②理解影响电阻大小的因素；③理解电阻是导体本身的一种性质。

（3）低阶&高阶B3：模仿应用。①初步运用电阻知识解释生活中的一些电学现象；②能运用电阻知识解决实际电路中的简单问题。

（4）高阶B4：分析评价。①通过观察实验，对比实验现象，分析发现所隐含的物理特征，从而认识电阻的作用，建立电阻的概念；②经历电阻影响因素的探究过程；③会运用电阻的相关知识分析解决新情境下的相关问题。

（5）高阶B5：创新创造。①会运用电阻的相关知识分析解决陌生情境下的问题；②能利用转换法、控制变量法研究新问题。

2. 测评标准

（1）低阶B1：认识记忆。①知道电阻的概念；②知道电阻的符号、单位及单位换算关系；③会画出电阻在电路图中的符号。

（2）低阶B2：理解掌握。①理解电阻的概念，理解电阻越大对电流的阻碍作用就会越大；②理解电阻是导体本身的一种性质，决定电阻大小的因素有材料、长度、横截面积、温度；③会根据实际情况，利用电阻知识判断电阻的变化。

（3）低阶&高阶B3：模仿应用。①初步运用电阻知识解释生活中的一些电学现象；②运用电阻知识解决实际电路中的简单问题。

（4）高阶B4：分析评价。①会探究影响电阻大小的因素（能根据生活实例和实验现象，作出影响电阻大小因素的初步假设，能综合已有经验设计科学的探究方案，选择合适的仪器进行实验，记录实验数据，分析交流，得出实验结论并评估反思）；②会运用电阻的相关知识分析解决新情境下的相关问题。

（5）高阶B5：创新创造。①会运用电阻的相关知识分析解决陌生情境下的问题；②能利用转换法、控制变量法研究新问题。

【课时测评】

1. 关于导体的电阻，下列说法中正确的是（　　　　）。

A. 粗细相同的两根导线，较长的导线电阻一定大

B. 镍铬合金丝的电阻一定比铜丝的电阻大

C. 长短相同的两根导线，横截面积较小的那根电阻一定较大

D. 同种材料制成的长短相同的两根导线，粗导线的电阻较小

2. 如图所示，*AB*和*BC*是由同种材料制成的长度相同、横截面积不同的两段导体，将它们串联后连入电路中，下列说法中正确的是（　　　　）。

A. *AB*段电阻大，电流小

B. *BC*段电阻大，电流小

C. *AB*段电阻大，电流与*BC*段相等

D. *BC*段电阻大，电流与*AB*段相等

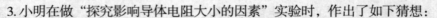

3. 小明在做"探究影响导体电阻大小的因素"实验时，作出了如下猜想：

猜想一：导体的电阻可能与导体的长度有关；

猜想二：导体的电阻可能与导体的横截面积有关；

猜想三：导体的电阻可能与导体的材料有关。

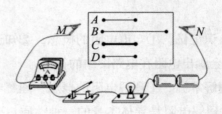

实验室提供了4根电阻丝，其规格、材料见下表。

编号	材料	长度L/m	横截面积S/mm²
A	镍铬合金	0.25	1.0
B	镍铬合金	0.50	1.0
C	镍铬合金	0.25	2.0
D	锰铜合金	0.25	1.0

（1）如图所示，闭合开关后，在 M、N 之间分别接上不同的导体，通过观察相关现象比较导体电阻大小，电路中同时接有小灯泡和电流表的优点是_____。

（2）为了验证猜想二，可依次把 M、N 与_____（填字母编号）的两端相连，闭合开关，记下电流表的示数，分析比较这两根电阻丝电阻的大小。

（3）依次把 M、N 与电阻丝 A、B 的两端连接，闭合开关，电流表的示数不同。分析比较 A、B 两根电阻丝电阻的大小，可探究电阻与_____的关系，其结论是_____。

（4）小丽在探究同样的课题时，手边只有一根电阻丝，那么，她利用这根电阻丝和上述电路，不能够完成猜想_____（填"一""二"或"三"）的实验验证。

【评价建议·质量水平】

课时测评试题SOLO分类细目表

题号	1				2				3			
SOLO 分类	M	U	M	U	R	R	R	R	E	R	R	E	E
质量 水平	L2	L1	L2	L1	L3	L3	L3	L3	L4	L3	L3	L4	L4

第 74 课时　课题4：变阻器

【课标原文】

知道电阻。

【核心素养】

1. 物理观念

通过实验，从滑动变阻器的构造、工作原理、连接方法、在电路中的作用等方面认识变阻器，并能应用其解决相关的实际问题。

2. 科学思维

（1）对比分析改变电阻丝阻值大小的几种方法，确定通过改变接入电路的电阻丝长度是最简便的方法；

（2）通过实验，分析总结滑动变阻器的连接方法；

（3）根据实验现象，分析和归纳滑动变阻器在电路中的作用。

3. 科学探究

（1）通过探究如何改变电路中小灯泡的亮度，自制滑动变阻器；

（2）通过实验，认识滑动变阻器在电路中的作用，加强实践体验。

4. 科学态度与责任

（1）会把滑动变阻器正确连入电路，养成正确的实验操作习惯；

（2）通过了解滑动变阻器的应用，体会科学、技术、社会的紧密联系。

【核心认知】

1. 基本知识

（1）变阻器的工作原理；

（2）滑动变阻器的连接方法；

（3）变阻器在电路中的作用。

2. 基本技能

（1）设计简单的实验方案的技能；

（2）连接滑动变阻器等实验操作技能；

（3）实验分析技能。

3. 基本方法

（1）对比法；

（2）转换法；

（3）分析归纳法。

【关键能力】

1. 学业质量

（1）低阶B1：认识记忆。①通过实验，认识滑动变阻器；②能画出滑动变阻器在电路图中的符号。

（2）低阶B2：理解掌握。①理解滑动变阻器的工作原理；②理解滑动变阻器的使用方法。

（3）低阶&高阶B3：模仿应用。①会把滑动变阻器正确连入电路来改变电路中的电流以及用电器两端的电压；②会运用滑动变阻器知识简单分析实际电路中电流和电压的变化，解释简单的电学现象。

（4）高阶B4：分析评价。①对比分析改变电阻丝阻值大小的几种方法，确定通过改变接入电路的电阻丝长度是最简便的方法；②通过实验，分析总结滑动变阻器的连接方法；③根据实验现象，分析、归纳滑动变阻器在电路中的作用；④会运用变阻器知识分析解决新情境下的相关问题。

（5）高阶B5：创新创造。①会综合运用变阻器等电学知识分析解决陌生情境下的新问题；②会设计实验探究身边的新问题。

2. 测评标准

（1）低阶B1：认识记忆。①认识滑动变阻器，能说出滑动变阻器的构造；②能画出滑动变阻器在电路图中的符号；③知道滑动变阻器的工作原理。

（2）低阶B2：理解掌握。①理解滑动变阻器的工作原理是改变了接入电路中电阻的长度；②会把滑动变阻器的接线柱"一上一下"地连入电路。

（3）低阶&高阶B3：模仿应用。①会按照要求把滑动变阻器正确连入电路来改变电路中的电流以及用电器两端的电压；②会运用滑动变阻器知识简单分析实际电路中电流和电压的变化，解释简单的电学现象。

（4）高阶B4：分析评价。①会分析滑动变阻器在具体电路中的作用；②会运用变阻器知识分析解决新情境下的相关问题。

（5）高阶B5：创新创造。①会综合运用变阻器等电学知识分析解决陌生情境下的新问题；②会设计实验探究身边的新问题。

【课时测评】

1. 将如图所示的滑动变阻器正确接入电路，移动滑片到不同位置，可以改变滑动变阻器接入电路的电阻，这是通过改变下列哪个因素，实现了电阻丝接入电路中电阻的变化？（　　）

A. 长度　　　　　　　　B. 横截面积

C. 材料　　　　　　　　D. 温度

2. 在如图所示的电路中，用滑动变阻器调节灯的亮度。若要求滑片P向右端滑动时灯逐渐变暗，应选择下列哪种接法？（　　）

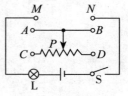

A. M接A，N接B　　　　B. M接C，N接D

C. M接C，N接B D. M接A，N接D

3. 某滑动变阻器上标有"100Ω 0.5A"字样，其中"100Ω"表示_____，"0.5A"表示_____；通常使用前应将滑动变阻器的滑片调至_____的位置，以达到保护电路的目的。

【评价建议·质量水平】

课时测评试题SOLO分类细目表

题号	1				2				3		
SOLO分类	U	U	U	U	E	E	E	E	M	M	M
质量水平	L1	L1	L1	L1	L4	L4	L4	L4	L2	L2	L2

第十七章　欧姆定律

第 75 课时　课题1：电流与电压和电阻的关系（1）

【课标原文】

（1）知道电压、电流和电阻；

（2）通过实验，探究电流与电压、电阻的关系。

【核心素养】

1. 物理观念

通过实验，进一步认识电流、电压和电阻的概念，初步认识电流与电压的关系，并能够利用其解决一些实际问题。

2. 科学思维

（1）会利用控制变量法设计实验来研究电流与电压的关系；

（2）会分析归纳改变电阻两端电压的方法，确定最佳实验方案；

（3）会运用图像法探讨实验记录中有关物理量之间是否存在严格的数据依存关系；

（4）会分析实验数据，推理得出电流与电压的定量关系。

3. 科学探究

能够根据不同的实验现象和已有的电学知识，作出电流与电压关系的合理猜想，并综合已有的经验设计科学的探究方案，选择合适的仪器进行实验，记录数据，分析论证，评估交流。

4. 科学态度与责任

（1）通过使用电流表、电压表、滑动变阻器，养成正确的实验操作习惯；

（2）通过实验探究电流与电压的关系，养成实事求是、严谨认真的科学态度。

【核心认知】

1. 基本知识

电流与电压的关系。

2. 基本技能

（1）设计实验的技能；

（2）实验操作技能；

（3）证据收集、分析技能。

3. 基本方法

（1）实验探究法；

（2）控制变量法；

（3）图像分析法；

（4）分析归纳法。

【关键能力】

1. 学业质量

（1）低阶B1：认识记忆。通过实验，知道电流与电压的关系。

（2）低阶B2：理解掌握。①进一步理解电流、电压和电阻的概念；②理解电流与电压的正比关系。

（3）低阶&高阶B3：模仿应用。①能简单应用电流与电压的关系解释生活中的有关现象；②能利用电流与电压的正比关系解决生活中的常见问题。

（4）高阶B4：分析评价。①经历实验探究电流与电压的关系的全过程；②能利用电流与电压的正比关系解决新情境下的相关问题。

（5）高阶B5：创新创造。①能利用电流与电压的正比关系解决陌生情境下的新问题；②能将控制变量法、图像分析法运用于新问题的研究。

2. 测评标准

（1）低阶B1：认识记忆。知道电流与电压的正比关系。

（2）低阶B2：理解掌握。理解导体的电阻一定时，通过导体的电流与导体两端的电压成正比。

（3）低阶&高阶B3：模仿应用。①能简单应用电流与电压的关系解释生活中的有关现象；②能利用电流与电压的正比关系解决生活中的常见问题。

（4）高阶B4：分析评价。①会利用控制变量法设计实验方案来探究电流与电压的关系，并对实验过程进行评估与交流；②会分析滑动变阻器在探究电流与电压关系中的具体作用；③能利用电流与电压的正比关系解决新情境下的相关问题。

（5）高阶B5：创新创造。①将电流与电压的关系运用于陌生情境，解决实际问题；②能够将控制变量法、图像分析法运用于新问题的研究。

【课时测评】

1. 一段导体两端的电压是8V时，导体中的电流是2A。如果将其两端的电压减小到4V，导体中的电流变为（　　　　）。

A. 2.0A   B. 1.0A   C. 3.0A   D. 0.5A

2. 某导体中的电流与它两端电压的关系如图所示，下列分析中正确的是（　　　　）。

A. 当导体两端的电压为0时，电阻为0

B. 该导体的电阻随电压的增大而减小

C. 通过该导体的电流和它两端的电压成正比

D. 当导体两端的电压为2V时，电流为0.6A

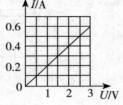

3. 如图所示，在探究"电流与电压的关系"的实验中发现，无论怎样移动滑动变阻器的滑片，电流表和电压表均无示数，假设电路中只存在一处故障，则故障不可能是（　　　　）。

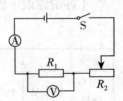

A. R_1断路   B. R_2断路

C. 电流表断路   D. 开关接触不良

4. 为了探究"电流与电压的关系"，小明设计了如图甲所示的电路图。

（1）请根据电路图，用笔画线代替导线将图乙中的元件连成电路。

（2）连接完最后一条导线后就发现电压表和电流表出现了示数，出现这种现象的原因是在连接电路时开关处于_____状态。闭合开关前，应将变阻器滑片滑到最_____端（选填"左"或"右"）。

（3）下表是小明同学实验的数据记录表，请在下图中画出I–U图像。

测量次数	电压U/V	电流I/A
1	1	0.1
2	2	0.2
3	4	0.4

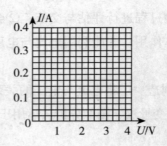

（4）分析表中数据，可得出结论：_____。

（5）滑动变阻器的作用是_____。

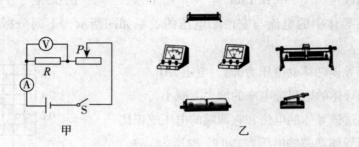

甲　　　　　　　　　　　　　　　乙

【评价建议·质量水平】

课时测评试题SOLO分类细目表

题号	1				2				3				4				
SOLO 分类	M	M	M	M	R	R	R	R	E	E	E	E	R	E	R	R	E	E
质量 水平	L2	L2	L2	L2	L3	L3	L3	L3	L4	L4	L4	L4	L3	L4	L3	L3	L4	L4

第 76 课时　课题1：电流与电压和电阻的关系（2）

【课标原文】

（1）知道电压、电流和电阻；

（2）通过实验，探究电流与电压、电阻的关系。

【核心素养】

1. 物理观念

（1）通过实验，进一步认识电流、电压和电阻的概念，初步认识电流与电阻的关系；

（2）能根据电流与电压、电阻间的正比、反比关系解决一些实际问题。

2. 科学思维

（1）会利用控制变量法设计实验来研究电流与电阻的关系；

（2）会用实验数据分析推理，得到电流与电阻的反比关系。

3. 科学探究

（1）通过使用电流表、电压表和滑动变阻器，进一步提升使用电学仪器的技能；

（2）能够根据不同的实验现象，作出电流与电阻关系的合理猜想，能综合已有的经验设计科学的探究方案，选择合适的仪器进行实验，记录数据并分析交流。

4. 科学态度与责任

（1）在生活实例分析中理解电流与电压、电阻的关系，感悟物理与生活、社会等的密切联系。

（2）通过实验探究电流与电阻的关系，养成正确的实验操作的习惯以及严谨的科学态度。

【核心认知】

1. 基本知识

电流与电阻的关系。

2. 基本技能

（1）实验观察技能；

（2）设计实验的能力；

（3）实验操作技能；

（4）证据收集、分析技能。

3. 基本方法

（1）实验探究法；

（2）控制变量法；

（3）分析归纳法；

（4）数学推理法。

【关键能力】

1. 学业质量

（1）低阶B1：认识记忆。通过实验，知道电流与电阻的关系。

（2）低阶B2：理解掌握。①进一步理解电流、电压和电阻；②理解电流与电阻的反比关系。

（3）低阶&高阶B3：模仿应用。①能应用电流与电压和电阻的关系解释生活中常见的电学现象；②能利用电流与电压和电阻的关系解决生活中的简单问题。

（4）高阶B4：分析评价。①经历探究电流与电阻的关系的全过程；②能利用电流与电压和电阻的关系解决新情境下的相关问题。

（5）高阶B5：创新创造。①能利用电流与电压和电阻的关系解决陌生情境下的新问题；②能将控制变量法等科学方法运用于新问题的研究。

2. 测评标准

（1）低阶B1：认识记忆。知道电流与电压和电阻的关系。

（2）低阶B2：理解掌握。①理解导体的电阻一定时，通过导体的电流与导体两端的电压成正比；②理解在导体两端的电压一定时，通过导体的电流与导体的电阻成反比。

（3）低阶&高阶B3：模仿应用。①能应用电流与电压和电阻的关系解释生活中常见的电学现象；②能利用电流与电压和电阻的关系解决生活中的简单问题。

（4）高阶B4：分析评价。①会利用控制变量法设计实验方案来探究电流与电阻的关系，并对实验过程进行评估与交流；②会分析滑动变阻器在探究电流与电阻关系中的具体作用；③能利用电流与电压和电阻的关系解决新情境下的相关问题。

（5）高阶B5：创新创造。①将电流与电压和电阻的关系运用于陌生情境，解决实际问题；②能够将控制变量法、图像分析法运用于新问题的研究。

【课时测评】

1. 下列四幅图中，能正确描述电阻一定时，电流与电压关系的图像是_____；能正确描述电压一定时，电流与电阻的关系的图像是_____。

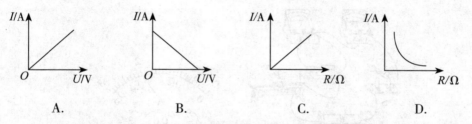

A.　　　　　B.　　　　　C.　　　　　D.

2. 小明在做探究电流与电阻关系的实验，电路如图所示，闭合开关后，发现电流表无示数，电压表有示数，移动变阻器滑片，情况依旧，则可能出现的故障是（　　　　）。

A. 电流表断路

B. 定值电阻R断路

C. 滑动变阻器短路

D. 开关接触不良

3. 在"探究一定电压下，电流与电阻的关系"实验中，老师提供的实验器材有电源（电压恒为6V），电流表、电压表各一个，四个定值电阻（5Ω、10Ω、15Ω、20Ω），两只滑动变阻器（规格分别为"20Ω1A""50Ω0.4A"），导线若干。

（1）图甲是小明连接的实物电路，图中有一根导线连接错误，请你在连接错误的导线上打"×"并补画出正确的连线。

（2）电路连接正确后，闭合开关前，滑片应置于_____端（选填"左"或"右"）。

（3）闭合开关S，无论如何移动滑动变阻器的滑片P，发现电流表示数几乎都为零，电压表示数约为6V。此时，电路出现的故障可能是_____。小明排除故障后继续实验。

（4）小明先将5Ω电阻接入电路，调节滑动变阻器的滑片P，使电压表示数为2V，电流表示数如图乙所示为_____A；再将5Ω的电阻更换为10Ω电阻，此时电流表示数为0.3A，小明发现电流与电阻不成反比，原因是_____。接下来的操作是：应将滑动变阻器适当向_____（选填"A"或"B"）移动，直到电压表示数为_____V，同时记下电流表的示数。滑动变阻器在此实验中的作用是_____。

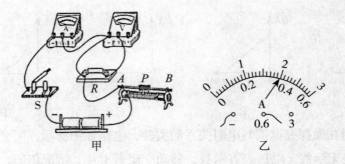

甲　　　　　　　　乙

（5）若完成用四个定值电阻进行实验，他应该选择的滑动变阻器规格是_____。

【评价建议·质量水平】

课时测评试题SOLO分类细目表

题号	1				2				3						
SOLO分类	M	M	E	E	E	E	R	R	E	E	E	E	E	E	E
质量水平	L2	L2	L4	L4	L4	L4	L3	L3	L4	L4	L4	L4	L4	L4	L4

第 77 课时　课题2：欧姆定律

【课标原文】

理解欧姆定律。

【核心素养】

1. 物理观念

从电流与电压、电阻的定量关系理解欧姆定律的内容和公式，并能应用其分析解决简单的电路问题。

2. 科学思维

（1）运用数学推理、图像分析的方法处理实验数据，归纳总结欧姆定律；

（2）能够运用欧姆定律进行简单计算，学会解答电学计算题的一般方法。

3. 科学探究

通过实验探究电流与电压、电阻的定量关系，分析归纳得到欧姆定律。

4. 科学态度与责任

（1）通过经历欧姆定律的建立过程，能正确认识科学的本质，能主动与他人交流合作，能基于证据和逻辑发表见解；

（2）通过运用欧姆定律进行计算，养成解答电学问题的良好习惯；

（3）运用欧姆定律解决实际问题，养成将物理知识应用于实践的意识。

【核心认知】

1. 基本知识

欧姆定律。

2. 基本技能

（1）数据分析技能；

（2）物理计算能力。

3. 基本方法

（1）控制变量法；

（2）数学推理法；

（3）图像分析法；

（4）分析归纳法。

【关键能力】

1. 学业质量

（1）低阶B1：认识记忆。①能复述欧姆定律的内容；②知道欧姆定律的公式、变形公式。

（2）低阶B2：理解掌握。理解欧姆定律的内容、公式、变形公式。

（3）高阶&低阶B3：模仿应用。①能应用欧姆定律解释常见的有关现象；②能应用欧姆定律进行简单计算。

（4）高阶B4：分析评价。①运用数学推理、图像分析的方法处理实验数据，归纳总结欧姆定律；②能运用欧姆定律解释和解决新情境下生产、生活中的问题。

（5）高阶B5：创新创造。①能利用数学推理、图像分析方法研究新问题；②能利用欧姆定律解决陌生情境下的新问题。

2. 测评标准

（1）低阶B1：认识记忆。①知道欧姆定律的内容，即导体中的电流与导体两端的电压成正比，与导体的电阻成反比；②知道欧姆定律的公式$I=U/R$，变形公式$U=IR$及$R=U/I$。

（2）低阶B2：理解掌握。①理解欧姆定律的内容；②理解$I=U/R$公式中的三个量是对同一个导体或同一段电路而言，三者要一一对应，即具有同一性；②理解$I=U/R$公式中的三个量是对同一时间而言的，即具有同时性；③理解电阻是导体本身的一种性质，其大小与导体两端的电压和通过导体的电流均无关系。

（3）高阶&低阶B3：模仿应用。①能应用欧姆定律解释常见的有关现象；②能应用欧姆定律进行简单计算。

（4）高阶B4：分析评价。①运用数学推理、图像分析方法处理实验数据，归纳总结欧姆定律；②运用欧姆定律解释和解决新情境下的问题。

（5）高阶B5：创新创造。①能利用数学推理、图像分析方法研究新问题；②利用欧姆定律解决陌生情境下的新问题。

【课时测评】

1. 根据欧姆定律公式$I=U/R$，可变形得到$R=U/I$、$U=IR$。下列说法中正确的是（　　）。

A. 由$U=IR$可得：导体两端的电压与通过导体的电流成正比，与导体的电阻成反比

B. 由$R=U/I$可得：某段导体两端电压为0时，导体电阻为0

C. 由$R=U/I$可得：导体两端的电压与通过导体的电流的比值等于这段导体的电阻

D. 由$R=U/I$可得：导体的电阻与导体两端的电压成正比，与通过导体的电流成反比

2. 小峻参加青少年科学素养大赛，设计了自动火灾报警器。报警器中有热敏电阻R和保护电阻R_0，其中R的阻值随温度升高而减小，当火灾发生时，温度升高，导致电表示数变大而触发报警装置。下图中能实现上述功能的电路图是（　　）。

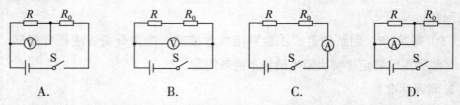

A.　　　　　　B.　　　　　　C.　　　　　　D.

3. 下图是我们在收音机小型电路中经常见到的定值电阻器，小明同学想测出这个电阻的阻值，他在电阻两端加6V电压时，通过的电流为300mA，则

它的阻值为_____Ω。如果把该电阻两端的电压调为2V，则此时该电阻的阻值为_____Ω，通过的电流是_____A。

4. 干电池是我们实验时经常使用的电源，它除了有稳定的电压外，本身也具有一定的电阻，可以把一个实际的电源看成一个理想的电源（电阻为零）和一个电阻串联组成，如图甲所示，用图乙所示的电路可以测量出一个实际电源的电阻值。图中$R=14\Omega$，开关S闭合时，电流表的读数$I=0.2A$，已知电源电压$U_总=3.0V$。求：

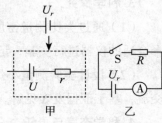

甲　　　　乙

（1）定值电阻R两端的电压U_R；

（2）电源电阻r两端的电压U_r；

（3）电源电阻r的阻值。

【评价建议·质量水平】

课时测评试题SOLO分类细目表

题号	1				2				3			4		
SOLO分类	M	M	M	M	E	E	E	E	R	M	R	R	E	E
质量水平	L2	L2	L2	L2	L4	L4	L4	L4	L3	L2	L3	L3	L4	L4

第 78 课时　课题3：电阻的测量

【课标原文】

（1）知道电阻；

（2）会使用电流表和电压表；

（3）理解欧姆定律。

【核心素养】

1. 物理观念

通过用伏安法测量电阻，加深对欧姆定律和电阻的理解，并能应用其解决实际问题。

2. 科学思维

（1）通过类比测量密度，利用欧姆定律的变形公式$R=U/I$，间接地测量导体的电阻；

（2）运用多次测量电压和电流的值电阻平均值的方法，减小实验误差；

（3）分析比较测量定值电阻和小灯泡的电阻的不同之处，加深对电阻概念的理解和掌握。

3. 科学探究

（1）通过类比测量密度，设计合理的实验方案测量定值电阻的阻值，选择合适的仪器进行实验，记录数据并分析交流；

（2）设计实验测量小灯泡的电阻，观察实验现象，记录实验数据，合作交流，基于证据发表见解。

4. 科学态度与责任

（1）通过测量定值电阻和小灯泡的电阻，能正确认识科学的本质，能主动与他人合作交流，能基于证据和逻辑发表见解；

（2）通过运用欧姆定律来测量电阻，养成将理论应用于实践的习惯。

【核心认知】

1. 基本知识

电阻的测量。

2. 基本技能

（1）设计实验的能力；

（2）实验操作技能；

（3）证据收集、分析技能。

3. 基本方法

（1）实验法；

（2）类比法；

（3）对比分析法；

（4）多次测量求平均值。

【关键能力】

1. 学业质量

（1）低阶B1：认识记忆。①知道电流表、电压表、滑动变阻器的使用方法；②知道欧姆定律的公式。

（2）低阶B2：理解掌握。①理解利用欧姆定律测量电阻的原理；②掌握电路的连接、电流表和电压表的读数、滑动变阻器的使用等基本技能。

（3）低阶&高阶B3：模仿应用。①会通过类比测量密度，利用欧姆定律的变形公式$R=U/I$，间接地测量导体的电阻；②会运用多次测量电压和电流的值求电阻平均值的方法，减小实验误差；③会连接电路，用伏安法测量电阻。

（4）高阶B4：分析评价。①会分析比较测量定值电阻和小灯泡的电阻的不同之处，加深对电阻概念的理解和掌握；②会对整个测量电阻的实验过程进行交流与评估；③能够分析解决测量电阻时出现的问题。

（5）高阶B5：创新创造。①能够设计创新的实验方案测量电阻的大小；②能利用类比法、对比分析法解决陌生情境下的新问题。

2. 测评标准

（1）低阶B1：认识记忆。①知道电流表、电压表、滑动变阻器的使用方法；②知道欧姆定律的公式$I=U/R$。

（2）低阶B2：理解掌握。①能利用欧姆定律公式的变形公式$R=U/I$作为原理设计电路；②能够正确使用电流表和电压表，并能正确读出它们的读数；③能够正确连接滑动变阻器来改变电路中的电流和电压。

（3）低阶&高阶B3：模仿应用。①会通过移动滑动变阻器多次改变电阻两端的电压和通过电阻的电流，会根据欧姆定律计算出电阻，再求电阻的平均值，从而减小误差；②能应用伏安法测量小灯泡的电阻。

（4）高阶B4：分析评价。①会分析灯丝的电阻的变化，理解其电阻变化与温度有关；②会对整个测量电阻的实验过程进行交流与评估；③能够分析解决测量电阻时出现的电路故障和简单的问题。

（5）高阶B5：创新创造。①能够设计创新的实验方案测量电阻的大小（在缺少电流表时，利用电压表等辅助仪器设计电路，测量电阻；在缺少电压表时，利用电流表等辅助仪器设计电路，测量电阻等）；②能利用类比法、对比分析法解决陌生情境下的新问题。

【课时测评】

1. 下列电学实验，都可以通过调节滑动变阻器来测量多组电流和电压，其中为了减小实验误差的是（　　　　）。

A. 探究电流与电阻的关系　　　　　　　B. 伏安法测电阻

C. 练习使用滑动变阻器　　　　　　　　D. 探究电流与电压的关系

2. 小楠同学要测量一个未知电阻R的阻值。

（1）该实验的原理是＿＿＿＿＿＿＿＿＿＿＿＿＿＿＿＿＿。

（2）图甲是实验电路图，请你依据图甲用笔画线代替导线在图乙中将没有连接完的实物图补充完整，并要求滑动变阻器向左移动时电流表示数变大。

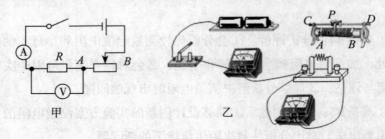

（3）在未闭合开关前，滑动变阻器的滑片要置于＿＿＿＿＿＿的位置，从而起到＿＿＿＿＿＿的作用。在实验进行时，多次移动滑动变阻器的滑片，目的是＿＿＿＿＿＿＿＿＿＿＿＿＿＿＿＿。

（4）连接好电路后，小楠进行了实验，但由于粗心，做完实验后才发现，把测量的电流值都写在草稿纸上了，请你帮助小楠同学把记录在草稿纸上的电流值填入下表。

实验次数	1	2	3
电压U/V	1.2	2.5	3.2
电流I/A			

通过表中数据的计算可知电阻的阻值R=＿＿＿＿＿＿＿Ω。

草稿纸
0.5　　0.4
0.2

3. 在测量小灯泡正常发光时的电阻实验中，选用的电源电压为4.5V，小灯泡的额定电压为2.5V，图甲是未连接完整的实验电路。

（1）请你用笔画线代替导线，将图甲所示的实物电路连接完整（要求滑动变阻器的滑片P向左移动时电流表示数变小）。

（2）检查电路连接无误后闭合开关，发现电流表有示数，电压表示数为零，电路出现的故障可能是＿＿＿＿＿＿＿＿＿＿＿＿＿＿＿。

（3）排除故障后闭合开关，缓慢移动滑动变阻器的滑片P，同时观察＿＿＿＿＿（选填"电压表"或"电流表"）示数的变化。当电压表示数如图乙所示时，其读数为_____V；若要测得小灯泡正常发光时的电阻，滑片 P 应向_____（选填"A"或"B"）端移动。

（4）改变滑片 P 的位置，获得多组对应的电压、电流值，绘制如图丙所示的 I–U 图像。由图像可知，当小灯泡两端的电压增大时，灯丝的电阻将_____，其原因是_____。根据图像可知小灯泡正常发光时的电阻是_____Ω。

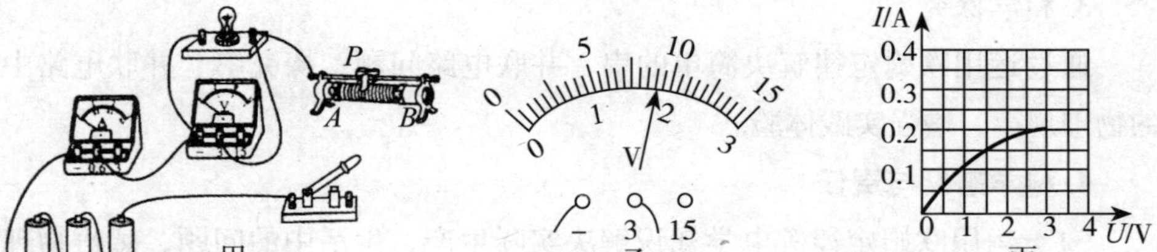

甲　乙　丙

【评价建议·质量水平】

课时测评试题SOLO分类细目表

题号	1				2						3							
SOLO分类	M	M	M	M	U	R	M	M	R	E	M	R	R	M	R	R	R	R
质量水平	L2	L2	L2	L2	L1	L3	L2	L2	L3	L4	L2	L3	L3	L2	L3	L3	L3	L3

第 79 课时　课题4：欧姆定律在串、并联电路中的应用

【课标原文】

（1）理解欧姆定律；

（2）了解串、并联电路电流和电压的特点。

【核心素养】

1. 物理观念

通过运用欧姆定律解决简单的串、并联电路问题，加强对欧姆定律和串、并联电路中电流、电压规律的理解，并能更加熟练地应用其解决实际问题。

2. 科学思维

（1）通过计算，分析归纳出一些解答电学题的方法；

（2）运用欧姆定律解决简单的串、并联电路的实际问题，培养物理建模思维。

3. 科学探究

通过运用欧姆定律解决简单的串、并联电路问题，探究串、并联电路中的物理规律，增强实践体验。

4. 科学态度与责任

（1）运用欧姆定律等电学知识解决实际生产、生活中的问题，感悟物理与生活、社会的密切联系；

（2）通过电学计算，养成解答电学问题的良好习惯，增强将物理知识应用于实践的意识。

【核心认知】

1. 基本知识

（1）欧姆定律；

（2）串、并联电路中电流、电压的规律。

2. 基本技能

（1）物理计算能力；

（2）信息收集、分析技能。

3. 基本方法

分析归纳法。

【关键能力】

1. 学业质量

（1）低阶B1：认识记忆。①知道串、并联电路中电流、电压的规律；②知道串联电路中总电阻与分电阻的关系；③知道欧姆定律。

（2）低阶B2：理解掌握。①理解串、并联电路中电流、电压的规律；②理解欧姆定律；③会利用欧姆定律和串、并联电路中电流、电压的规律进行简单的计算。

（3）低阶&高阶B3：模仿应用。能运用欧姆定律和串、并联电路中电流、电压的规律解释生活中的常见现象和解决简单的串、并联电路问题。

（4）高阶B4：分析评价。①通过典型例题的训练，分析归纳解答电学计算题的方法；②能利用欧姆定律和串、并联电路的特点等电学知识解决新情境下的相关问题。

（5）高阶B5：创新创造。能利用欧姆定律和串、并联电路的特点等电学知识解决陌生情境下的新问题。

2. 测评标准

（1）低阶B1：认识记忆。①知道欧姆定律的公式$I=U/R$，变形公式$U=IR$及$R=U/I$；②知道串、并联电路中电流、电压的规律；③知道串联电路中总电阻与分电阻的关系。

（2）低阶B2：理解掌握。①理解串、并联电路中电流、电压的规律；②理解欧姆定律；③会利用欧姆定律和串、并联电路中电流、电压的规律进行简单的计算。

（3）低阶&高阶B3：模仿应用。①能简单应用欧姆定律解释生活和自然中的电学现象；②能运用欧姆定律和串、并联电路中电流、电压的规律解决简单的串、并联电路问题。

（4）高阶B4：分析评价。能利用欧姆定律和串、并联电路的特点等电学知识解决新情境下的相关问题。

（5）高阶B5：创新创造。能利用欧姆定律和串、并联电路的特点等电学知识解决陌生情境下的新问题。

【课时测评】

1. 如图所示，电源电压保持不变，将开关S闭合，滑动变阻器的滑片P向左滑动，电路中的变化情况是（　　）。

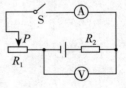

A. 电流表的示数变大

B. 电压表的示数变小

C. 电流表的示数变小，电压表的示数变大

D. 电压表和电流表示数的比值不变

2. 在如图所示的电路中，电源电压为6V不变，电阻R_1阻值为20Ω，滑动变阻器的最大阻值为30Ω，开关S闭合后，把滑动变阻器的滑片P由左端滑到右端，则电压表、电流表示数的变化范围是（　　）。

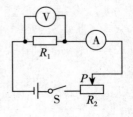

A. 0~2.4V　0~0.12A　　　　　B. 3.6~6V　0.12~0.2A

C. 3.6~6V　0.12~0.3A　　　　　D. 2.4~6V　0.12~0.3A

3. 如图所示，将R_1、R_2按两种不同的方式连接，已知电源电压前后保持不变。在甲电路中，闭合开关S，电流表示数为0.4A；在乙电路中，闭合开关S，电压表示数为6V，电流表示数为0.6A。求：

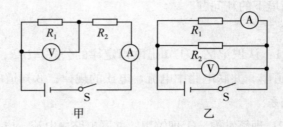

甲　　　　　　　　乙

（1）R_1的阻值；

（2）R_2的阻值；

（3）甲电路中电压表的示数。

【评价建议·质量水平】

课时测评试题SOLO分类细目表

题号	1				2				3		
SOLO分类	R	R	R	M	E	E	E	E	M	R	M
质量水平	L2	L2	L2	L3	L4	L4	L4	L4	L2	L3	L2

第十八章 电功率

第 ⑧⓪ 课时 课题1：电能 电功

【课标原文】

结合实例理解电功。

【核心素养】

1. 物理观念

（1）通过生活实例认识电能及其转化，了解电能的各种来源与应用，有能量转化与守恒的思想；

（2）结合实例理解电功，知道电功及其公式，并会应用其解决实际问题。

2. 科学思维

（1）通过对生活实例的观察分析，概括出物理事实，从能量转化的角度认识电能，建立电功的概念；

（2）运用电功的公式分析解决生活中的实际问题，提高物理建模的思维和数学推理的能力。

3. 科学探究

（1）通过生活实例，探究并分析电源中能量转化的形式，并对生活中电能的来源作出合理的猜想；

（2）通过实验，利用电能表计量消耗的电能，增强实践体验；

（3）通过实验，探究电功与电流、电压的关系。

4. 科学态度与责任

（1）通过了解1kW·h电能的作用，养成节约用电的好习惯；

（2）通过认识电能在生产、生活中的重要性，感悟物理与生活、社会的密切联系。

【核心认知】

1. 基本知识

（1）电能的概念；

（2）电功的概念；

（3）电功公式。

2. 基本技能

（1）实验观察技能；

（2）数据收集、分析技能；

（3）数学推理技能。

3. 基本方法

（1）实验法；

（2）分析归纳法。

【关键能力】

1. 学业质量

（1）低阶B1：认识记忆。①通过实例，认识电能和电能表；②知道电功的概念、单位、符号、公式。

（2）低阶B2：理解掌握。①理解电流做功的过程就是消耗电能的过程；②理解电能表上参数的意义，会读家用电能表；③掌握电功的计算公式。

（3）低阶&高阶B3：模仿应用。①会运用电能表计量消耗的电能；②会简单运用电功公式计算生活实例中的电功。

（4）高阶B4：分析评价。①通过对生活实例的观察分析，概括出物理事实，从能量转化的角度认识电能，建立电功的概念；②能运用电能、电功知识分析解决新情境下的相关问题。

（5）高阶B5：创新创造。①能综合运用电能、电功知识分析解决陌生情境下的问题；②能创新电能的计量方法。

2. 测评标准

（1）低阶B1：认识记忆。①知道电能是能量的一种形式；②了解电能表可以计量消耗的电能，认识电能表铭牌上的参数；③知道电功的概念、单位、符号、公式。

（2）低阶B2：理解掌握。①能理解电流做功的过程就是电能转化为其他形式的能的过程；②理解电能表铭牌上的参数的意义，知道标定电流、额定电流、最大电流、标定转速等，会正确读出家用电能表的示数；③能掌握电功大小的决定因素及电功的计算公式；④掌握千瓦时和焦耳两种单位之间的换算。

（3）低阶&高阶B3：模仿应用。①能运用电能表计量消耗的电能；②能运用电功的计算公式解决实际生活中的问题。

（4）高阶B4：分析评价。能运用电能、电功知识分析解决新情境下的相关问题。

（5）高阶B5：创新创造。①能综合运用电能、电功知识分析解决陌生情境下的问题；②能创新电能的计量方法。

【课时测评】

1. 小明家电能表上个月月底的示数为 $\boxed{0\ 2\ 6\ 2\ 6}$ ，这个月月底的示数如图所示，由图可知（　　　）。

A. 他家本月用电是362.6kW·h

B. 本月他家电能表的转盘转了6×10^4圈

C. 他家电能表正常工作时的电流为10A

D. 他家本月用电3.6×10^6J

2. 下列说法中正确的是（　　　）。

A. 通电的时间越长，电流所做的功越多

B. 通过用电器的电流越大，电流所做的功越多

C. 用电器两端的电压越大，电流所做的功越多

D. 电流做功越多，消耗的电能就越多

3. 如图所示，电阻R_1的阻值为$10\,\Omega$，闭合开关S，电流表A_1的示数为0.3A，电流表A的示数为0.5A，则10s内电流通过R_1所做的功为_____J。

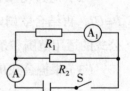

【评价建议·质量水平】

课时测评试题SOLO分类细目表

题号	1				2				3
SOLO分类	E	M	U	E	R	R	R	R	E
质量水平	L4	L2	L1	L4	L3	L3	L3	L3	L4

第 ❽❶ 课时　课题2：电功率

【课标原文】

（1）结合实例理解电功率；

（2）知道用电器的额定功率和实际功率；

（3）调查常见用电器的铭牌，比较它们的电功率。

【核心素养】

1. 物理观念

（1）通过生活实例，初步形成电功率的概念，知道用电器的额定功率和实际功率；

（2）从电功率的物理意义、定义、公式、单位、测量等角度理解电功率，并能应用其解决实际问题。

2. 科学思维

（1）通过实例观察比较，建立电功率的概念，并能正确区分电功和电功率；

（2）通过功率公式 $P=W/t$ 以及电功公式 $W=UIt$，推导得出电功率的公式 $P=UI$，再结合欧姆定律，演绎得出计算电功率的其他公式，并归纳总结每个公式的适用范围和条件；

（3）根据公式 $W=Pt$ 推导出千瓦时与焦耳之间的换算关系；

（4）分析实验现象，归纳总结实验结论，建立额定电压、额定功率、实际电压、实际功率的概念。

3. 科学探究

（1）基于生活实例，通过实验、观察、体验电能表铝盘转动的快慢，建立电功率的概念；

（2）根据生活中的电学现象，提出在不同电压下，同一个用电器的电功率是不是一样大的问题，设计实验方案，进行实验，记录实验数据，分析得出实验结论并交流评价。

4. 科学态度与责任

（1）调查常见的用电器的铭牌，比较它们的电功率，感悟物理与生活的联系；

（2）理解额定电压、额定电功率的意义，增强安全用电的意识。

【核心认知】

1. 基本知识

（1）电功率的概念、公式、单位；

（2）额定电压和实际电压的概念；

（3）额定电功率和实际电功率的概念。

2. 基本技能

（1）实验观察技能；

（2）设计简单的实验方案的技能；

（3）实验分析技能。

3. 基本方法

（1）科学探究法；

（2）对比法；

（3）分类法；

（4）分析归纳法。

【关键能力】

1. 学业质量

（1）低阶B1：认识记忆。①通过实例，知道电功率的物理意义、定义和单位；②认识电功率的公式$P=UI$；③知道千瓦时的来历；④知道额定电压、额定功率的含义。

（2）低阶B2：理解掌握。①理解电功率的概念；②理解电功率和电流、电压之间的关系；③理解额定电压与额定电功率。

（3）低阶&高阶B3：模仿应用。①通过功率公式$P=W/t$以及电功公式$W=UIt$，推导出电功率的公式$P=UI$；②根据公式$W=Pt$推导出千瓦时与焦耳之间的换算关系；③能运用电功率公式进行简单的计算；④能利用电功率知识解释生活中相关的电学现象。

（4）高阶B4：分析评价。①通过实例观察比较，建立电功率的概念，并能正确区分电功和电功率；②经历探究在不同电压下，同一个用电器的电功率是不是一样大的全过程；③分析实验现象，归纳总结实验结论，建立额定电压、额定功率、实际电压、实际功率的概念；④通过电功公式，结合欧姆定律，演绎得出计算电功率的其他公式，并归纳总结每个公式的适用范围和条件；⑤能够运用电功率的知识解决新情境下的相关问题。

（5）高阶B5：创新创造。能够运用电功率知识解决陌生情境下的问题。

2. 测评标准

（1）低阶B1：认识记忆。①能正确描述电功率的物理意义及定义，知道电功率的单位是W和kW；②能写出电功率的计算公式$P=UI$；③知道千瓦时的来历；④能识别用电器铭牌上的额定电压、额定功率。

（2）低阶B2：理解掌握。①理解电功率的概念和物理意义；②理解电功率和电流、电压之间的关系（$P=UI$）；③理解额定电压与额定功率的概念和意义，能正确区分用电器的额定功率和实际功率。

（3）低阶&高阶B3：模仿应用。①能利用电功率的公式进行相关计算；②能利用电功率知识解释生活中相关的电学现象。

（4）高阶B4：分析评价。①会设计实验探究在不同电压下，同一个用电器的电功率是不是一样大，会分析实验现象，归纳总结实验结论；②能够运用电功率知识解决新情境下的相关问题。

（5）高阶B5：创新创造。能够运用电功率知识解决陌生情境下的问题。

【课时测评】

1. 关于电功率，下列说法中正确的是（　　　　）。

A. 电功率越大的用电器，电流做功越快

B. 电功率越大的用电器，电流做功越多

C. 电功率越大的用电器，效率越高

D. 用电器工作时的电功率，一定等于它的额定功率

2. 下列家用电器均正常工作时，电功率最大的是（　　　　）。

A. 节能灯　　　　　B. 电视机　　　　　C. 电风扇　　　　　D. 空调

3. 一个节能灯标有"220V 20W"的字样，正常工作一段时间耗电1度，则它的工作时间为（　　　　）。

A. 50h　　　　　B. 0.05h　　　　　C. 180s　　　　　D. 0.0045h

4. 在如图所示的电路中，电源两端电压保持不变，电阻R_1的阻值为10Ω，电阻R_2的阻值为20Ω，当只闭合开关S_1时，电流表的示数为0.6A，求：

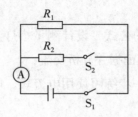

（1）电源的电压U；

（2）只闭合开关S_1时，电路消耗的总功率P；

（3）开关S_1、S_2都闭合时，电路消耗的总功率。

【评价建议·质量水平】

课时测评试题SOLO分类细目表

题号	1				2				3				4		
SOLO分类	M	M	M	M	U	U	U	U	R	R	R	R	R	R	E
质量水平	L2	L2	L2	L2	L1	L1	L1	L1	L3	L3	L3	L3	L3	L3	L4

第 ⑧② 课时 　课题3：测量小灯泡的电功率

【课标原文】

（1）结合实例理解电功率；

（2）知道用电器的额定功率和实际功率；

（3）通过实验测量小灯泡的电功率。

【核心素养】

1. 物理观念

通过测量小灯泡的电功率，进一步加深对电功率、额定功率、实际功率的理解。

2. 科学思维

（1）类比"伏安法测电阻"，设计实验方案测量小灯泡的电功率；

（2）能够根据实验现象和实验数据，分析论证实验结论。

3. 科学探究

（1）能够根据电功率的公式，设计测量小灯泡电功率的实验方案，选择适合的器材进行实验，收集证据并分析交流；

（2）通过探究实验进一步练习使用电流表、电压表和滑动变阻器，增强实践体验。

4. 科学态度与责任

（1）通过实验认识用电器不正常工作带来的影响，养成科学使用电器的意识；

（2）结合生活实例认识实际功率与额定功率，感悟物理与生活、社会等的密切联系；

（3）通过测量小灯泡的电功率，养成良好的实验习惯和严谨的科学态度。

【核心认知】

1. 基本知识

（1）伏安法测量小灯泡的电功率；

（2）额定功率与实际功率的区别。

2. 基本技能

（1）设计实验方案的技能；

（2）实验操作技能；

（3）证据收集、分析技能。

3. 基本方法

（1）类比法；

（2）分析归纳法；

（3）对比法。

【关键能力】

1. 学业质量

（1）低阶B1：认识记忆。①了解测量小灯泡电功率的原理；②通过实验，了解小灯泡的亮度由它的实际功率决定。

（2）低阶B2：理解掌握。①理解测量小灯泡电功率的方法和步骤；②进一步掌握电流表、电压表和滑动变阻器的使用方法，会正确读出电流表、电压表的示数；③通过实验，进一步理解额定功率和实际功率。

（3）低阶&高阶B3：模仿应用。①会运用电功率的公式简单测量小灯泡的实际电功率；②能运用电功率的测量知识解决实际生活中的相关问题。

（4）高阶B4：分析评价。①经历探究测量小灯泡的电功率的全过程，会测量小灯泡的额定电功率；②会分析、比较伏安法测电阻和伏安法测小灯泡电功率的异同；③能运用电功率知识分析解决新情境下的相关问题。

（5）高阶B5：创新创造。①能根据电功率知识创造性地设计不同的实验方案测量小灯泡的电功率；②能运用电功率知识分析解决陌生情境下的问题。

2. 测评标准

（1）低阶B1：认识记忆。①知道用伏安法测量小灯泡电功率的原理（$P=UI$）；②知道小灯泡的亮度由它的实际功率决定。

（2）低阶B2：理解掌握。①理解测量小灯泡电功率的方法和步骤；②会正确使用电流表、电压表，会连接滑动变阻器，会正确读出电流表、电压表的示数；③理解多次测量小灯泡电功率后不求平均值的原因，理解小灯泡的实际功率有多个，额定功率只有一个。

（3）低阶&高阶B3：模仿应用。①能够运用伏安法测量小灯泡的实际功率；②会简单运用电功率公式进行小灯泡的实际功率和额定功率的计算；③能运用电功率的测量知识解决实际生活中的相关问题。

（4）高阶B4：分析评价。①会设计实验方案测量小灯泡的额定功率；②通过实验，分析归纳小灯泡的电功率随它两端电压的变化而变化的规律；③会对比小灯泡的亮度和电表读数，分析论证小灯泡的亮度由它的实际功率决定；④会分析滑动变阻器在伏安法测电阻和测小灯泡电功率中的具体作用；⑤能运用电功率知识分析解决新情境下的相关问题。

（5）高阶B5：创新创造。①能根据电功率知识创造性地设计不同的实验方案测量小灯泡的电功率；②能运用电功率知识分析解决陌生情境下的问题。

【课时测评】

1. 在"测定小灯泡额定功率"实验中，当手移动变阻器滑片时，眼睛应观察（　　）。

A. 电压表的示数　　　　　　B. 变阻器滑片的位置

C. 灯泡的发光情况　　　　　D. 电流表的示数

2. 小稹同学按图甲所示的电路图，探究"小灯泡的亮度和实际电功率的关系"，可用器材：标有"2.5V"字样的灯泡，电压恒为4.5V的电源，滑动变阻器R_1"20Ω 1A"、R_2"50Ω 1A"、R_3"100Ω 0.1A"，电流表（量程为0～0.6A、0～3A），电压表（量程为0～3V、0～15V）。

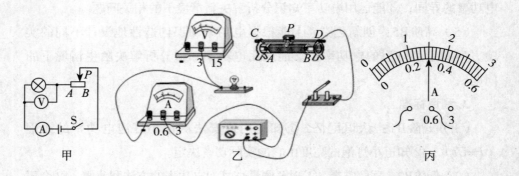

甲　　　　　　　　乙　　　　　　　　丙

（1）请根据图甲的电路图用笔画线代替导线将图乙的实物连接成完整的电路（导线不允许交叉）。

（2）小稑按照正确步骤操作后，闭合开关，发现小灯泡不亮，但电流表有示数，接下来小稑应该_____（填选项前的字母）。

A. 更换小灯泡

B. 检查电路是否开路

C. 移动滑动变阻器滑片，观察小灯泡是否发光

（3）正确操作后，小稑闭合开关，调节滑动变阻器的滑片P，使电压表的示数为2.5V，电流表的示数如图丙所示，则小灯泡的额定功率为_____W。

（4）小稑又陆续测量出了灯泡在不同电压下对应的电流，并填入下表。根据表中数据可知，小稑选择的滑动变阻器是_____（选填"R_1""R_2"或"R_3"）。若将这样两个完全相同的小灯泡串联在电压为2V的电源上，则电路的总功率为_____W。

电压表的示数U/V	电流表的示数I/A	灯泡亮度
0.5	0.1	暗
1.0	0.2	较暗
1.5	0.26	较亮
2.5	0.3	亮

（5）根据实验数据和现象，小稑得出结论：小灯泡的实际功率越

_____（选填"大"或"小"），灯泡越亮。

（6）小稚想利用上述实验证据研究小灯泡的电功率，根据观察的现象和实验数据分析，还可得出以下结论：灯泡两端的实际电压大于额定电压时，实际功率_____额定功率；灯泡两端的实际电压_____额定电压时，实际功率小于额定功率。（均选填"大于"或"小于"）

（7）小稚同学在利用上述实验证据分析小灯泡电阻时，有些纳闷儿：导体的电阻不是与电压、电流无关吗？怎么三次计算的灯丝电阻却不一样呢？请你对此现象作出合理的分析解释：_____。

【评价建议·质量水平】

课时测评试题SOLO分类细目表

题号	1				2								
SOLO 分类	M	M	M	M	R	R	R	R	R	E	R	M	E
质量 水平	L2	L2	L2	L2	L3	L3	L3	L3	L3	L4	L3	L2	L4

第 83 课时　课题4：焦耳定律

【课标原文】

（1）通过实验，探究并了解焦耳定律；

（2）用焦耳定律说明生产、生活中的一些现象。

【核心素养】

1. 物理观念

基于生活实例和实验事实，认识电流的热效应，了解焦耳定律，并会运用其解释生产、生活中的一些现象。

2. 科学思维

（1）运用控制变量法探究电热与电流、电阻及通电时间的定性关系；

（2）利用转换法，通过U形管中液面高度的变化表示导体产生热量的多少；

（3）分析对比实验现象和实验数据，推理得出实验结论；

（4）在特定的情况下，结合电功和电热的关系，用电功公式和欧姆定律公式推导焦耳定律公式。

3. 科学探究

（1）通过生活中用电器工作时都伴有热的现象，提出问题，并根据生活经验和已有的电学知识，作出电热与电流、电阻及通电时间有关的初步假设；

（2）会设计实验方案，进行实验，观察实验现象，收集相关证据，分析论证并交流评价。

4. 科学态度与责任

（1）结合生活实际，了解电热在生产、生活中的利用与防止，增强将科学知识应用于社会实践的意识，养成辩证地看待问题的习惯；

（2）通过对物理学家焦耳的认识，养成坚韧不拔的科学精神和科学态度，同时深刻认识到科学观察和实验必须具有可重复性。

【核心认知】

1. 基本知识

（1）电流的热效应；

（2）焦耳定律；

（3）电热的利用与防止。

2. 基本技能

（1）设计实验方案的技能；

（2）实验观察技能；

（3）证据收集、分析技能；

（4）数学推导能力。

3. 基本方法

（1）控制变量法；

（2）转换法；

（3）分析归纳法；

（4）实验法。

【关键能力】

1. 学业质量

（1）低阶B1：认识记忆。①通过生活实例，认识电流的热效应；②通过实验，知道焦耳定律的内容、公式。

（2）低阶B2：理解掌握。①理解电流的热效应；②理解焦耳定律的内容、公式。

（3）低阶&高阶B3：模仿应用。①利用电流的热效应、焦耳定律等电热知识解释生产、生活中的有关现象；②运用焦耳定律进行简单的计算。

（4）高阶B4：分析评价。①经历探究电流通过导体产生的热的多少与什么因素有关的全过程；②在特定的情况下，结合电功和电热的关系，用电功的公式和欧姆定律的公式推导焦耳定律的公式；③能够运用电流的热效应和焦耳定律，分析评价电热的利用与防止；④能运用焦耳定律等电热知识解决生产、生活中的问题。

（5）高阶B5：创新创造。①改进探究电热与电流、电阻及通电时间的关系的实验；②能综合运用焦耳定律等电学知识解决陌生情境下的问题。

2. 测评标准

（1）低阶B1：认识记忆。①知道电流的热效应；②知道焦耳定律的内容和公式 $Q=I^2Rt$。

（2）低阶B2：理解掌握。①理解电流的热效应；②理解在电流和通电时间相同时，电阻越大，其产生的热量越多；③理解在电阻和通电时间相同的情况下，通过一个电阻的电流越大，这个电阻产生的热量越多；④能掌握焦耳定律的计算公式，理解电功与电热的不同。

（3）低阶&高阶B3：模仿应用。①运用电流的热效应解释生产、生活中的有关现象；②运用焦耳定律解释生产、生活中的电热现象；③运用焦耳定律进行有关的计算。

（4）高阶B4：分析评价。①会探究电流通过导体产生的热的多少与什么因素有关（会设计实验方案，进行实验，观察实验现象，收集相关证据，分析论证并交流评价）；②能够运用电流的热效应和焦耳定律，分析评价电热的利用与防止；③能运用焦耳定律等电热知识解决生产、生活中的问题。

（5）高阶B5：创新创造。①改进探究电热与电流、电阻及通电时间的关系的实验；②综合运用焦耳定律等电学知识解决陌生情境下的问题。

【课时测评】

1. 电流的热效应在科研、生产、生活中被广泛应用，有时会给人们带来危害，下列情况中不属于防止电热危害的是（　　　　）。

A. 电脑两侧有散热孔　　　　　　B. 电动机外壳有散热片

C. 电饭煲内安装有电热盘　　　　D. 电脑CPU上装有小风扇

2. 下列用电器正常工作时，在相同的时间内产生热量最多的是（　　　）。

A. "220V 60W" 的电风扇　　　　B. "220V 60W" 日光灯

C. "220V 60W" 的电热器　　　　D. 一样多

3. 下图是"探究在通电时间一定时，电流产生的热量与哪些因素有关"的实验装置。下列关于此实验的一些描述中正确的是（　　　）。

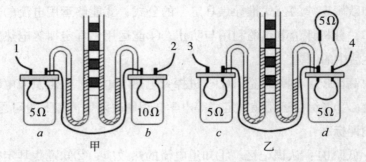

A. 甲图探究的是电流产生的热量与电阻的关系

B. 乙图探究的是电流产生的热量与电阻的关系

C. 在甲图中，闭合开关一段时间后 a 容器连接的U形管液面高度差更明显

D. 通电后，甲图中左、右电阻产生的热量之比是4∶1

【评价建议·质量水平】

课时测评试题SOLO分类细目表

题号	1				2					3		
SOLO 分类	R	R	R	R	M	M	M	M	M	M	R	R
质量 水平	L3	L3	L3	L3	L2	L2	L2	L2	L2	L2	L3	L3

第十九章 生活用电

第 84 课时 课题1：家庭电路

【课标原文】

（1）了解家庭电路，有安全用电和节约用电的意识；

（2）了解我国家庭用电的电压和频率。

【核心素养】

1. 物理观念

（1）基于生活实例和实验事实，知道家庭电路的组成和各组成部分的作用，有初步的安全用电常识；

（2）通过生活实例，了解三线插头与漏电保护器和安全用电的关系。

2. 科学思维

（1）通过生活实例和实验观察，分析归纳家庭电路的各组成部分及其作用；

（2）通过画家庭电路的电路图，充分了解各元器件之间的联系及其在电路中的作用；

（3）能对比分析两孔插座和三孔插座的优缺点。

3. 科学探究

（1）观察实际的家庭电路和实验，查阅相关资料，交流合作，分析评价家庭电路的各组成部分及其作用；

（2）通过实验操作，学会用试电笔判定零线与火线，增强实践体验。

4. 科学态度与责任

（1）通过认识家庭电路，感悟物理与社会、生活的密切联系；

（2）了解家庭电路中各组成部分的作用，有初步的安全用电常识；

（3）在探究过程中，养成合作学习的习惯和严谨认真的科学态度。

【核心认知】

1. 基本知识

（1）家庭电路的组成及各组成部分的作用；

（2）火线和零线；

（3）三线插头；

（4）空气开关和漏电保护器。

2. 基本技能

（1）观察技能；

（2）操作技能；

（3）信息收集与分析技能。

3. 基本方法

（1）观察法；

（2）实验法；

（3）分析归纳法。

【关键能力】

1. 学业质量

（1）低阶B1：认识记忆。①通过生活实例和实验，认识家庭电路的组成及其作用；②认识火线和零线；③认识三线插头和漏电保护器。

（2）低阶B2：理解掌握。①理解组成家庭电路的各元器件之间的联系及其在电路中的作用；②掌握试电笔的正确使用方法；③理解三线插头与漏电保护器和安全用电的关系。

（3）低阶&高阶B3：模仿应用。①能运用试电笔判定火线和零线；②会画家庭电路的电路图；③能正确连接家庭电路；④能用家庭电路知识解释生产、生活中常见的电学现象和解决简单的问题。

（4）高阶B4：分析评价。①能根据实际需要，设计相应的家庭电路，并能对家庭电路进行分析评价；②会简单分析试电笔的工作原理，能利用试电笔查找电路故障；③能通过生活实例分析空气开关和漏电保护器的原理和作用；④能用家庭电路知识分析、解决新情境下的相关问题。

（5）高阶B5：创新创造。①能根据实际需要，优化家庭电路的设计；

②能优化保护电路的装置或创造新的保护电路的装置；③能用家庭电路知识分析、解决陌生情境下的问题。

2. 测评标准

（1）低阶B1：认识记忆。①知道家庭电路的基本组成及作用；②知道我国家庭电路中火线和零线之间的电压是220V。

（2）低阶B2：理解掌握。①理解组成家庭电路的各元器件之间的联系及其在电路中的作用；②掌握试电笔的正确使用方法；③理解三孔插座和三线插头与安全用电的关系，会正确选择两孔插座和三孔插座。

（3）低阶&高阶B3：模仿应用。①能运用试电笔判定火线和零线；②会画家庭电路的电路图；③能根据安全用电的要求，正确连接家庭电路；④能用家庭电路知识解释生产、生活中常见的电学现象和解决简单的问题。

（4）高阶B4：分析评价。①能根据实际需要，从安全用电的角度设计家庭电路；②能对家庭中的电路是否合理进行分析、评价和改进；③能根据试电笔的发光情况判断电路故障的类型和查找电路故障的位置；④能通过空气开关和漏电保护器的原理分析它们各自安装的位置和作用；⑤能用家庭电路知识分析、解决新情境下的相关问题。

（5）高阶B5：创新创造。①能根据实际需要，优化家庭电路的设计；②能优化保护电路的装置；③能用家庭电路知识分析、解决陌生情境下的问题。

【课时测评】

1. 关于家庭电路，下列说法中正确的是（　　　）。

A. 我国家庭电路的电压为36V

B. 家庭电路中各用电器都是串联的

C. 我国家庭电路的频率为110Hz

D. 家庭电路中必须安装熔断丝或空气开关

2. 如图所示，下列有关生活用电的说法中正确的是（　　　）。

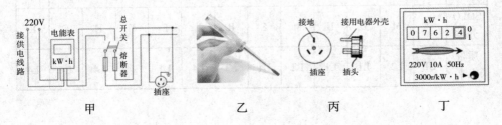

甲　　　　　　乙　　　　　　丙　　　　　　丁

A. 图甲，若保险盒内熔断丝熔断，我们可以用铜线或铁丝代替

B. 图乙，试电笔在使用过程中手不能触碰金属笔尾

C. 图丙，三脚插头中接外壳的那个"脚"较长，目的是将用电器金属外壳先接地

D. 图丁，该电能表表盘上的示数表示该户截至目前消耗的总电能为 13625kW·h

3. 小明家里的电灯都正常发光，当他把电炉的插头插入插座的瞬间，室内电灯全部熄灭，熔断丝熔断，发生这种现象的原因可能是（　　）。

① 电炉的功率太大 　　　　　　② 插座处原来有短路

③ 电炉的电阻丝断了 　　　　　　④ 电炉的插头处有短路

A. ①② 　　　　　B. ①④ 　　　　　C. ②④ 　　　　　D. ③④

4. 图甲是生活中的一个插线板，开关断开时指示灯不发光，插孔不能提供工作电压；开关闭合时指示灯发光，插孔提供工作电压；若指示灯损坏，开关闭合时插孔也能提供工作电压。请根据上述说明，在图乙中画出开关、指示灯、插孔的连接方式，并把接线板与电源线接通。（乙图中，与发光二极管串联的是一个保护电阻，发光二极管左侧为正极，右侧为负极）

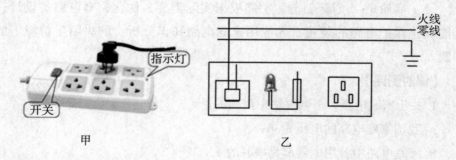

甲　　　　　　　　　　　乙

【评价建议·质量水平】

课时测评试题SOLO分类细目表

题号	1				2				3			4
SOLO分类	U	M	U	U	M	E	R	E	E	E	E	E
质量水平	L1	L2	L1	L1	L2	L4	L3	L4	L4	L4	L4	L4

第 85 课时　课题2：家庭电路中电流过大的原因

【课标原文】

了解家庭电路，有安全用电和节约用电的意识。

【核心素养】

1. 物理观念

（1）基于生活实例和实验事实，认识家用电器的总功率过大和短路对家庭电路的影响和危害；

（2）了解熔断丝的作用，有初步的安全用电常识，并能将其应用到实际生活中。

2. 科学思维

（1）分析用电不当造成火灾事故的生活实例，利用焦耳定律推断出这些危害的本质原因；

（2）能根据实验现象和生活实例，分析归纳家庭电路中电流过大的原因；

（3）能利用电功率的公式，分析推断用电器总功率过大对家庭电路的影响。

3. 科学探究

（1）结合生活实例和实验观察，探究家庭电路中电流过大的原因；

（2）通过实验观察，认识熔断丝的作用，了解熔断丝的制作材料和选用原则。

4. 科学态度与责任

（1）结合生活实例，认识家庭电路电流过大的原因，感悟物理与生活的密切联系；

（2）了解家庭电路中电流过大的危害，进一步认识安全用电的重要性，养成安全用电和节约用电的习惯。

【核心认知】

1. 基本知识

（1）家庭电路中电流过大的原因；

（2）熔断丝的材料特点及其作用；

（3）家庭电路发生故障的原因。

2. 基本技能

（1）实验观察技能；

（2）合作学习的能力；

（3）试电笔的实验操作技能。

3. 基本方法

（1）实验观察法；

（2）分析归纳法。

【关键能力】

1. 学业质量

（1）低阶B1：认识记忆。①通过生活实例和实验观察，知道家庭电路中电流过大的原因，知道其对家庭电路的影响；②认识熔断丝。

（2）低阶B2：理解掌握。①理解家庭电路中电流过大的原因；②通过实验，理解熔断丝的作用；③掌握熔断丝的选用原则；④理解制作熔断丝的材料的特点。

（3）低阶&高阶B3：模仿应用。①能分析家庭电路中总功率过大的原因；②能简单分析引起家庭电路短路的原因；③能正确使用保险装置；④能对家庭电路的故障进行简单排查。

（4）高阶B4：分析评价。①分析用电不当造成火灾事故的生活实例，利用焦耳定律推断出造成这些危害的原因都是家庭电路中电流过大；②能够根据实验现象和生活实例分析和归纳家庭电路中电流过大的原因；③能够利用电功率的公式，分析并推断用电器总功率过大对家庭电路的影响；④能运用家庭电路中电流过大的原因等电学知识分析解决新情境中的相关问题。

（5）高阶B5：创新创造。①能优化保护电路的装置或创造新的电路保护装置；②能综合运用学过的电学知识分析、解决陌生情境下的问题。

2. 测评标准

（1）低阶B1：认识记忆。①知道家庭电路中电流过大的原因；②知道熔断丝的作用；③知道不能用铜丝或铁丝等代替熔断丝。

（2）低阶B2：理解掌握。①会计算家庭电路中用电器的总功率；②能根据实验现象，简单判定家庭电路中电流过大的原因是用电器的总功率过大还是短路；③掌握熔断丝的选用原则（熔断丝的额定电流略大于电路中的最大正常工作电流）；④理解制作熔断丝的材料的特点〔电阻（率）较大、熔点较低的铅锑合金〕。

（3）低阶&高阶B3：模仿应用。①能根据需要选择合适的保险装置，并能正确使用；②能对家庭电路的故障进行简单排查，能分析出熔断丝熔断或空气开关"跳闸"的主要原因。

（4）高阶B4：分析评价。①能通过实验现象利用电学知识分析家庭电路故障发生的主要原因；②能运用家庭电路中电流过大的原因等电学知识分析、解决新情境中的相关问题。

（5）高阶B5：创新创造。①能优化保护电路的装置或创造新的电路保护装置；②能综合运用学过的电学知识分析、解决陌生情境下的问题。

【课时测评】

1. 家庭电路中出现空气开关"跳闸"现象时，可能的原因是（　　　）。

A. 电路中某个用电器出现开路

B. 因绝缘皮破损使火线与零线相碰

C. 电路中某个用电器接触不良

D. 电路中某个灯泡的开关接触不良

2. 关于家庭电路及安全用电，下列说法中正确的是（　　　）。

A. 为了防止因漏电而造成触电事故，微波炉的金属外壳应该与大地相连

B. 使用试电笔时，手指不能接触笔尾金属体，以免发生触电事故

C. 为了防止触电，必须把用电器的开关接在零线上

D. 家庭电路中，空气开关"跳闸"一定是因为电路发生了短路

3. 在如图所示的家庭电路中，将插头插入插座，打开电视，电视不工作；闭合开关，灯泡不亮；保持开关闭合，拔出插头，将测电笔分别插入插座两孔时氖管均发光。若电路中只有一处故障，则故障可能是（　　　）。

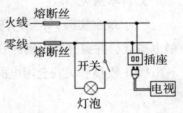

A. 零线上的熔断丝烧断　　　　　　B. 火线上的熔断丝烧断

C. 灯丝烧断　　　　　　　　　　　D. 插座短路

【评价建议·质量水平】

课时测评试题SOLO分类细目表

题号	1				2				3			
SOLO 分类	M	M	M	M	R	E	R	R	E	E	E	E
质量 水平	L2	L2	L2	L2	L3	L4	L3	L3	L4	L4	L4	L4

第 86 课时　课题3：安全用电

【课标原文】

（1）了解家庭电路；

（2）有安全用电的意识。

【核心素养】

1. 物理观念

通过生活实例，分析常见的触电事故的原因并知道正确的处理方法，了解安全用电的知识，具有安全用电的意识。

2. 科学思维

（1）利用欧姆定律知识分析生产、生活中的一些实际问题，归纳总结电压与用电安全的关系；

（2）通过生活实例，分析归纳常见的触电事故。

3. 科学探究

（1）观察实验，记录实验现象，分析实验现象和生活实例，认识常见的触电事故，并探究其正确的处理方法；

（2）收集有关安全用电的知识，展示交流，分析总结安全用电的原则。

4. 科学态度与责任

（1）通过生活实例了解安全用电的知识，感悟物理与生活的密切联系；

（2）通过分析常见的触电事故和正确的处理方法，初步形成安全用电的意识，养成良好的社会责任感；

（3）了解避雷针的发明过程，养成热爱科学、维护科学的精神。

【核心认知】

1. 基本知识

（1）电压与用电安全的关系；

（2）安全电压；

（3）常见的触电事故以及正确的处理方法；

（4）安全用电的原则。

2. 基本技能

（1）实验观察技能；

（2）信息收集与分析技能；

（3）交流合作的能力。

3. 基本方法

（1）分析归纳法；

（2）实验探究法。

【关键能力】

1. 学业质量

（1）低阶B1：认识记忆。①知道电压越高越危险；②认识安全电压；③能说出几个常见的电压数值；④知道安全用电的原则；⑤知道雷电的危害和预防方法。

（2）低阶B2：理解掌握。①理解电压越高越危险；②理解常见的几种触电类型和常见触电事故的原因；③掌握安全用电的原则。

（3）低阶&高阶B3：模仿应用。①能根据安全用电原则规避在生活中触电的风险；②能运用安全用电常识采取简单的触电急救措施；③会运用防雷知识，预防雷电带来的危害。

（4）高阶B4：分析评价。①能利用欧姆定律知识分析生产、生活中的一些实际问题，归纳总结电压与用电安全的关系；②分析实验现象和生活实例，认识常见的触电事故，并探究其正确的处理方法；③分析雷电的产生及其危害，归纳总结防雷的方法；④会利用安全用电等电学知识，分析解决新情境下的相关问题。

（5）高阶B5：创新创造。会综合利用安全用电等电学知识，分析解决陌生情境下的问题。

2.测评标准

（1）低阶B1：认识记忆。①知道电压越高越危险；②知道一般情况下，人体的安全电压不高于36V；③知道几个常见的电压数值；④知道安全用电的原则。

（2）低阶B2：理解掌握。①理解电流对人体造成的伤害程度与通过人体的电流的大小及持续时间有关；②理解常见的几种触电类型，并能根据具体情况判断是否会造成触电事故；③理解安全用电的原则。

（3）低阶&高阶B3：模仿应用。①能根据安全用电原则规避触电风险；②能运用安全用电常识采取简单的触电急救措施；③会运用防雷知识，预防雷电带来的危害。

（4）高阶B4：分析评价。会利用安全用电等电学知识，分析解决新情境下的相关问题。

（5）高阶B5：创新创造。会综合利用安全用电等电学知识，分析解决陌生情境下的问题。

【课时测评】

1.关于安全电压和安全用电，下列说法中正确的是（　　　　）。

A. 人体的安全电压为36V

B. 试电笔可以区分电池的正负极

C. 发生触电时要立即切断电源

D. 用潮湿的手拨动电器设备的开关

2. 2020年安全第一课主题：疫情防控生命教育。这个春天让全世界更加珍惜生命，落实安全！在如图所示的各种情况下，人体不会触电的是（　　　　）。

A.　　　　　　　　　B.　　　　　　　　　C.　　　　　　　　　D.

3. "珍爱生命、科学防治"，下列做法中不正确的是（　　　）。

A. 正确佩戴口罩可有效预防新冠肺炎感染

B. 发现有人触电时，应该先立即切断电源再救人

C. 发现家用电器或电线失火时，应立即泼水救火

D. 遇到火灾时，应该用湿毛巾捂住鼻子，低头弯腰迅速离开现场

4. "珍爱生命，注意安全"是我们日常生活中必须具备的意识，如图所示的做法中，符合安全用电原则的是（　　　）。

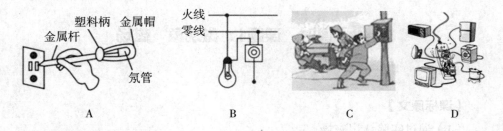

A. 测电笔的握法

B. 电路中灯泡与开关的连接

C. 发生触电事故时要立即断开电源

D. 多个大功率用电器同时使用一个插座

【评价建议·质量水平】

课时测评试题SOLO分类细目表

题号	1				2				3				4			
SOLO分类	U	M	M	M	M	M	M	M	R	R	R	R	E	E	E	R
质量水平	L1	L2	L2	L2	L2	L2	L2	L2	L3	L3	L3	L3	L4	L4	L4	L3

327

第二十章 电与磁

第 ⑧⑦ 课时 课题1：磁现象 磁场

【课标原文】

（1）通过实验认识磁场；

（2）知道地磁场。

【核心素养】

1. 物理观念

（1）基于生活实例和实验，了解磁现象，认识物质的磁性、磁极间的相互作用、磁化现象；

（2）通过实验，初步形成磁场的概念，从磁场的性质和方向等角度理解磁场；

（3）知道地磁场。

2. 科学思维

（1）能根据实验现象，分析论证磁极间的相互作用规律；

（2）采用类比法，根据实验现象分析推理，建立磁场的概念；

（3）能采用转换法认识磁体周围的磁场；

（4）能利用小磁针北极的指向判定磁感线的方向；

（5）学会建构模型，利用磁感线来形象地描述磁场。

3. 科学探究

（1）能根据生活中的磁现象，设计实验探究磁极间相互作用的规律；

（2）设计实验方案探究磁场的存在和方向，选择实验器材进行实验，观察实验现象，记录实验结果并分析交流；

（3）自制指南针，增强实践体验。

4. 科学态度与责任

（1）结合生活实例认识磁体、地磁场等知识，感悟物理与生活的密切联系；

（2）通过了解中华民族在磁的发现与利用上对人类作出的巨大贡献，增强民族自豪感，提高学习物理的兴趣。

【核心认知】

1. 基本知识

（1）物质的磁性和磁化现象；

（2）磁极间的相互作用；

（3）磁场；

（4）地磁场。

2. 基本技能

（1）实验操作技能；

（2）实验观察技能；

（3）绘制磁感线的作图技能。

3. 基本方法

（1）转换法；

（2）模型法；

（3）分析归纳法；

（4）类比法。

【关键能力】

1. 学业质量

（1）低阶B1：认识记忆。①通过生活实例和实验现象，认识简单的磁现象；②通过实验，认识磁极及磁极间的相互作用；③知道磁场的存在，知道磁感线可以形象地描述磁场；④知道地磁场，知道我国宋代学者沈括最早发现磁偏角。

（2）低阶B2：理解掌握。①通过实验，理解磁化现象；②通过实验，理解磁场的性质和方向；③理解磁感线是用来描述磁体周围的磁场分布情况的。

（3）低阶&高阶B3：模仿应用。①会用磁感线描述磁体周围的磁场分布情况；②会运用物质的磁性和磁极间相互作用的规律解释生活中常见的相关现象；③会初步运用磁场知识解决生活中的实际问题。

（4）高阶B4：分析评价。①经历实验探究磁场的存在和方向的全过程；②会运用物质的磁性和磁极间相互作用的规律分析解决新情境下的问题；③会运用磁场知识分析解决新情境下的相关问题。

（5）高阶B5：创新创造。会综合运用物质的磁性、磁极间相互作用的规律和磁场等磁学知识解决陌生情境下的问题。

2.测评标准

（1）低阶B1：认识记忆。①知道磁体能够吸引铁、钴、镍等物质；②认识磁体的磁极；③知道磁极间相互作用的规律是同名磁极相互排斥，异名磁极相互吸引；④知道磁感线是一种描述磁场的模型，实际是不存在的；⑤知道地球是一个巨大的磁体，产生的磁场跟条形磁体的磁场相似；⑥我国宋代学者沈括最早发现地理两极和地磁两极并不重合，地磁北极在地理南极附近，地磁南极在地理北极附近。

（2）低阶B2：理解掌握。①了解磁化现象，会根据磁极间相互作用的规律来判断物体磁化后的极性；②理解磁场会对放入其中的磁体产生力的作用；③会根据小磁针静止时北极所指方向来判断磁场的方向；④理解磁感线描述的磁体周围的磁场分布状况；⑤会根据磁感线分布情况判定磁体周围的磁场分布状况。

（3）低阶&高阶B3：模仿应用。①会利用磁感线粗略描述磁场的强弱和方向；②会运用物质的磁性和磁极间相互作用的规律解释生活中常见的相关现象；③会初步运用磁场知识解决生活中的实际问题。

（4）高阶B4：分析评价。①会通过实验探究磁场的存在和方向；②运用物质的磁性和磁极间相互作用的规律分析解决新情境下的问题；③运用磁场知识分析解决新情境下的相关问题。

（5）高阶B5：创新创造。会综合运用物质的磁性、磁极间相互作用的规律和磁场等磁学知识解决陌生情境下的问题。

【课时测评】

1.关于磁现象，下列说法中正确的是（　　）。

A.铜、铁、铝和磁体靠近时，都会受到磁力的作用

B.同名磁极相互排斥，异名磁极相互吸引

C.在磁体周围撒铁屑，可通过铁屑判断磁体周围的磁场方向

D. 小磁针放入磁场中静止时，N极所指方向为该点的磁场方向

2. 右图所示为条形磁体的磁场分布图，下列说法中正确的是（　　）。

A. 该条形磁铁的左端为N极，右端为S极

B. a处的磁场强弱与b处的磁场强弱相同

C. 置于a点的小磁针，静止时南极指向左侧

D. 磁感线是为了研究方便而引入的一种模型

3. 如图所示，在条形磁铁的一端吸引着两根大头针的针尖部位，则两根大头针的针帽将会（　　）。

A. 互相吸引 　　　　　　B. 互相排斥

C. 既不排斥也不吸引 　　D. 无法判定

【评价建议·质量水平】

课时测评试题SOLO分类细目表

题号	1				2				3			
SOLO 分类	U	U	M	M	M	M	M	M	E	E	E	E
质量 水平	L1	L1	L2	L2	L2	L2	L2	L2	L4	L4	L4	L4

第 88 课时　课题2：电生磁（1）

【课标原文】

通过实验，了解电流周围存在磁场。

【核心素养】

1. 物理观念

通过实验，了解电流周围存在磁场，初步认识电与磁之间存在着相互关系。

2. 科学思维

（1）能利用转换法根据小磁针偏转的实验现象，分析归纳电流周围存在

磁场；

（2）能根据实验现象，分析推断出电流周围的磁场方向与电流的方向有关。

3. 科学探究

（1）基于各种自然现象之间应该存在着相互联系，设计实验探究通电导线周围是否存在磁场；

（2）观察小磁针在通电、断电、改变电流方向时的变化，分析交流，得出实验结论。

4. 科学态度与责任

（1）通过实验了解电与磁之间的联系，认识到物理学是基于人类有意识的探究而形成的对自然现象的描述与解释；

（2）通过了解奥斯特发现电流的磁效应的物理学史，养成实验的习惯和坚韧不拔、持之以恒的科学精神。

【核心认知】

1. 基本知识

电流的磁效应。

2. 基本技能

（1）实验观察技能；

（2）实验操作技能；

（3）实验分析技能。

3. 基本方法

（1）转换法；

（2）推理论证法；

（3）分析归纳法。

【关键能力】

1. 学业质量

（1）低阶B1：认识记忆。①通过实验，知道通电导体周围存在磁场；②知道丹麦物理学家奥斯特发现了电流的磁效应。

（2）低阶B2：理解掌握。①理解奥斯特实验；②理解电流的磁效应。

（3）低阶&高阶B3：模仿应用。①能初步运用电流的磁效应解释生产、生活中的相关现象；②能运用电流的磁效应解决简单的问题。

（4）高阶B4：分析评价。①经历探究电流的磁效应的全过程；②能运用电流的磁效应知识分析解决新情境下的相关问题。

（5）高阶B5：创新创造。①能综合运用电流的磁效应及其相关知识分析解决陌生情境下的问题；②能够利用转换法去研究新问题。

2. 测评标准

（1）低阶B1：认识记忆。①知道通电导体周围存在磁场；②知道丹麦物理学家奥斯特发现了电流的磁效应。

（2）低阶B2：理解掌握。理解电流的磁效应，理解电流周围的磁场方向跟电流的方向有关。

（3）低阶&高阶B3：模仿应用。①初步运用电流的磁效应解释生产、生活中的相关现象；②运用电流的磁效应解决简单的问题。

（4）高阶B4：分析评价。①会设计实验探究电流的磁效应，能利用转换法根据小磁针偏转的实验现象，分析归纳电流周围存在磁场，并推理得出电流周围的磁场方向与电流的方向有关；②能运用电流的磁效应知识分析解决新情境下的相关问题。

（5）高阶B5：创新创造。①能综合运用电流的磁效应及其相关知识分析解决陌生情境下的问题；②能够利用转换法研究新问题。

【课时测评】

1. 下列物体周围不产生磁场的是（　　　）。

A. 磁体　　　　　　B. 通电导体　　　　　C. 铁棒　　　　D. 小磁针

2. 最早发现电流周围存在磁场的科学家是（　　　）。

A. 欧姆　　　　　　B. 安培　　　　　　C. 奥斯特　　　　D. 焦耳

3. 下图是探究"通电直导线周围的磁场"的实验图。认真观察实验，并回答下列问题：

（1）甲、乙图中导线通电时，小磁针发生_____，断电时小磁针转回到指南北方向，说明_____。

（2）丙图中对调电池两极，通电电流方向改变，小磁针偏转方向____，说明_____。

（3）为方便操作且使实验现象明显，闭合开关前，应将导线放置在磁针的正上方且沿着_____（选填"南北"或"东西"）方向。

（4）电流的周围存在磁场的现象叫电流的_____。

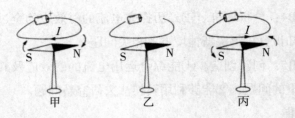

甲　　　　　　乙　　　　　　丙

【评价建议·质量水平】

课时测评试题SOLO分类细目表

题号	1				2				3					
SOLO 分类	M	M	M	M	U	U	U	U	R	R	R	R	E	M
质量 水平	L2	L2	L2	L2	L1	L1	L1	L1	L3	L3	L3	L3	L4	L2

第 89 课时　课题2：电生磁（2）

【课标原文】

通过实验，探究并了解通电螺线管外部磁场的方向。

【核心素养】

1. 物理观念

通过实验，认识通电螺线管的磁场，了解安培定则的内容，加深对电流磁效应的理解，并能应用其解决简单的问题。

2. 科学思维

（1）通过类比，根据转换法，利用铁屑和小磁针探究通电螺线管的磁场分布情况；

（2）运用控制变量法，分析归纳通电螺线管两端的极性与电流方向的关系；

（3）能根据生活体验和实验现象分析推理，归纳总结出安培定则。

3. 科学探究

（1）能根据实验现象，作出通电螺线管周围磁场分布情况的初步假设，设计实验进行检验，得出结论，交流评价；

（2）从实验结论中提出通电螺线管两端的极性与电流方向有什么关系的新问题，综合已有经验设计实验方案，进行实验操作，收集实验证据并分析交流。

4. 科学态度与责任

（1）通过探究通电螺线管外部磁场分布的实验，养成良好的实验习惯和严谨的科学态度；

（2）通过借用右手大拇指的指向与其余四个手指之间的关系来描述通电螺线管的电流方向与其N极位置的关系，认识到物理学是基于人类有意识的探究而形成的对自然现象的描述与解释的一门科学。

【核心认知】

1. 基本知识

（1）通电螺线管的磁场；

（2）安培定则。

2. 基本技能

（1）设计实验的能力；

（2）实验操作技能；

（3）实验观察、分析技能。

3. 基本方法

（1）实验探究法；

（2）类比法；

（3）转换法；

（4）控制变量法；

（5）推理论证法。

【关键能力】

1. 学业质量

（1）低阶B1：认识记忆。①通过实验，认识通电螺线管的磁场；②能复述安培定则的内容。

（2）低阶B2：理解掌握。理解安培定则的内容，会判断通电螺线管的电流方向和两端的极性。

（3）低阶&高阶B3：模仿应用。①能初步运用通电螺线管外部磁场的特点解释常见的生活实例；②会运用通电螺线管外部磁场的特点和安培定则解决生产、生活中简单的问题。

（4）高阶B4：分析评价。①经历探究通电螺线管外部磁场分布的全过程；②能根据生活体验和实验现象分析推理，归纳总结出安培定则；③会运用通电螺线管外部磁场的特点和安培定则分析解决生产、生活中新情境下的问题。

（5）高阶B5：创新创造。①能够改进探究通电螺线管外部磁场分布的实验；②能利用转换法和控制变量法解决新问题；③会利用电流的磁效应和安培定则分析解决陌生情境下的问题。

2. 测评标准

（1）低阶B1：认识记忆。知道通电螺线管外部的磁场分布与条形磁铁相似。

（2）低阶B2：理解掌握。能熟练运用安培定则判断通电螺线管的电流方向或磁场方向。

（3）低阶&高阶B3：模仿应用。①运用通电螺线管外部磁场的特点解释常见的生活实例；②运用通电螺线管外部磁场的特点和安培定则解决生产、生活中简单的问题。

（4）高阶B4：分析评价。①能根据转换法，利用铁屑和小磁针探究通电螺线管的磁场分布；②运用控制变量法，分析归纳通电螺线管两端的极性与电流方向的关系；③会运用通电螺线管外部磁场的特点和安培定则分析解决生产、生活中新情境下的问题。

（5）高阶B5：创新创造。①能够改进探究通电螺线管外部磁场分布的实验；②利用转换法和控制变量法解决新问题；③利用电流的磁效应和安培定则分析解决陌生情境下的问题。

【课时测评】

1. 下列因素中会影响通电螺线管磁性强弱的是（　　　）。

　A. 电流的方向　　　　　　　　B. 线圈的绕向

　C. 线圈的匝数　　　　　　　　D. 铁屑的多少

2. 如图所示，甲、乙两个线圈套在同一根光滑的铁芯上，线圈能沿铁芯自由滑动。当开关S闭合时（　　　）。

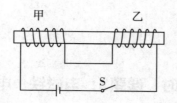

A. 两线圈分开

B. 两线圈靠拢

C. 两线圈先分开，后靠拢

D. 两线圈先靠拢，后分开

3. 根据小磁针静止时指针（颜色较深一端为N极）的指向，在括号里标出电源的"+""−"极。

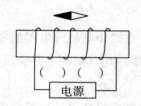

4. 安安在做探究通电螺线管的磁场分布的实验，如右图所示。

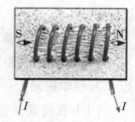

（1）在固定有螺线管的水平硬纸板上均匀地撒满铁屑，通电后轻敲纸板，观察铁屑的排列情况，发现通电螺线管外的磁场与_____相似；在通电螺线管的两端各放一个小磁针，根据小磁针静止时的指向，可以判定图中通电螺线管的_____（选填"左"或"右"）端是它的N极。

（2）如果想探究通电螺线管的极性与电流方向的关系，接下来的操作是_____，并观察小磁针的指向。

【评价建议·质量水平】

课时测评试题SOLO分类细目表

题号	1				2				3	4		
SOLO 分类	M	M	M	M	E	E	E	E	R	M	R	R
质量 水平	L2	L2	L2	L2	L4	L4	L4	L4	L3	L2	L3	L3

第 ⑨⓪ 课时　课题3：电磁铁　电磁继电器

【课标原文】

用电磁继电器制作一个简易自动装置。

【核心素养】

1. 物理观念

结合生产实例，认识电磁铁和电磁继电器的结构、特点、工作原理，进一步理解电流的磁效应，并能应用其解决一些实际问题。

2. 科学思维

（1）能运用转换法和控制变量法设计实验方案，探究影响电磁铁磁性强弱的因素；

（2）能根据实验现象，分析归纳影响电磁铁磁性强弱的因素；

（3）能通过实验和实例分析，推理得出电磁继电器的工作原理。

3. 科学探究

（1）通过观察生活实例，提出电磁铁磁性的强弱与哪些因素有关的问题，并根据已有知识，作出科学猜想；

（2）综合已有经验设计科学的实验方案，选择合适的实验器材进行实验，收集证据并分析交流；

（3）自制电磁铁或者用电磁继电器制作一个简易自动装置，增强实践体验。

4. 科学态度与责任

（1）通过实验探究电磁铁磁性强弱的影响因素，养成良好的实验习惯和勇于探索的科学精神；

（2）通过了解电磁铁、电磁继电器在生产、生活中的应用，感悟科学、技术与社会的密切联系。

【核心认知】

1. 基本知识

（1）电磁铁的构造、特点及工作原理；

（2）影响电磁铁磁性强弱的因素；

（3）电磁继电器的结构及工作原理。

2. 基本技能

（1）实验操作技能；

（2）设计实验方案的技能；

（3）实验观察技能；

（4）实验分析技能。

3. 基本方法

（1）转换法；

（2）控制变量法；

（3）分析归纳法。

【关键能力】

1. 学业质量

（1）低阶B1：认识记忆。①通过实例，能描述电磁铁；②通过实例，认识电磁继电器。

（2）低阶B2：理解掌握。①理解电磁铁的工作原理；②结合实例，能理解电磁继电器的工作原理。

（3）低阶&高阶B3：模仿应用。①能初步利用电磁铁的工作原理和特点解释生活中的相关现象；②能初步运用电磁继电器的工作原理分析生产、生活中的实例；③会初步利用电磁继电器实现低压控制高压、弱电流控制强电流。

（4）高阶B4：分析评价。①经历探究电磁铁磁性强弱的影响因素的过程；②能通过实验和实例分析，推理得出电磁继电器的工作原理；③能运用电磁铁和电磁继电器的相关知识分析解决新情境下的相关问题。

（5）高阶B5：创新创造。①改进研究影响电磁铁磁性强弱因素的实验；②利用电磁铁和电磁继电器等知识分析解决陌生情境下的问题；③利用转换法、控制变量法研究新问题。

2. 测评标准

（1）低阶B1：认识记忆。①知道电磁铁的结构、特点、工作原理；②知道电磁继电器的结构及工作原理；③会识别电磁铁和电磁继电器。

（2）低阶B2：理解掌握。①理解电磁铁利用了电流的磁效应，通电有磁性，断电无磁性；②理解电磁铁的磁性强弱与电流大小、线圈匝数有关，电磁铁的磁极与电流的方向有关；③结合实例，能理解电磁继电器是利用电磁铁来控制工作电路的一种开关，它可以实现低压控制高压、弱电流控制强电流。

（3）低阶&高阶B3：模仿应用。①初步利用电磁铁的工作原理和特点解释生活中的相关现象；②初步运用电磁继电器的工作原理分析生产、生活中的实例；③会根据电磁继电器利用低电压弱电流控制高电压强电流的工作原理连接简单的电路图与实物图。

（4）高阶B4：分析评价。①会探究电磁铁磁性强弱的影响因素（综合已有经验设计科学的实验方案，选择合适的实验器材进行实验，收集证据并分析交流）；②能自制电磁铁或者用电磁继电器制作一个简易自动装置；③能运用电磁铁和电磁继电器的相关知识分析解决新情境下的相关问题。

（5）高阶B5：创新创造。①改进研究影响电磁铁磁性强弱因素的实验；②利用电磁铁和电磁继电器等知识分析解决陌生情境下的问题；③利用转换法、控制变量法研究新问题。

【课时测评】

1. 下列用电器或设备中，没有用到电磁铁的是（　　　　）。

A. 电烙铁　　　　　　B. 电铃　　　　　　C. 电磁起重机　　　　　　D. 电磁继电器

2. 如图所示，闭合开关后，将滑动变阻器的滑片向右滑动的过程中，下列说法中正确的是（　　　　）。

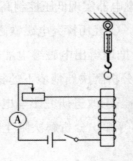

A. 电流表示数变小　　　　　　B. 电磁铁的磁性减弱

C. 电路总电阻变大　　　　　　D. 弹簧测力计示数变大

3. 为了探究电磁铁的磁性强弱与哪些因素有关，某同学使用两个相同的大铁钉绕制成电磁铁进行实验，如图所示，下列说法中正确的是（　　）。

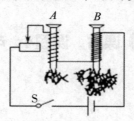

A. 要使电磁铁的磁性增强，滑动变阻器的滑片应向右滑动

B. 用电磁铁吸引大头针的数目显示它的磁性强弱

C. 两电磁铁的线圈串联是为了探究磁性强弱与电流的关系

D. B线圈的匝数多，说明通过A线圈中的电流大于通过B线圈中的电流

4. 下图是用热敏电阻和电磁继电器组成的火警器的示意图，热敏电阻R受热后，其阻值会减小，将发生的变化是（　　）。

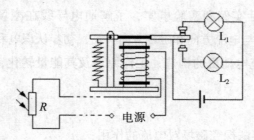

A. 电磁继电器控制电路中的电流减小

B. 电磁继电器控制电路断开

C. 当电阻减小到某一特定值时，电磁铁的磁性增强足以吸引下衔铁，L_2发光

D. 当电阻减小到某一特定值时，电磁铁的磁性减弱使得衔铁复位，L_1发光

【评价建议·质量水平】

课时测评试题SOLO分类细目表

题号	1				2				3				4			
SOLO 分类	M	M	M	M	R	R	R	R	E	M	R	R	R	R	E	E
质量 水平	L2	L2	L2	L2	L3	L3	L3	L4	L4	L2	L3	L3	L3	L3	L4	L4

第 91 课时　课题4：电动机

【课标原文】

（1）通过实验，了解通电导线在磁场中受力的作用，知道力的方向与哪些因素有关；

（2）了解动圈式扬声器的结构和原理；

（3）了解直流电动机的工作原理。

【核心素养】

1. 物理观念

（1）基于生活实例和实验事实，了解通电导线在磁场中会受到力的作用，知道力的方向与电流方向和磁场方向有关，初步认识电和磁的相互作用；

（2）了解直流电动机的构造、工作原理及其能量转化，并能应用其解决实际问题。

2. 科学思维

（1）运用转换法探究磁场对电流的作用；

（2）通过实验，分析、推断通电导线在磁场中受到力的作用；

（3）运用控制变量法探究通电导线在磁场中的受力方向与什么因素有关。

3. 科学探究

（1）设计实验方案探究通电导线是不是受到磁场的作用力，选择实验器材进行实验，记录实验现象并分析交流；

（2）自制简易电动机，探究电动机的工作原理，增强实践体验。

4. 科学态度与责任

（1）通过了解生产、生活中需要电动机的实例，感悟科学、技术、社会之间的密切联系；

（2）通过实验探究电动机的原理，养成良好的实验习惯和严谨的科学态度；

（3）通过自制简易电动机，激发学习物理的兴趣和探索科学的热情。

【核心认知】

1. 基本知识

（1）磁场对通电导线的作用；

（2）电动机的基本构造、工作原理及其能量转化。

2. 基本技能

（1）实验操作技能；

（2）实验观察、分析技能。

3. 基本方法

（1）实验法；

（2）控制变量法；

（3）转换法；

（4）分析归纳法。

【关键能力】

1. 学业质量

（1）低阶B1：认识记忆。①通过实验，知道磁场对通电导线有力的作用；②知道直流电动机的基本构造。

（2）低阶B2：理解掌握。①理解通电导线在磁场中受到的力的方向跟电流方向和磁场方向有关；②理解电动机的工作原理及其能量转化；③通过实验，理解换向器的作用。

（3）低阶&高阶B3：模仿应用。①能利用磁场对通电导线的作用解释说明具体的生活实例；②能运用电动机的工作原理解决简单的问题。

（4）高阶B4：分析评价。①经历探究电动机的工作原理的实验过程；②能运用电动机的工作原理分析解决生产、生活中的问题。

（5）高阶B5：创新创造。能利用磁场对通电导线的作用分析解决陌生情境下的问题。

2. 测评标准

（1）低阶B1：认识记忆。①知道磁场对通电导线有力的作用；②知道直流电动机的基本构造，知道换向器的作用。

（2）低阶B2：理解掌握。①理解通电导线在磁场中受到的力的方向与电流方向和磁场方向有关，会根据实际情况判断导线受力方向的变化；②理解电动机的工作原理；③理解线圈在平衡位置时受平衡力的作用，由于惯性会越过平衡位置；④理解换向器能改变线圈中的电流方向，使线圈连续转动。

（3）低阶&高阶B3：模仿应用。①利用磁场对通电导线的作用解释说明具体的生活实例；②运用电动机的工作原理解决简单的问题。

（4）高阶B4：分析评价。①运用转换法探究磁场对电流的作用；②运用控制变量法探究通电导线在磁场中的受力方向与什么因素有关；③能自制简易电动机；④能运用电动机的工作原理分析解决生产、生活中的问题。

（5）高阶B5：创新创造。能利用磁场对通电导线的作用分析解决陌生情境下的问题。

【课时测评】

1. 电动自行车、电动摩托车、电动汽车、电动公交车等已广泛应用于现代生活，它们都是利用电动机来工作的，电动机工作过程中能量转化情况主要是（   ）。

    A. 电能转化成热能   B. 电能转化成机械能

    C. 机械能转化成电能   D. 太阳能转化成机械能

2. 一台组装齐全的直流电动机模型，接通电源后电机不转，用手拨动一下转子后，线圈转子就正常转动起来，它开始时不转的原因可能是（   ）。

    A. 线圈内部断路

    B. 电刷与换向器接触不良

    C. 磁铁的磁性不强，或线圈中的电流不够大

    D. 线圈正好处于平衡位置

3. 下图是直流电动机的基本构造示意图，闭合开关，线圈沿顺时针方向转动，现要使线圈沿逆时针方向转动，下列方法中可行的是（   ）。

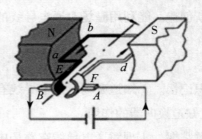

    A. 将电源正负极对调   B. 增加电源电压

    C. 换用磁性更强的磁铁   D. 对换磁极同时改变电流方向

4. 右图是课本上"通电导线在磁场中受力"的实验示意图，小明同学实际探究时，在电路中连接了一个滑动变阻器。

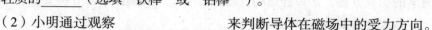

（1）为了使实验顺利进行，装置中的导体棒应选用轻质的_____（选填"铁棒"或"铝棒"）。

（2）小明通过观察_____来判断导体在磁场中的受力方向。

（3）他左右移动滑动变阻器的滑片，发现导轨上的导体ab始终处于静止状态。经检查，全部实验器材均无故障且连接无误，请你猜想通电导体ab在磁场中处于静止的原因：_____。

【评价建议·质量水平】

课时测评试题SOLO分类细目表

题号	1				2				3				4		
SOLO 分类	M	M	M	M	R	R	R	R	R	R	R	M	R	R	E
质量 水平	L2	L2	L2	L2	L3	L3	L3	L3	L3	L3	L3	L2	L3	L3	L4

第 ㊉ 课时　课题5：磁生电（1）

【课标原文】

通过实验，探究并了解导体在磁场中运动时产生感应电流的条件。

【核心素养】

1. 物理观念

基于生活实例和实验事实，了解电磁感应现象，知道产生感应电流的条件，加深对电与磁之间相互关系的认识，形成自然现象之间是相互联系的观点。

2. 科学思维

（1）根据电能生磁，运用逆向思维，提出能不能通过磁获得电的问题；

（2）运用转换法，用电流表显示电路中有无电流；

（3）能运用控制变量法探究影响感应电流方向的因素；

（4）通过实验，分析归纳导体在磁场中运动时产生感应电流的条件。

3. 科学探究

根据电能生磁，提出能不能通过磁获得电的问题，并能综合已有经验设计科学的探究方案，选择合适的仪器进行实验，收集证据与分析交流。

4. 科学态度与责任

（1）结合生产、生活的应用，认识电磁感应现象，感悟物理与生活、社会的密切联系；

（2）通过探究感应电流产生的条件，养成良好的实验习惯和严谨的科学态度；

（3）通过了解法拉第发现电磁感应现象的物理学史，理解学习的社会意义，养成刻苦钻研、坚韧不拔、持之以恒的科学精神。

【核心认知】

1. 基本知识

（1）电磁感应现象；

（2）产生感应电流的条件；

（3）影响感应电流方向的因素。

2. 基本技能

（1）实验操作技能；

（2）实验观察技能；

（3）实验分析技能。

3. 基本方法

（1）实验观察法；

（2）转换法；

（3）控制变量法；

（4）推理论证法。

【关键能力】

1. 学业质量

（1）低阶B1：认识记忆。①通过实验，认识电磁感应现象；②知道产生感应电流的条件。

（2）低阶B2：理解掌握。①理解感应电流产生的条件；②通过实验，了解影响感应电流方向的因素。

（3）低阶&高阶B3：模仿应用。①能初步运用电磁感应知识解释说明生活中的相关实例；②能运用电磁感应现象解决生活中的简单问题。

（4）高阶B4：分析评价。①经历探究什么情况下磁可以生电的全过程；②能运用控制变量法探究影响感应电流方向的因素；③能利用电磁感应现象分析解决新情境下的相关问题。

（5）高阶B5：创新创造。①能综合运用磁生电的知识分析解决陌生情境下的新问题；②运用逆向思维提出问题，综合已有经验自主设计实验验证相关猜想。

2. 测评标准

（1）低阶B1：认识记忆。①知道电磁感应现象（闭合电路的一部分导体在磁场中做切割磁感线的运动时，导体中就会产生电流）；②知道产生感应电流的条件。

（2）低阶B2：理解掌握。①理解感应电流产生的条件是闭合电路的一部分导体在磁场中做切割磁感线的运动；②会根据实际情况判断导体中有无感应电流；③理解影响感应电流方向的因素有磁场方向和导体切割磁感线的方向。

（3）低阶&高阶B3：模仿应用。①初步运用电磁感应知识解释说明生活中的相关实例；②运用电磁感应现象解决生活中的简单问题。

（4）高阶B4：分析评价。①会设计实验方案，选择合适的仪器来探究导体在磁场中运动时产生感应电流的条件；②能运用控制变量法探究影响感应电流方向的因素；③能利用电磁感应现象分析解决新情境下的相关问题。

（5）高阶B5：创新创造。①能综合运用磁生电的知识分析解决陌生情境下的新问题；②运用逆向思维提出问题，综合已有经验自主设计实验验证相关猜想。

【课时测评】

1.关于产生感应电流的条件，下列说法中正确的是（　　　　）。

A. 只要导体在磁场中运动，就会产生感应电流

B. 只要导体在磁场中做切割磁感线运动，就会产生感应电流

C. 闭合电路的一部分导体在磁场中运动，就会产生感应电流

D. 闭合电路的一部分导体在磁场中做切割磁感线的运动，就会产生感应电流

2. 图中a表示垂直于纸面的一根导线，它是闭合电路的一部分。当导线a在磁场中按箭头方向运动时，不能产生感应电流的是（　　　　）。

N	N	N	N
$a \circ \rightarrow$	$a \circ \uparrow$	$a \circ \nearrow$	$a \searrow$
S	S	S	S

A.　　　　　　B.　　　　　　C.　　　　　　D.

3. 某同学利用如图所示装置探究"感应电流产生的条件"。

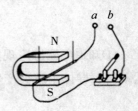

（1）如图所示，a、b两接线柱间应接入_____。

（2）下列各种操作中，能使闭合回路产生电流的是_____。（选填字母）

A. 让导体在磁场中静止

B. 保持导体静止，使蹄形磁体水平向左运动

C. 让导体在磁场中做竖直向上或竖直向下的运动

（3）从能量的角度来分析，感应电流的产生过程是_____能转化为电能。

（4）在仪器和电路连接都完好的情况下，某小组的实验现象不太明显，请提出一条改进措施：_____。

（5）探究完上述实验后，该同学在a、b两接线柱间换成_____就可以探究"磁场对电流的作用"。

【评价建议·质量水平】

课时测评试题SOLO分类细目表

题号	1				2				3			
SOLO 分类	M	M	M	M	R	R	R	R	R	R	E	E
质量 水平	L2	L2	L2	L2	L3	L3	L3	L3	L3	L3	L4	L4

第 93 课时　课题5：磁生电（2）

【课标原文】

（1）了解电磁感应在生产、生活中的应用；

（2）了解发电机的工作原理。

【核心素养】

1. 物理观念

基于生活实例和实验，从发电机的原理、构造和工作过程中的能量转化等角度认识发电机，认识电磁感应在生产、生活中的应用。

2. 科学思维

（1）通过实验现象，分析论证发电机发出的电流大小与转速的关系；

（2）通过实验，分析归纳发电机发出的是交变电流；

（3）通过对比发电机与电动机的构造和原理，加深对电磁感应现象和磁场对电流的作用的认识。

3. 科学探究

（1）通过自制简易手摇发电机，了解发电机的构造和原理；

（2）通过实验探究发电机发出的是大小和方向都发生变化的交变电流，增强实践体验。

4. 科学态度与责任

（1）通过利用电磁感应现象制成发电机，了解任何创造发明都是科学探索成果的表现，养成热爱科学、勇于创新的科学品质；

（2）通过了解电磁感应在生产、生活中的应用，体会科学、技术、社会的密切联系。

【核心认知】

1. 基本知识

（1）发电机的工作原理及其能量转化；

（2）交流电的特点。

2. 基本技能

（1）实验操作技能；

（2）实验观察技能；

（3）实验分析技能。

3. 基本方法

（1）分析归纳法；

（2）类比法。

【关键能力】

1. 学业质量

（1）低阶B1：认识记忆。①认识发电机的构造；②知道交流电的特点。

（2）低阶B2：理解掌握。理解发电机的工作原理及其能量转化。

（3）低阶&高阶B3：模仿应用。能初步运用交流发电机的原理解释说明生产、生活中常见的实例。

（4）高阶B4：分析评价。①通过实验现象，分析论证发电机发出的电流大小与转速的关系；②通过实验，分析归纳发电机发出的是交变电流；③对比发电机和电动机的构造和原理，加深对磁生电、电与磁的相互作用的认识；④能利用发电机的原理分析解决新情境下的相关问题。

（5）高阶B5：创新创造。能综合利用电与磁的相关知识分析解决陌生情境下的问题。

2. 测评标准

（1）低阶B1：认识记忆。①知道发电机主要由转子和定子组成；②知道交流电的方向会变化，且我国电网使用的交流电的频率为50Hz。

（2）低阶B2：理解掌握。①理解发电机工作时把机械能转化为电能；②理解发电机的原理是电磁感应现象。

（3）低阶&高阶B3：模仿应用。能初步运用交流发电机的原理解释说明生产、生活中常见的实例。

（4）高阶B4：分析评价。①能通过手摇发电机发电的实验，分析论证转速越大，发电机发出的电流越大，且发出的电流的方向在不断变化；②会对发电机和电动机的构造和原理进行分析评价；③能利用发电机的原理分析解决新情境下的相关问题。

（5）高阶B5：创新创造。能综合利用电与磁的相关知识分析解决陌生情境下的问题。

【课时测评】

1. 关于交流电和发电机，下列说法中不正确的是（　　　）。

A. 我国生产、生活中用的交流电，频率是50Hz，周期是0.02s

B. 我国生产、生活中用的交流电，频率是220Hz，周期是50s

C. 发电机是利用电磁感应原理制成的

D. 发电机主要由转子和定子两部分组成

2. 下图为发电机的工作原理图，下列说法中正确的是（　　　）。

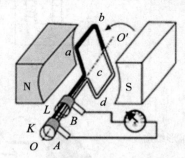

A. 发电机的工作原理是电磁感应现象

B. 发电机的工作原理是通电导体在磁场中受力的作用

C. 线圈在转动过程中，感应电流的方向不变

D. 发电机工作时把电能转化成机械能

3. 如下图所示，放在磁铁中的线圈A和B，用导线串联。当用力使线圈A向右运动时，发现悬挂着的线圈B也随着摆动，此时线圈A、B各自的实验原理与下列设备的工作原理相对应的是（　　　）。

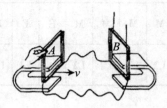

A. 电动机、电动机　　　　　　　B. 电动机、发电机

C. 发电机、发电机　　　　　　　D. 发电机、电动机

4. 下图所示为一种环保型手电筒，使用它时只要将它来回摇晃，就能使灯泡发光。下列四幅图中能反映这种手电筒的工作原理的是（　　　）。

磁铁　　线圈

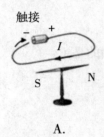

A.

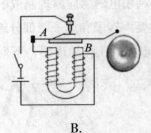

B.

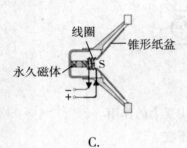

C.

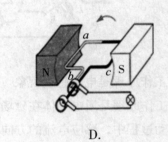

D.

【评价建议·质量水平】

课时测评试题SOLO分类细目表

题号	1				2				3				4			
SOLO 分类	U	U	M	U	M	M	M	M	E	E	E	E	R	R	R	R
质量 水平	L1	L1	L2	L1	L2	L2	L2	L2	L4	L4	L4	L4	L3	L3	L3	L3

第二十一章　信息的传递

第 94 课时　课题1：现代顺风耳——电话

【课标原文】

无。

【核心素养】

1. 物理观念

基于生活实例，从电话的组成、工作原理、电话交换机的作用、电话信号分类等角度初步认识电话，并能应用其解释相关的物理现象。

2. 科学思维

（1）能运用所学过的电学、电磁学、声现象等知识简单分析老式电话的话筒和听筒的工作原理；

（2）能结合生活实例，推理论证电话是通过电流传递信息的；

（3）能通过游戏，分析比较模拟通信和数字通信。

3. 科学探究

（1）收集通信方式，交流合作，了解信息传递的历史；

（2）设计一些数字通信游戏，进行活动、分析交流。

4. 科学态度与责任

（1）结合物理学家的发明实例，感悟不畏困难、积极探索的精神，体会技术改革对人类社会发展的作用；

（2）在分组讨论和游戏活动中养成积极主动及交流合作的意识。

【核心认知】

1. 基本知识

（1）电话机的工作原理；

（2）模拟通信与数字通信的区别。

2. 基本技能

（1）阅读分析技能；

（2）交流合作技能。

3. 基本方法

（1）游戏法；

（2）分析归纳法；

（3）比较法。

【关键能力】

1. 学业质量

（1）低阶B1：认识记忆。①知道电话的工作原理；②知道电话交换机的作用；③知道模拟通信与数字通信的区别。

（2）低阶B2：理解掌握。①了解话筒和听筒的工作原理；②理解电话交换机的作用；③掌握模拟通信与数字通信的基本区别。

（3）低阶&高阶B3：模仿应用。能初步利用电话的工作原理解释实际生活中的相关现象。

（4）高阶B4：分析评价。①能运用所学过的电学、电磁学、声现象等知识简单分析老式电话的话筒和听筒的工作原理；②能结合生活实例，推理论证电话是通过电流传递信息的；③能通过游戏，分析比较模拟通信和数字通信；④会运用电话的相关知识分析解决实际问题。

（5）高阶B5：创新创造。①会运用电话的相关知识分析解决陌生情境下的问题；②能创新信息的传递方式。

2. 测评标准

（1）低阶B1：认识记忆。①知道信息传递的历史，知道电话机的工作原理；②知道交换机技术的发展，知道电话交换机的作用；③知道模拟通信与数字通信的区别，知道数字通信的优点。

（2）低阶B2：理解掌握。①了解老式话筒和听筒的工作原理；②理解电话交换机的作用；③掌握模拟通信与数字通信的基本区别。

（3）低阶&高阶B3：模仿应用。能初步利用电话的工作原理解释实际生活中的相关现象。

（4）高阶B4：分析评价。①能运用所学过的电学、电磁学、声现象等知识简单分析老式电话的话筒和听筒的工作原理；②会运用电话的相关知识分析解决实际问题。

（5）高阶B5：创新创造。①会运用电话的相关知识分析解决陌生情境下的问题；②能创新信息的传递方式。

【课时测评】

1. 固定电话是人们常用的通信工具，下列说法中不正确的是（　　　　）。

A. 电话的听筒把机械能转化为电能

B. 固定电话是靠变化电流传递信息的

C. 电话的话筒是声音传感器

D. 电话的听筒可以把电信号转化为声信号

2. 现在很多城市的电视台采用数字电视，它与以往的电视的主要区别在于采用了数字通信手段。下列有关数字通信的叙述错误的是（　　　　）。

A. 形式简单、抗干扰能力强　　　　B. 能方便利用电子计算机处理加工

C. 保密性更强　　　　　　　　　　D. 传输速度较以往变慢

【评价建议·质量水平】

课时测评试题SOLO分类细目表

题号	1				2			
SOLO分类	R	U	U	M	U	M	U	M
质量水平	L3	L1	L1	L2	L1	L2	L1	L2

第 95 课时　课题2：电磁波的海洋

【课标原文】

（1）知道电磁波；

（2）知道电磁波在真空中的传播速度；

（3）了解电磁波的应用及其对人类生活和社会发展的影响；

（4）调查电磁波在现代社会中的广泛应用。

【核心素养】

1. 物理观念

基于生活实例，初步形成电磁波的概念，从电磁波的产生、传播、应用等方面加深对电磁波的理解，并能应用其解决一些实际问题。

2. 科学思维

（1）能根据水波、声波建立模型，类比分析电磁波的波长、波速、频率等；

（2）通过实验，分析论证电磁波的传播不需要介质。

3. 科学探究

（1）能根据电磁波的产生原理，选用合适的器材，制造和检测电磁波；

（2）设计实验验证电磁波可以在真空中传播；

（3）调查电磁波在现代社会中的广泛应用，增强实践体验。

4. 科学态度与责任

（1）结合生活实例分析形成电磁波的概念，感悟物理与生活、社会的密切联系；

（2）通过了解电磁波的应用，体会电磁波对人类生活和社会发展的影响，增强学习物理的兴趣。

【核心认知】

1. 基本知识

（1）电磁波的产生；

（2）电磁波的传播；

（3）电磁波的应用。

2. 基本技能

（1）信息收集、分析技能；

（2）设计实验的技能；

（3）实验操作技能。

3. 基本方法

（1）实验探究法；

（2）分析归纳法；

（3）类比法。

【关键能力】

1. 学业质量

（1）低阶B1：认识记忆。①通过实例，认识电磁波；②通过实验，知道电磁波的产生和传播；③知道电磁波在真空中的传播速度。

（2）低阶B2：理解掌握。①理解电磁波的产生和传播；②理解波长、频率、波速的概念；③掌握电磁波家族中的主要成员及其应用。

（3）低阶&高阶B3：模仿应用。①会调查电磁波在现代社会中的广泛应用；②能初步运用电磁波知识分析生活中的实例和相关的物理现象。

（4）高阶B4：分析评价。①能根据电磁波的产生原理，选用合适的器材，制造和检测电磁波；②能设计实验验证电磁波可以在真空中传播；③会对电磁波的应用及其对人类生活和社会发展的影响进行分析评价；④会利用电磁波知识分析解决新情境下的相关问题。

（5）高阶B5：创新创造。会综合利用电磁波等物理知识分析解决陌生情境下的相关问题。

2. 测评标准

（1）低阶B1：认识记忆。①知道导线中电流的迅速变化会在空间中激起（产生）电磁波；②知道电磁波的传播不需要介质，其在真空中的传播速度约为$3 \times 10^8 m/s$；③知道无线电波、红外线、可见光、紫外线、X射线、γ射线都属于电磁波。

（2）低阶B2：理解掌握。①理解电磁波是一种波，在传递信息的同时也传递着能量；②理解光波是一种电磁波，电磁波具有光波的一切性质，它的传播与声音不同；③会区分电磁波和声波，理解电磁波的传播不需要介质，声波的传播需要介质；④理解波长、频率、波速的概念和三者的关系，理解不同频率的电磁波在真空中的传播速度相同，波长越短，频率越高；⑤能列举出电磁波在现代社会中的一些应用。

（3）低阶&高阶B3：模仿应用。能初步运用电磁波知识分析生活中的实例和相关的物理现象。

（4）高阶B4：分析评价。①能设计实验验证电磁波可以在真空中传播；②会对电磁波的应用及其对人类生活和社会发展的影响进行分析评价；③会利用电磁波知识分析解决新情境下的相关问题。

（5）高阶B5：创新创造。会综合利用电磁波等物理知识分析解决陌生情境下的相关问题。

【课时测评】

1. 华为5G"黑科技"凭借它的高传输速率、低时延、多终端广连接数等各项优势在抗疫复产行动中起到了积极作用：5G智能巡检机器人、空中课堂、"智能快递小哥"……5G越来越深入我们的生活，5G技术也是依靠电磁波传递信息的，下列有关电磁波的说法中正确的是（　　　　）。

A. 电磁波只能传递能量

B. 电磁波不能在真空中传播

C. 电磁波是由迅速变化的电流产生的

D. 电磁波在空气中的传播速度是340m/s

2. 下图是电磁波家族。目前主流的无线Wi-Fi网络常用的频率约是2.4GHz（2.4×10^9Hz）。根据所给信息，可以推测Wi-Fi信号（　　　　）。

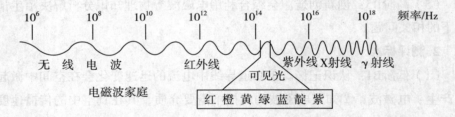

A. 频率比可见光小 　　　　　　B. 属于红外线

C. 波长比可见光短 　　　　　　D. 在真空中传播的速度比可见光小

3. 关于电磁波与信息技术，下列说法中正确的是（　　　　）。

A. 微波不具有能量

B. 电磁波的应用对人类有利无害

C. 卫星通信不需要利用电磁波传递信息

D. 电磁波能在真空中传播

【评价建议·质量水平】

课时测评试题SOLO分类细目表

题号	1				2				3			
SOLO分类	M	M	M	U	U	M	M	U	M	R	M	U
质量水平	L2	L2	L2	L1	L1	L2	L2	L1	L2	L3	L2	L1

第 96 课时　课题3：广播、电视和移动通信

【课标原文】

（1）了解广播电台的发射频率和波长；

（2）知道手机是电磁波的应用。

【核心素养】

1. 物理观念

基于生活经验和资料查阅，了解广播、电视、移动电话的大致工作过程，进一步了解电磁波的应用，知道电磁波能传递信息，并能用相关知识解释生活中的实例。

2. 科学思维

（1）通过类比，分析归纳无线电广播的大致工作过程；

（2）通过波形图分析比较音频、视频、射频。

3. 科学探究

（1）查阅相关资料，交流合作，归纳总结广播、电视、移动电话的大致工作过程；

（2）利用数字化实验设备来直观地显现电磁波的发射与吸收，增强实践体验。

4. 科学态度与责任

结合生活实例分析，进一步了解电磁波的应用，感悟科技对社会生活的影响，增强学习科学知识的欲望。

【核心认知】

1. 基本知识

（1）无线电广播的工作过程；

（2）电视的工作过程；

（3）移动电话的工作过程。

2. 基本技能

（1）信息收集、分析的技能；

（2）实验操作技能；

（3）识图（波形图）技能。

3.基本方法

（1）类比法；

（2）分析归纳法；

（3）比较法。

【关键能力】

1.学业质量

（1）低阶B1：认识记忆。①知道无线电广播的大致工作过程；②大致知道电视的工作过程；③知道移动电话的工作过程。

（2）低阶B2：理解掌握。①了解无线电广播与电视发射和接收的异同；②理解移动电话的工作过程；③理解音频、视频、射频、频道等物理概念。

（3）低阶&高阶B3：模仿应用。会初步运用广播、电视和移动通信的相关知识分析生活中常见的相关问题。

（4）高阶B4：分析评价。①通过类比，分析归纳无线电广播的大致工作过程；②通过波形图分析比较音频、视频、射频；③会利用广播、电视和移动通信的相关知识分析生活中的问题。

（5）高阶B5：创新创造。会综合利用广播、电视和移动通信等物理知识分析陌生情境下的问题。

2.测评标准

（1）低阶B1：认识记忆。①大致知道无线电广播的发射和接收过程，知道话筒、调制器、调谐器、天线、扬声器的作用；②知道电视用电磁波传递图像信号和声音信号，大致知道电视的发射和接收；③知道广播、电视、手机属于无线电通信，都是通过电磁波传递信息的。

（2）低阶B2：理解掌握。①了解无线电广播与电视发射和接收的异同；②理解移动电话机既是无线电发射台，又是无线电接收台（它用电磁波把讲话的信息发射到空中，同时又在空中捕获电磁波，得到对方讲话的信息）；③理解手机之间需要靠基地台转接的原因；④理解音频、视频、射频、频道等物理概念。

（3）低阶&高阶B3：模仿应用。会初步运用广播、电视和移动通信的相关知识分析生活中常见的相关问题。

（4）高阶B4：分析评价。①通过波形图分析比较音频、视频、射频；②会利用广播、电视和移动通信的相关知识分析生活中的问题。

（5）高阶B5：创新创造。会综合利用广播、电视和移动通信等物理知识分析陌生情境下的问题。

【课时测评】

1. 抗击疫情期间无论是广播、电视还是网络播报都备受人们关注，下列说法中正确的是（　　）。

A. 听无线广播时，听众依据音调可以区分不同的发言人

B. 手机看综艺节目是靠电磁波传递音像信息

C. 网络授课时，老师的声音忽大忽小，是通过改变声带振动频率实现的

D. 可以接收不同的电视节目，原因是电磁波在不同的介质中传播速度不同

2. 各地高高耸立的电视塔是地标性建筑，电视塔上的天线的作用是（　　）。

A. 让声音、图像信号转化为电信号

B. 让声音、图像信号加载到高频电流上

C. 让音频、视频电信号加载到高频电流上

D. 让载有音频、视频信号的高频电流产生电磁波

3. 近年来，随着网络技术的全球性铺开、移动智能终端的广泛普及和应用，手机的"扫一扫"移动支付已成为我们的生活常态。手机移动支付过程中用来传递信息的是（　　）。

A. 声波 　　　　　　　　　　 B. 空气

C. 电磁波 　　　　　　　　　 D. 光导纤维

【评价建议·质量水平】

课时测评试题SOLO分类细目表

题号	1				2				3			
SOLO分类	R	M	R	U	M	M	M	M	M	U	M	U
质量水平	L3	L2	L3	L1	L2	L2	L2	L2	L2	L1	L2	L1

第 97 课时　课题4：越来越宽的信息之路

【课标原文】

（1）了解电磁波的应用及其对人类生活和社会发展的影响；

（2）调查电磁波在现代社会中的广泛应用。

【核心素养】

1. 物理观念

基于生活实例，认识电磁波能传递信息，从微波通信、卫星通信、光纤通信、网络通信等角度理解信息传递，并应用其解决一些实际问题。

2. 科学思维

（1）通过生活实例和查阅资料，分析归纳信息传递的不同方式；

（2）对比微波通信、卫星通信、光纤通信和网络通信，分析归纳其优缺点，科学推理其合理的改进方法。

3. 科学探究

（1）查阅资料，收集关于信息传递的实例，分析交流；

（2）通过实验，说明光可以沿着弯曲的水流传播，进而理解光纤通信。

4. 科学态度与责任

（1）通过生活实例认识电磁波能传递信息，感悟物理与生活、社会的密切联系；

（2）通过学习现代通信知识，了解科技为人类带来的便利，提高学习科学的兴趣，增强关心科学发展前沿的意识，树立正确的科学观，形成振兴中华、用科学服务于人类的使命感和责任感。

【核心认知】

1. 基本知识

（1）微波通信；

（2）卫星通信；

（3）光纤通信；

（4）网络通信。

2. 基本技能

（1）信息收集技能；

（2）阅读理解技能；

（3）交流合作技能。

3. 基本方法

（1）调查研究法；

（2）分析归纳法；

（3）对比法；

（4）实验法。

【关键能力】

1. 学业质量

（1）低阶B1：认识记忆。①知道微波通信、卫星通信、光纤通信、网络通信；②知道微波通信、卫星通信、光纤通信、网络通信的优点、缺点和改进方法。

（2）低阶B2：理解掌握。①理解微波通信、卫星通信、光纤通信、网络通信的含义；②理解电磁波能传递信息，且作为载体的电磁波，频率越高，相同时间内可以传输的信息就越多；③理解光纤通信的工作原理；④理解微波通信、卫星通信、光纤通信、网络通信的优点、缺点和改进方法。

（3）低阶&高阶B3：模仿应用。会初步运用现代通信的相关知识简单分析生活中常见的问题。

（4）高阶B4：分析评价。①对比微波通信、卫星通信、光纤通信和网络通信，分析归纳其优缺点，科学推理其合理的改进方法；②会利用现代通信知识分析生活中的实例，解决新情境下的相关问题。

（5）高阶B5：创新创造。会综合利用现代通信知识分析解决陌生情境下的问题。

2. 测评标准

（1）低阶B1：认识记忆。①知道微波通信具有良好的抗灾性能，微波通信需要微波中继站才可以把信息传递到远方；②知道地球同步通信卫星，知道卫星通信范围大，可在多处接收；③知道光纤通信利用激光在光导纤维中传递信号，传输的信息量大，保密性强；④知道网络通信是计算机技术和通

363

信技术相结合而形成的一种新型的通信方式，主要是满足数据通信的需要，网络通信广泛应用于购物、查阅资料、远程教育、远程医疗等方面。

（2）低阶B2：理解掌握。①理解微波比中波和短波的频率高，可以传递更多的信息；②了解卫星通信是微波通信的一种方式，解决了由于微波大致沿直线传播，需要建设大量中继站的问题，用三颗同步卫星就可以实现全球通信；③理解光纤通信的工作原理，利用激光在光导纤维内壁上多次反射，把它携带的信息传到远方；④了解光纤通信能携带的信息量远大于短波和微波通信，激光的频率高，传输的信息量大；⑤理解网络通信的通信载体可以是导线、光缆、微波等。

（3）低阶&高阶B3：模仿应用。初步运用现代通信的相关知识简单分析生活中常见的问题。

（4）高阶B4：分析评价。①会对微波通信、卫星通信、光纤通信和网络通信进行分析评价；②会利用现代通信知识分析生活中的实例，解决新情境下的相关问题。

（5）高阶B5：创新创造。会综合利用现代通信知识分析解决陌生情境下的问题。

【课时测评】

1. 下列说法中错误的是（　　）。

A. 微波通信可以用月亮作微波中继站

B. 时断时续的电流能够产生电磁波

C. 用三颗同步通信卫星可以实现全球通信

D. 电磁波的频率越高，相同时间内传输的信息越多

2. 以下说法中正确的是（　　）。

A. 超市收银的条形码扫描枪使用时发射的是激光

B. 我国已经组网成功的北斗卫星依靠超声波传递信息

C. 光纤通信利用了光的直线传播在光导纤维中传输信息

D. 汽车的倒车雷达是利用电磁波遇到障碍物发生反射的原理

3. 下列关于信息技术的说法中，正确的是（　　）。

A. 光纤通信不是靠电磁波传递信息的

B. 有线电话通话时，在电话线中传递的是声信号

C.手机通信利用了超声波传递信息的原理

D.卫星通信是靠电磁波传递信息的

【评价建议·质量水平】

课时测评试题SOLO分类细目表

题号	1				2				3			
SOLO 分类	M	R	U	M	U	M	M	U	E	E	E	E
质量 水平	L2	L3	L1	L2	L1	L2	L2	L1	L4	L4	L4	L4

第二十二章 能源与可持续发展

第 98 课时 课题1：能源

【课标原文】

（1）结合实例，说出能源与人类生存和社会发展的关系；

（2）了解我国和世界的能源状况。

【核心素养】

1. 物理观念

基于生活实例，从人类利用能源的历程、21世纪的能源趋势等角度认识能源及其分类，并能理解能源与人类生存和社会发展的关系。

2. 科学思维

（1）能结合实例，按照不同的标准对能源进行分类；

（2）会对比分析我国和世界的能源扇形图，推理得出我国能源结构比是否合理，科学论证开发新能源的必要性。

3. 科学探究

收集关于人类利用能源的简史和能源分类的相关资料，合作交流，分析评价。

4. 科学态度与责任

（1）通过了解生产、生活中能源的利用情况，增强关注社会、关注人类发展的责任感；

（2）通过了解人类目前的能耗结构比和我国能源人均拥有量，增强节约资源、开发新能源的意识。

【核心认知】

1. 基本知识

（1）人类利用能源的历程；

（2）我国和世界的能源状况；

（3）21世纪的能源趋势；

（4）一次能源和二次能源的特点。

2. 基本技能

（1）信息收集、分析技能；

（2）识图技能；

（3）交流合作技能。

3. 基本方法

（1）分类法；

（2）对比法；

（3）分析归纳法。

【关键能力】

1. 学业质量

（1）低阶B1：认识记忆。①知道不同历史时期人类利用的主要能源；②知道我国和世界的能源状况以及21世纪的能源趋势；③结合实例，能说出能源与人类生存和社会发展的关系。

（2）低阶B2：理解掌握。①理解一次能源和二次能源的特点；②能结合实例，按照不同的标准对能源进行分类。

（3）低阶&高阶B3：模仿应用。①能尝试调查家庭近几十年的能源使用变化，说明能源形式的变迁和人均能源消耗数量的变化；②会运用能源知识解决生活中常见的问题。

（4）高阶B4：分析评价。①会对比分析我国和世界的能源扇形图，推理得出我国能源结构比是否合理，科学论证开发新能源的必要性；②会对化石能源在现代社会生产、生活中的作用和带来的环境问题进行分析评价；③会运用能源的相关知识分析解决新情境下的相关问题。

（5）高阶B5：创新创造。①能开发利用新能源；②会运用能源的相关知识分析解决陌生情境下的问题。

2. 测评标准

（1）低阶B1：认识记忆。①知道不同历史时期人类利用的主要能源；②知道我国和世界的能源状况以及21世纪的能源趋势；③结合实例，能说出能源与人类生存和社会发展的关系。

（2）低阶B2：理解掌握。①了解柴薪、煤、石油、天然气、风能、太阳能、水能、地热能、核能等属于一次能源，电能、汽油、柴油等属于二次能源；②理解煤、石油、天然气属于化石能源，化石能源属于一次能源。

（3）低阶&高阶B3：模仿应用。会运用能源知识解决生活中常见的问题。

（4）高阶B4：分析评价。①会对比分析我国和世界的能源扇形图，推理得出我国能源结构比是否合理，科学论证开发新能源的必要性；②会对化石能源在现代社会生产、生活中的作用和带来的环境问题进行分析评价；③会运用能源的相关知识分析解决新情境下的相关问题。

（5）高阶B5：创新创造。①能开发利用新能源；②会运用能源的相关知识分析解决陌生情境下的问题。

【课时测评】

1. 关于能源与能源的利用，下列说法中不正确的是（　　　　）。

A. 人类正在大力开发的新能源有核能、太阳能、地热能、海洋能

B. 现在人类使用的主要能源是煤、石油、天然气

C. 我国的煤和石油的储量十分丰富，因此，新能源的开发在我国并不重要

D. 目前使用的煤、石油、天然气都是一次能源

2. 下列哪种交通工具使用的不是一次能源？（　　　　）

A. 飞机　　　　　B. 轮船　　　　　C. 普通汽车　　　　　D. 无轨电车

【评价建议·质量水平】

课时测评试题SOLO分类细目表

题号	1				2			
SOLO 分类	M	M	M	M	M	M	M	M
质量 水平	L2	L2	L2	L2	L2	L2	L2	L2

第 **99** 课时　课题2：核能

【课标原文】

知道核能等新能源的特点和可能带来的问题。

【核心素养】

1. 物理观念

基于实例，初步认识核能，从核能的由来及其优点和可能带来的问题等方面加强对核能的理解，知道利用核能是解决能源危机的重要出路之一。

2. 科学思维

（1）能从原子的结构出发建构物理模型认识微观世界；

（2）利用火柴持续燃烧实验类比链式反应；

（3）能结合原子模型、动画模拟、视频等相关资料，分析推理核裂变和核聚变的原理；

（4）能分析归纳核能的利用方式及其优点和可能带来的问题。

3. 科学探究

能收集有关核能的资料，分析交流，认识核能的利用形式及其优缺点。

4. 科学态度与责任

（1）通过了解核电站，感悟物理与生活、社会的密切联系；

（2）通过了解核能的实际应用，认识科学技术发展对社会影响的两面性。

【核心认知】

1. 基本知识

（1）链式反应；

（2）核裂变；

（3）核聚变。

2. 基本技能

（1）资料收集、分析技能；

（2）实验操作技能；

（3）观察技能。

3. 基本方法

（1）模型法；

（2）类比法；

（3）辩证分析法；

（4）分析归纳法。

【关键能力】

1. 学业质量

（1）低阶B1：认识记忆。①能说出原子、原子核的结构；②知道核能是原子核分裂或聚合释放出的巨大能量。

（2）低阶B2：理解掌握。①了解核裂变和核聚变；②了解链式反应。

（3）低阶&高阶B3：模仿应用。①能利用火柴模拟链式反应，解释核裂变能持续进行下去的原因；②能用核能的相关知识解释生产、生活中常见的现象。

（4）高阶B4：分析评价。①能结合原子模型、动画模拟、视频等相关资料，分析推理核裂变和核聚变的原理；②能分析归纳核能的利用方式及其优点和可能带来的问题。

（5）高阶B5：创新创造。能用核能的相关知识分析解决生产、生活中的新问题。

2. 测评标准

（1）低阶B1：认识记忆。①知道原子与原子核的结构；②知道核能是原子核分裂或聚合释放出的巨大能量，知道核裂变和核聚变在生活中的应用；③知道核能发电过程中的能量转化。

（2）低阶B2：理解掌握。①了解核裂变和核聚变（核裂变是重的原子核分裂，核聚变是轻的原子核结合，两种过程都会释放大量的能量）；②理解链式反应是中子轰击铀核，铀核分裂成比较小的原子核，并释放中子，中子又轰击铀核，这样一直持续下去。

（3）低阶&高阶B3：模仿应用。能利用核能知识简单解释核电站、原子弹、氢弹的原理（核电站是利用可控的核裂变发电，原子弹是利用不加控制的核裂变制造的毁灭性武器，氢弹是利用核聚变制造的毁灭性武器）。

（4）高阶B4：分析评价。①能分析归纳核能的利用方式及其优点和可能带来的问题；②能用核能的相关知识解释生产、生活中的相关现象。

（5）高阶B5：创新创造。能用核能的相关知识分析解决生产、生活中的新问题。

【课时测评】

1. 下列关于核能及核电站的说法中错误的是（　　　　）。

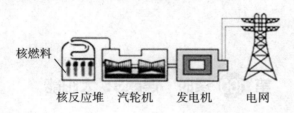

A. 核电站是利用核能来发电的

B. 核反应堆中发生的是链式反应

C. 核废料会对环境造成污染

D. 能量转换：核能→机械能→热能→电能

2. 著名核物理学家、"两弹一星"功勋于敏院士获2014年度国家最高科学技术奖。他在氢弹原理突破中解决了热核武器物理中一系列基础问题，被誉为"中国氢弹之父"。下列属于氢弹原理的是（　　　　）。

A. 核聚变　　　　　　　　　　　B. 核裂变

C. 先聚变后裂变　　　　　　　　D. 先裂变后聚变

3. 在作为人类主要能源的化石能源发生危机时，核能由于其能量密度远高于化石能源，给人类解决能源危机带来了希望。但1986年切尔诺贝利核电站的核泄漏和2011年日本福岛核电站的核泄漏等，使各国对核电站的安全性不得不高度重视。造成核电站的安全性得不到保障的最主要原因是（　　　　）。

A. 核废料不好处理

B. 核能发电技术还不成熟

C. 只有核裂变可控，核聚变不可控

D. 意外发生核泄漏时，会产生放射性污染

【评价建议·质量水平】

课时测评试题SOLO分类细目表

题号	1				2				3			
SOLO 分类	M	U	M	M	U	U	U	U	M	E	M	R
质量 水平	L2	L1	L2	L2	L1	L1	L1	L1	L2	L4	L2	L3

第 ⑩⑩ 课时　课题3：太阳能

【课标原文】

无。

【核心素养】

1. 物理观念

基于生活实例，根据太阳能的由来及其特点认识太阳能，并能从能量相互转化的角度理解太阳能的利用，形成可持续发展的科学理念。

2. 科学思维

（1）能综合运用学科知识，科学论证化石能源、风能、水能都来源于太阳能；

（2）对人类在生产、生活中利用太阳能的各种实例进行归类，归纳总结人类直接利用太阳能的主要方式。

3. 科学探究

（1）能自制太阳能集热器，增强实践体验；

（2）进行科学小调查，搜集整理生产、生活中利用太阳能的实例，编制实验报告并分析交流。

4. 科学态度与责任

（1）通过自制太阳能集热器，提高科学素养，增强学习物理的兴趣；

（2）通过科学小调查，增强开发利用新能源的节能环保、可持续发展的意识。

【核心认知】

1. 基本知识

（1）太阳能的由来和特点；

（2）太阳能的利用。

2. 基本技能

（1）动手制作技能；

（2）资料收集、分析技能。

3. 基本方法

（1）分析归纳法；

（2）分类法；

（3）实验法。

【关键能力】

1. 学业质量

（1）低阶B1：认识记忆。①根据实例，知道太阳能的由来及其特点；②知道利用太阳能的方式及其新进展。

（2）低阶B2：理解掌握。①理解太阳的能量来源于核聚变；②掌握太阳能的多种转化方式。

（3）低阶&高阶B3：模仿应用。①能自制太阳能集热器，尝试解释集热器表面的黑色涂层以及玻璃板的作用；②能利用太阳能知识分析解决生活中常见的问题。

（4）高阶B4：分析评价。①能综合运用学科知识，科学论证化石能源、风能、水能都来源于太阳能；②会对人类在生产、生活中利用太阳能的各种实例进行归类，归纳总结人类直接利用太阳能的主要方式；③能利用太阳能知识分析解决新情境下的相关问题。

（5）高阶B5：创新创造。①能设计出利用太阳能工作的新产品；②能综合利用太阳能等学科知识分析解决陌生情境下的问题。

2. 测评标准

（1）低阶B1：认识记忆。①知道太阳能来源于太阳核心的氢原子核发生的聚变反应；②知道太阳能的特点；③知道生活中的太阳灶、集热器和太阳能电池都是利用太阳能来工作的。

（2）低阶B2：理解掌握。①理解太阳的能量来源于核聚变，太阳就像一个巨大的"核能火炉"；②掌握太阳能的转化方式（光热转化、光电转化、光化转化等）。

（3）低阶&高阶B3：模仿应用。①能自制太阳能集热器，尝试解释集热器表面的黑色涂层以及玻璃板的作用；②会简单分析太阳灶、集热器和太阳能电池等的工作原理。

（4）高阶B4：分析评价。①会分析太阳能的利用、转化以及守恒情况；②能利用太阳能知识分析解决新情境下的相关问题。

（5）高阶B5：创新创造。①能设计出利用太阳能工作的新产品；②能综合利用太阳能等学科知识分析解决陌生情境下的问题。

【课时测评】

1. 下列关于太阳能的说法中错误的是（　　　　）。

A. 太阳能是一次能源

B. 太阳能是由核聚变产生的

C. 当前我国能源消费以直接利用太阳能为主

D. 太阳能是可再生能源

2. 景区里的路灯，灯杆顶端有太阳能电池板，它能将太阳能转化为_____能。太阳能属于_____（选填"可再生"或"不可再生"）能源。

LED灯　　　　　　　太阳能电池

【评价建议·质量水平】

课时测评试题SOLO分类细目表

题号	1				2	
SOLO分类	M	M	M	M	M	M
质量水平	L2	L2	L2	L2	L2	L2

第 ⑩ 课时　课题4：能源与可持续发展

【课标原文】

（1）列举常见的不可再生能源和可再生能源；

（2）对于能源的开发利用有可持续发展的意识。

【核心素养】

1. 物理观念

（1）基于实例，认识能量的转化和转移有一定的方向性，进一步形成能量观；

（2）结合生活中能源开发利用的现状，初步理解可持续发展的观念，并能应用其解释一些生活中的相关现象。

2. 科学思维

（1）结合实例，科学论证能量转移和转化的方向性；

（2）会对现有能源从是否可再生的角度进行分类；

（3）会分析比较可再生能源的优缺点，归纳总结新能源需要满足的条件。

3. 科学探究

（1）能根据能量转移、转化的实例作出猜想，并通过大量实例和实验进行分析交流，验证能量转移和转化的方向性；

（2）会搜集、整理有关能源的资料，分析交流，归纳总结得出结论。

4. 科学态度与责任

（1）通过了解能源对环境的影响，增强节能环保的意识；

（2）通过认识不可再生能源储量有限，增强开发利用新能源的可持续发展意识。

【核心认知】

1. 基本知识

（1）能量转化和转移的方向性；

（2）能源消耗对环境的影响；

（3）可再生能源和不可再生能源；

（4）未来理想能源的特征。

2. 基本技能

（1）实验观察技能；

（2）信息收集、分析技能。

3. 基本方法

（1）分析归纳法；

（2）分类法；

（3）比较法。

【关键能力】

1. 学业质量

（1）低阶B1：认识记忆。①知道能量的转移和转化具有一定的方向性；②认识伴随大量能源消耗所产生的环境问题；③会列举可再生能源和不可再生能源。

（2）低阶B2：理解掌握。①理解能量转移和转化的方向性；②理解可再生能源和不可再生能源的特点；③理解未来理想能源需要满足的条件。

（3）低阶&高阶B3：模仿应用。①能初步运用能量转移和转化的方向性解释生活中常见的现象；②能运用学过的知识简单说明能源消耗对环境的影响；③会运用能源与可持续发展知识解决生产、生活中相关的问题。

（4）高阶B4：分析评价。①结合实例，科学论证能量转移和转化的方向性；②会分析比较可再生能源的优缺点，归纳总结新能源需要满足的条件；③会运用能源与可持续发展知识解决新情境下的相关问题。

（5）高阶B5：创新创造。①能开发利用新能源；②会综合运用能源与可持续发展等学科知识解决陌生情境下的问题。

2. 测评标准

（1）低阶B1：认识记忆。①知道能源消耗对环境的影响；②知道短期内不能从自然得到补充的能源是不可再生能源，知道化石能源和核能属于不可再生能源；③可再生能源有木柴、风能、水能、太阳能等。

（2）低阶B2：理解掌握。①理解能量转移和转化的方向性；②会区分可再生能源和不可再生能源；③理解未来理想能源需要满足的条件，会根据实例判定是否属于理想能源。

（3）低阶&高阶B3：模仿应用。①能初步运用能量转移和转化的方向性解释生活中常见的问题；②能运用学过的知识简单说明能源消耗对环境的影响；③会运用能源与可持续发展知识解决生产、生活中相关的问题。

（4）高阶B4：分析评价。①能分析各种能源在空气污染、废物、有害辐射、破坏生态平衡等方面对环境造成的破坏；②会分析比较可再生资源的优缺点，归纳总结新能源需要满足的条件；③会运用能源与可持续发展知识解决新情境下的相关问题。

（5）高阶B5：创新创造。会综合运用能源与可持续发展等学科知识解决陌生情境下的问题。

【课时测评】

1.关于能源和能源的利用，以下说法中正确的是（　　　　）。

A.煤、石油、天然气是可再生能源

B.核电厂将核能直接转化成电能

C.能源的利用过程，实质上是能量的转化和转移过程

D.因为能量转化遵循能量的转化和守恒定律，因此无须节约能源

2.造成温室效应的最主要原因是（　　　　）。

A.汽车和工厂排放的废气和烟尘

B.煤、石油、天然气的大量燃烧

C.人造含氟制冷剂的泄漏

D.二氧化硫等有毒气体的大量产生

3.如图所示，对比我国2017年发电量和2030年预测发电量，预测（　　　　）。

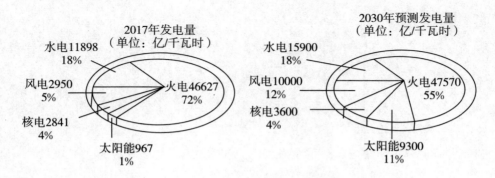

A.火电发电量将减少

B.水电发电量将增加

C. 我国将以核能发电为主

D. 风电发电量占总发电量的比例将减小

【评价建议·质量水平】

课时测评试题SOLO分类细目表

题号	1				2				3			
SOLO 分类	U	M	M	U	U	M	U	U	M	M	E	E
质量 水平	L1	L2	L2	L1	L1	L2	L1	L1	L2	L2	L4	L4